旅游产业
高质量发展研究

王桀 田里 ◎ 著

中国财经出版传媒集团
经济科学出版社
·北京·

图书在版编目（CIP）数据

旅游产业高质量发展研究／王桀，田里著．－－北京：经济科学出版社，2025.7．－－ISBN 978 – 7 – 5218 – 6989 – 7

Ⅰ．F592.774

中国国家版本馆 CIP 数据核字第 2025TG8946 号

责任编辑：胡成洁
责任校对：李　建
责任印制：范　艳

旅游产业高质量发展研究
LÜYOU CHANYE GAOZHILIANG FAZHAN YANJIU
王　桀　田　里　著

经济科学出版社出版、发行　新华书店经销
社址：北京市海淀区阜成路甲 28 号　邮编：100142
经管中心电话：010 – 88191335　发行部电话：010 – 88191522
网址：www.esp.com.cn
电子邮箱：espcxy@126.com
天猫网店：经济科学出版社旗舰店
网址：http://jjkxcbs.tmall.com
北京季蜂印刷有限公司印装
710×1000　16 开　13.75 印张　220000 字
2025 年 7 月第 1 版　2025 年 7 月第 1 次印刷
ISBN 978 – 7 – 5218 – 6989 – 7　定价：70.00 元
(图书出现印装问题，本社负责调换。电话：010 – 88191545)
(版权所有　侵权必究　打击盗版　举报热线：010 – 88191661
QQ：2242791300　营销中心电话：010 – 88191537
电子邮箱：dbts@esp.com.cn)

前　　言

　　发展是我国五大发展理念的核心和归属。按照党的二十大报告中提出的高质量发展要求，旅游产业发展的目标，不仅是要成为推动高水平对外开放和高质量发展的主要手段，更要满足"人民对美好生活的向往"。但从总体看，我国的旅游产业面临自身发展不足、文旅融合不充分、旅游企业效能发挥不足、面对新需求新经济的旅游产品供给不足等问题。当前形势下，旅游产业要实现高质量发展目标，应当厘清资源、市场、政策等传统要素在旅游产业系统中的功能定位，加强培育并激发新的生产要素，高效推动产业升级。故此，本书突破产业转型升级的研究视角，将产业生命周期理论、适应性循环理论引入旅游产业高质量发展分析，重新审视和探讨旅游产业高质量发展的核心问题，并以云南旅游业的实践为例，对旅游产业高质量发展所需的产业体系和政策体系进行探讨。

　　本书重点围绕旅游产业高质量发展和转型升级的基础理论解析、现实问题分析、发展系统测度、突破路径探索四个方面展开。首先，提出"是什么"的问题。将产业生命周期理论引入旅游产业发展分析，明确云南旅游产业发展阶段特征，为旅游产业升级找到依据。其次，解析"怎么了"的问题。对云南旅游产业在旅游强省阶段的现实困境进行分析，从旅游负面事件、旅游市场整治、旅游资源分布、景区管理困境等问题切入，对云南旅游产业发展的现实困境进行分析。再次，探讨"为什么"的问题。一是结合面板数据回归分析结果，对云南旅游产业发展系统进行评估，分析云南旅游产业升级组态的驱动机制和限制机制；二是通过IPA分析构建云南旅游目的地评价的"关注度-满意度"分析模型，对云南旅游信息感知差异进行分析。最后，解决"怎么办"的问题。从战略布局、资源配置、市场需求、政策体系4个维度，结合组态机制理论，构建旅游产业高质量发展体系。本书主要研究结论如下。

第一，云南旅游产业发挥沿边优势融入"一带一路"不足。云南旅游产业目前处于强省建设阶段，重点旅游资源多数由国有企业掌控，在业态产品创新、市场化程度、资源利用效率、体制机制等方面尚有较大提升空间。边境旅游对"兴边富民"与"稳边固边"作用显著，因此，云南应紧紧抓住高水平对外开放和高质量发展的政策要求，发挥沿边优势，大力发展边境旅游和跨境旅游。2021年12月3日"一带一路"标志性工程中老铁路开通以来，已经发展成为联通内外、辐射周边、双向互济、安全高效的国际黄金大通道。"中老铁路黄金大通道"将加强中国与环印度洋地区的旅游经济联系。

第二，云南旅游产业路径选择应以"升级"为主导战略。按照产业生命周期理论，处于成长期的产业路径选择应以"发展"为主导战略，处于成熟期阶段的产业路径选择应以"升级"为主导战略，处于衰退期阶段的产业路径选择应以"转型"为主导战略。本书以新冠疫情暴发前的2019年作为转折时间点作为旅游产业系统发展的关键节点，对云南16个地州市的旅游产业系统发展水平进行测度发现，云南旅游系统尚未进入衰退期，不适用"转型"战略，旅游产业的路径选择应以"升级"为主导战略。

第三，云南旅游产业的"政府主导"模式与市场对接不足。本书通过定量研究方法，对云南旅游负面事件的影响评价、云南旅游市场整治评价、云南旅游资源分布及云南旅游景区管理困境等问题进行研究，发现旅游负面事件、市场整治、景区分布、门票管理等领域存在政策制定不灵活、政府规制内在矛盾等问题，导致旅游供求失衡、资源浪费、企业效益下降、垄断经营和不公平竞争等后果，进而限制旅游产业的转型升级。空巢家庭未来将成为老年家庭的主流形式，而受教育程度是空巢家庭旅游消费最为显著的正向影响因素，因此，云南旅游应开发多类型老年旅游产品等措施，减少老年旅游壁垒，促进银发族的旅游消费。政府要进一步审视自身行为与市场经济规律之间的关系，科学把握政府与市场的边界，厘清政府行为对旅游产业发展的影响，作出针对性改进。

第四，云南旅游产业需建立组态机制以脱离"阻变陷阱"。本书采用截面数据，以同一时期不同研究主体在截面上反映的同一特征变量的观测值作为测定方向,对云南旅游发展系统进行测评,发现受升级阻变效应影响,云南旅游产业在重组阶段陷入"阻变陷阱"。通过构建"旅游产业升级阻变模型",对旅游产业升级阻变效应的内在症结进行分析,认为云南旅游产业在强省阶段表现出传统要素阻变效应下的低水平升级模式。云南应尽快建立以加大旅游投资、提升中心城市地位、提高旅游产品层次、深度挖掘文化、吸引经营人才为核心的组态机制。

第五,云南旅游形象与"有一种叫云南的生活"的理念高度契合。通过对云南各州市ASA定位分析发现,处在竞争优势区的昆明、丽江和大理是关注度较高、旅游发展较为成熟的地区;处在竞争机会区的红河、迪庆、曲靖、玉溪虽然关注度较低,但未来将成为云南省新崛起的旅游目的地;处在修补区的西双版纳和保山腾冲等地,网络关注度较高但游客的体验较差满意度较低。通过对当前阶段网络语义的分析,研究结论印证了在旅游强省阶段游客对"有一种叫云南的生活"的旅游感知。

第六,云南应构建旅游高质量发展的"旅游产业升级系统"。本书通过构建包含战略维度、资源配置维度、市场需求维度和政策体系维度在内的"旅游产业升级系统"框架,并以此作为政策依据,提出的对策措施包括:借势"一带一路"实施旅游强省战略,依托地缘优势实施国际化发展战略;优化旅游空间布局,突出"片-廊"结构调整,形成"一心六区九廊"的旅游发展空间布局;深入推进旅游与城市建设、旅游与文化建设、旅游与产业建设、旅游与乡村建设以及旅游与生态建设等的融合发展;通过创新管理体制机制、推进改革试点工作等来深化体制机制改革。

本书在理论价值方面,一是在理论上丰富了旅游产业实现高质量发展方面的研究,进一步深化了对"A转B"与"A到A+"的质疑和探讨,将产业生命周期理论引入旅游产业转型升级分析,同时结合适应性循环理论,提出处于成熟期阶段的产业路径选择应以"升级"为主导战略,而处于衰退阶段的产业路径选择应以"转型"为主导战略。二是对阻变效应的理论进行拓展,提出旅游产业升级"阻变陷阱"假说,以实证研究方法对云南旅游产业的发展系统、阻变效应、组态机制进行检验,验证了云南旅游产业在重组阶段陷入了"阻变陷阱"。实践价值方面,一是从旅游目的地视角对党的二十大报告提出的"解决不平衡不充分的发展问题""增强我国经济质量、效率和效益优势,推动经济从量到质的全面进步"等重要指示进行探索，对旅游产业发展的区域协调、效率提升及动力转变等具有重大的应用价值。同时，分析云南旅游产业高质量发展中的驱动机制和限制机制问题，不仅能科学地揭示旅游产业升级的困境及原因，也为云南旅游产业高质量发展提供决策参考。二是，云南旅游已经成为云南融入"一带一路"国际合作、实施"旅游外交"等国家战略的重要手段，也是边境稳定与发展的着力点。基于此，本书提出云南旅游产业高质量发展的路径，建立在促进旅游活动自由流动、跨境资源高效配置、边疆社会安全稳定的基础上，寻求有利于与相邻国家和地区建立更深层次的合作机制，为纾解旅游发展不平衡问题提出创新性策略。学术研究需要与政府政策、企业实践相结合，本书的多项研究成果已形成决策咨询报告。本书提出的政府决策建议包括：推动云南旅游业高质量发展的对策建议、提升边境国道建设促进旅游发展的建议、破解重点国有景区转型升级难题的建议、创新跨境自驾游推进高水平开放的建议等。其中，多份报告被相关政府部门采纳，为地方旅游产业发展作出了贡献。

田里
2024 年 12 月于昆明

目 录

第一章 研究概述 ... 1

 第一节 研究背景 ... 2
 第二节 研究价值与方法 ... 11
 第三节 研究思路 ... 13

第二章 理论基础 ... 17

 第一节 国内外研究现状 ... 17
 第二节 高质量发展相关理论 ... 28
 第三节 产业转型升级理论 ... 33

第三章 云南旅游产业发展阶段特征 ... 40

 第一节 旅游开发创业阶段 ... 41
 第二节 旅游支柱产业阶段 ... 45
 第三节 旅游二次创业阶段 ... 48
 第四节 旅游重组建设阶段 ... 52
 本章小结 ... 56

第四章 云南旅游产业转型升级困境 ... 58

 第一节 云南旅游负面事件 ... 59
 第二节 云南旅游市场整治 ... 66
 第三节 云南旅游供给分析 ... 74
 第四节 云南旅游景区管理 ... 84

本章小结 ··· 94

第五章　云南旅游产业发展系统评估 ································· **95**

第一节　云南旅游产业发展系统 ······································ 95
第二节　重组阶段发展阻变效应 ···································· 103
第三节　云南旅游产业发展组态机制 ································ 116
本章小结 ·· 127

第六章　云南旅游产业形象感知差异分析 ························ **129**

第一节　旅游感知研究设计 ··· 129
第二节　旅游感知综合评价 ··· 137
第三节　云南旅游形象提升方向 ···································· 151
本章小结 ·· 155

第七章　云南旅游产业发展系统构建 ································ **156**

第一节　战略布局维度 ·· 156
第二节　资源配置维度 ·· 165
第三节　市场需求维度 ·· 173
第四节　政策体系维度 ·· 180
本章小结 ·· 186

第八章　研究结论与展望 ·· **188**

第一节　研究结论 ·· 188
第二节　决策报告 ·· 191
第三节　研究展望 ·· 207

后记 ··· **209**

第一章
研 究 概 述

　　旅游业作为我国经济的重要组成部分，对国家经济发展、文化交流和国际形象塑造起到了关键作用。然而，随着全球化和互联网时代的快速发展，我国旅游业在快速发展的同时，也面临着诸多挑战和问题。一是旅游产业高质量发展不足。随着旅游业的快速发展，一些热门旅游地区的自然资源与文化资源面临着被过度开发的压力。为了追求短期经济效益，一些地方过度开发旅游资源，导致生态环境破坏、文化遗存过度商业化等问题。既影响了旅游业的可持续发展，也损害了旅游目的地的长期吸引力。二是旅游服务质量和满意度水平尚有提升空间。尽管我国旅游业在服务水平上有了显著提高，但仍然存在服务质量参差不齐的问题。部分旅游从业人员素质不高，服务态度不佳，影响了游客的旅游体验。此外，旅游产品同质化严重，缺乏创新和特色，难以满足游客多样化的需求。三是高水平对外开放的程度不高。跨区域与跨国合作机制不健全，旅游业是一个跨区域、跨国的产业，需要各地、各国之间的紧密合作。然而，目前我国的旅游业在跨区域与跨国合作方面还存在一些问题，如合作机制不健全、信息共享不畅等。这些问题影响了旅游业的整体发展和竞争力。按照党的二十大报告中提出的高质量发展要求，旅游产业高质量发展的目标，不仅是要成为国家战略实施的主要手段，更需要满足"人民对美好生活的向往"。故本书以云南旅游产业为例，将旅游产业高质量发展作为一项重要课题展开研究。

第一节 研究背景

一、高质量发展政策背景

（一）提出背景和内涵

高质量发展是中国式现代化的本质要求，是全面建成社会主义现代化强国的根本路径。党的十九大报告中指出，我国经济已由高速增长阶段转向高质量发展阶段。2021年，党的十九届六中全会通过《中共中央关于党的百年奋斗重大成就和历史经验的决议》，强调必须坚持高质量发展，推动经济发展质量变革、效率变革、动力变革。2022年，党的二十大报告进一步指出，高质量发展是全面建设社会主义现代化国家的首要任务；发展是党执政兴国的第一要务；没有坚实的物质技术基础，就不可能全面建成社会主义现代化强国；必须完整、准确、全面贯彻新发展理念，坚持社会主义市场经济改革方向，坚持高水平对外开放，加快构建以国内大循环为主体、国内国际双循环相互促进的新发展格局。高质量发展是以创新为第一动力，以协调为内生特点，以绿色为普遍形态，以开放为必由之路，以共享为根本目的的发展。

高质量发展是适应我国社会主要矛盾变化、实现共同富裕、破解发展不平衡不充分问题的重大战略选择，是遵循中国特色社会主义市场经济发展规律的必然要求，是在百年未有之大变局的世界形势下，党对我国经济发展阶段的准确把握及对社会发展规律的深刻认识。高质量发展不是单一维度的经济要求，更不是暂时性的阶段要求，是长时期内我国经济社会发展的主题，关系社会主义现代化建设全局，须长期坚持和贯彻。

（二）政策目标和内容

党的二十大报告提出，要以推动高质量发展为主题，将实施扩大内需战略同深化供给侧结构性改革有机结合，增强国内大循环内生动力和可靠性，提升国际循环质量和水平，加快建设现代化经济体系，紧紧围绕"三个着力"助推社会经济发展，即着力提高全要素生产率，着力提升产业链供应链韧性和安全水平，着力推进城乡融合和区域协调发展，最终推动经济实现质的有效提升和量的合理增长。高质量发展是在经济全球化和科技革命的大背景下，适应中国式现代化新征程新任务的重要实践，按照党的二十大要求，高质量发展应坚持以人民为中心，全面贯彻新发展理念，构建新发展格局，推动社会主义现代化国家的全面建设，以中国式现代化全面推进中华民族伟大复兴。

根据党的二十大战略部署，为构建新发展格局、推动高质量发展，需着重落实以下五个方面的任务。一是构建高水平社会主义市场经济体制。坚持和完善社会主义基本经济制度，坚持两个"毫不动摇"，从微观基础、市场体系及宏观调控等方面，推动高水平社会主义市场经济体制的系统化构建，为高质量发展提供体制保障。二是建设现代化产业体系。聚焦实体经济发展，推进新型工业化，促进覆盖制造、质量、航天、交通等多个领域的强国建设，构建优质高效的现代化产业体系。三是全面推进乡村振兴。当前，实现共同富裕目标、全面建成社会主义现代化强国，最艰巨最繁重的任务仍在农村，因而，全面推进乡村振兴是实现高质量发展的坚实基础，要求加快农业强国及宜居宜业美丽乡村建设。四是促进区域协调发展。深入实施系列区域协调发展战略，构建优势互补的新发展格局，优化高质量发展的动力机制。五是推进高水平对外开放。凭借国内超大规模市场优势，以国内大循环吸引全球资源要素，推动国内国际市场资源双向联动，为高质量发展提质增效。

二、我国旅游产业发展现状

（一）我国旅游产业发展的四个阶段

我国旅游产业发展与国家发展战略密切相关，是不断嵌入改革开放和经济社会发展的进程。自 1978 年改革开放以来，我国旅游产业至今已历经 40 多年的发展实践探索，共经历了四大阶段，分别是初创阶段、产业化进程阶段、市场化进程深入阶段及"全面融入国家战略"阶段。旅游产业在各个阶段呈现出不同的发展特征，从最初的外交事业，演变成经济产业、综合性产业，再到如今的战略性支柱产业，旅游发展更加注重以人民为中心，突出市场作用。

1978～1986年，随着改革开放的深入推进，党和国家的工作中心逐渐转移到经济建设上，我国旅游产业开始起步，进入初创阶段。这一时期，旅游发展任务从外事接待转向经济建设，在改革开放政策推动下，国家提出"大力发展旅游事业"，发布了第一个关于旅游业发展的战略性文件——《国务院关于加强旅游工作的决定》，强调旅游业的政治和经济双重效益。1986～1998年，我国经济体制改革推动旅游产业发生变革，旅游市场开始形成，旅游产业发展进入产业化进程阶段。1986年，旅游业第一次被正式纳入国民经济"七五"计划，标志其开始成为国民经济的一个重要组成部分，随着1992年国家市场经济体制的建立和社会主义经济制度的改革，旅游业发展迎来利好制度环境和政策空间，初步迈向市场化进程阶段。1998～2009年，各级政府出台系列政策，激活旅游消费市场，我国旅游产业逐渐融入世界经济体系，进入市场化进程深入阶段。1998年，中央经济工作会议将旅游业列为"国民经济新的增长点"，随着"假日制度"的完善，大众旅游兴起，旅游市场繁荣兴旺，旅游业成为拉动市场消费和树立国际形象的重要产业。2009年至今，我国旅游业市场化进程加快，旅游发展更加注重市场需求，进入"全面融入国家战略"阶段。2009年，国务院发布《关于加快发展旅游业的意见》，提出"把旅游业培育成为国民经济的战略性支柱产业和人民群众更加满意的现代服务业"，此后，我国旅游产业发展紧紧围绕《国民旅游休闲计划纲要》《中华人民共和国旅游法》《旅游业发展规划》及文旅融合等国家战略展开。

（二）旅游产业高质量发展的政策要求

全面推进旅游业高质量发展是赋能现代旅游业体系建设的必然要求，是推进中国式现代化的有力支撑。在全球化和信息化迅猛发展的背景下，我国旅游发展面临新的机遇和挑战，如何实现旅游产业高质量发展已成为重要的时代命题。2024年，习近平总书记在全国旅游发展大会上对旅游工作作出重要指示，强调"着力完善现代旅游业体系，加快建设旅游强国"

"推动旅游业高质量发展行稳致远"。旅游业高质量发展是一个全面深入的转型升级过程，要以新时代中国特色社会主义思想为指导，全面贯彻新发展理念，坚持守正创新、提质增效、融合发展，统筹政府与市场、供给与需求、保护与开发、国内与国际、发展与安全，着力完善现代旅游业体系，加快建设旅游强国。

为丰富优质旅游供给，释放消费潜力，推动旅游业高质量发展，2023年，国务院办公厅印发《关于释放旅游消费潜力推动旅游业高质量发展的若干措施》，以进一步发挥旅游业对推动经济社会发展的重要作用，满足人民群众美好生活需要。

三、云南旅游产业发展现状

（一）云南旅游发展战略沿革

云南旅游发展战略与地区社会经济发展阶段和发展水平相适应，更与旅游产业的发展规模和发展质量相衔接。云南旅游产业40多年的发展实践探索中，在不同时期采用了不同的发展战略。对云南旅游产业发展产生重大影响的战略主要有政府主导发展战略、梯度推进开发战略、旅游精品培育战略、旅游市场多元化战略、旅游国际化发展战略、旅游大项目带动战略、旅游强省建设战略、旅游融合发展八大战略。

1978~1994年，随着改革开放的深入推进，云南旅游产业逐步建立起坚实的基础。这一时期，云南旅游产业经历了从旅游事业发展阶段到旅游经济产业发展阶段的转变，主要采取了政府主导发展战略、梯度推进开发战略。1995~2004年，云南省旅游产业实现了规模化发展，取得了显著成果，并处于旅游支柱产业培育的关键阶段，主要采取了旅游精品培育战略、旅游市场多元化战略、旅游国际化发展战略。2005~2012年，云南旅游产业在经历了高速增长并达到一定规模之后，面临着迫切的转型升级任务，处于旅游"二次创业"发展阶段，主要采取了旅游大项目带动战略，建设昆明环滇池、宜良阳宗海、澄江抚仙湖、大理洱海、保山腾冲、西双版纳、丽江、迪庆香格里拉、文山普者黑9大康体休闲度假基地，并重点建设20个生态运动休闲综合性旅游度假社区项目。2013年至今，云南省全面实施旅游强省建设战略和旅游融合发展战略，旅游强省建设战略内涵包括旅游产业规模增强、旅游发展竞争力增强、旅游辐射带动作用增强等目标。这些多样化的发展战略正是云南旅游产业在不同历史阶段所聚焦的重点和独特发展特色的直接体现，它们共同塑造了云南旅游产业的独特风貌和持续竞争力。

（二）云南旅游发展现状分析

1. 云南旅游的三次转型升级

自1978年改革开放以来的40余年间，云南省始终秉持发挥市场主体的核心作用，坚定实施"政府主导型"发展战略，推动旅游产业从传统的"接待事业型"模式，逐步转型为以经济效益为核心的"经济产业型"，最终跃升成为支撑地方经济的"支柱产业型"，实现了旅游产业的快速崛起和跨越式发展。自2005年来，东部地区和中部地区旅游产业迅速崛起，云南旅游产业在更高发展层次上进行了"二次创业"，并按照"大产业、大文化、大服务、大市场、大环境"的发展思路，巩固并扩大了其在全国旅游市场中的竞争优势和地位。随着旅游产业的蓬勃发展，其对相关产业的带动效应日益凸显，不仅促进了云南省经济社会的全面发展，也极大地提升了云南在全国乃至全球的影响力。特别是在2008年，国家旅游局构建了以"云南省、海南岛、桂林市"为支撑的"一省一岛一市"旅游综合改革格局，这一战略部署将云南旅游产业的发展提升到了国家层面，为云南旅游产业的持续健康发展注入了新的活力。

2. 云南旅游强省战略目标

党的十八大召开以来，云南省委、省政府结合党和国家的要求，为确保旅游产业的省内支柱产业和全国领先地位，立足实践，审时度势，紧扣建设有中国特色社会主义事业"五位一体"总体布局，围绕全省建设"两强一堡"、与全国同步全面建成小康社会的战略要求，提出了建设旅游强省的目标：以转变发展方式为主线，以融合发展为手段，进一步调整产业结构，拓展发展空间，深化改革开放，完善服务管理，强化科教支撑，推动旅游产业由主要发挥经济功能向发挥综合功能转变，致力于构建一个产业实力强大、贡献显著、竞争力强劲且具备卓越支撑能力的现代化旅游产业体系,确保到 2020 年旅游产业在全省国民经济中占据核心支柱地位,为民众提供更高质量的旅游服务。将云南打造成国内领先、国际知名的旅游目的地,及面向西南开放的国际性区域旅游集散中心。

3. 云南旅游业态创新

在 40 余年的旅游发展历程中,云南省通过在旅游资源保护、旅游景区开发、旅游产品研发、旅游企业培育、旅游市场开拓及旅游行业管理等多个方面的持续创新与突破,积累了深厚的旅游产业发展经验,探索并创新了国家公园、庄园旅游、民宿旅游、国际合作等多种新型旅游模式及业态,构建了完善的旅游产业体系和多元化的旅游市场格局,较早地实现了建设旅游大省的战略目标,并成功成为国家旅游综合改革试点省。云南旅游产业的这些探索与实践,为全国旅游产业的改革与发展提供了宝贵的经验借鉴。

四、云南旅游产业面临的问题

(一)云南旅游面临竞争形势

1. 省际旅游竞争激烈

旅游产业已跃升为全球范围内极具活力和增长潜力的经济产业之一,众多国家已将其提升至国家战略层面,旨在通过旅游产业推动经济的持续增长。多数国家制定了详尽的旅游发展规划,并实施了一系列具有针对性的激励政策,如强化旅游营销力度、推进签证制度的便利化等,以期在国际旅游市场中占据更大的份额。在中国,尤其是西部地区的多个省份,旅游产业的发展势头尤为强劲。目前,全国范围内已有 28 个省份明确将旅游产业定位为支柱产业,云南省周边的四川、贵州、广西等西部省份实施赶超战略,竞相推出高起点、大手笔的发展战略,国内省际的旅游竞争已经白热化。许多国家将旅游发展提升为国家战略,以推动经济增长,并采取了一系列激励政策,如加大旅游促销力度和签证便利化等,以拓展国际市场。在中国的许多省区,特别是西部地区,旅游产业的发展势头非常强劲。

2. 国内经济增速放缓

中国市场经济体制已初步建立，但与旅游产业发展密切相关的体制机制改革（如价格机制、财税政策、金融支持、投资环境和行政管理等方面）尚未全面深化，一定程度上制约了经济发展方式的转变。在产业结构中，旅游产业的占比和布局仍需优化，其作为综合性产业的功能尚未得到充分释放，与其他产业的协调带动作用也有待加强。不平衡、不协调及不可持续问题仍是制约旅游产业健康发展的关键所在。此外，随着国内经济增速的放缓，旅游产业面临着新的市场环境挑战。同时，旅游消费模式正日益多样化，这对云南旅游产业而言既是机遇也是挑战。虽然云南旅游产业发展迅速，但其产业综合素质仍有待提高。因此，在保持快速增长的同时，如何转变产业发展方式，提升发展质效，全面加快旅游产业的转型升级，实现可持续发展，将是云南未来旅游发展的主线。

3. 国际形势错综复杂

在当前及未来的一段时间内，贸易战对全球经济的影响将持续存在，全球气候变化、自然资源过度消耗及跨国犯罪等全球性挑战亦不容忽视。旅游产业作为一个高度互联、抗风险能力较弱且对环境变化高度敏感的产业，自然灾害、地缘政治冲突和不确定性因素的频发也给其发展带来诸多隐患。鉴于这一复杂多变的背景，云南旅游产业的应对策略必须提升至一个更高的层次。产业需展现更为前沿的创新模式，不仅要在产品开发、市场营销等方面实现革新，还需在风险管理、危机应对等关键领域构建更为健全和高效的体制机制。云南旅游产业高质量发展的目标，是通过增强危机解决能力，要更为有效地抵御外部冲击，确保其在不确定的市场环境中稳健地可持续发展。

（二）云南旅游自身存在的不足

从 2000 年至今，云南旅游产业一直处于转型、升级的发展过程之中，但 20 多年来都未完成高质量发展。从概念认知层面来说，说明这不是转型与升级的问题，而是对产业发展的阶段认知的问题。旅游产业的转型、升级属于短时期的行为，因此，需要对云南旅游发展的深层次问题进行深度思考和理性认知。

1. 云南经济模式立足于廊道贸易经济

历史上的茶马古道、运盐古道、运铜古道、运锡古道、中越铁路、二战运输线等，表明云南经济的发展模式长期以来都是以贸易型的廊道经济为主体模式，而不是基地型的生产经济模式。贸易经济模式的最大特征就是汇集两端优势，将国外的资源与国内的资源对接，是实现双向流动激活云南经济的动力源，是云南焕发活力的内生力和持续发展的推动力。旅游同样属于贸易经济的范畴，实现双向流动是其不变的主题。

2. 云南旅游的魅力在于多样化和差异化

自然景观的多样性、民族文化的丰富性、气候类型的复杂性，"多"是云南最大的特质，"多样性"是云南最大的吸引力。中国大西南、东南亚、南亚三大地理板块在云南交汇，中国的华夏文化、东南亚巴利语系文化、南亚的瑜伽文化等在云南交汇。内部的多样性与外部的复杂性，构成云南具有双向吸引的巨大潜力。因此，"多样性"就成为云南旅游的"命门"。从实际情况看，滇中地区四季如春，滇东地区的红土花海、滇南地区的茶山雨林、滇西地区的温泉古城以及滇北地区的飞鸟雪山，无一不是"多样性"的典型代表。围绕这些景观资源旅游，不是一天就可以完成的旅程。

3. 云南旅游处于转型升级的迷茫之中

曾经成功的政府主导型旅游发展模式已增长乏力，旅游市场乱象丛生、投诉不断使云南旅游形象深受其害。低价游盛行放大了公民旅游权益，行业经营步履维艰，企业盈利能力全面下降，旅游从业者信心不足，政府应对措施乏力，市场"看不见的手"力量薄弱等，使云南旅游陷入进退两难的尴尬局面。难道说曾经风光无限的观光型旅游已成为过去？或者说云南发展大众旅游的方向不对？云南旅游产业是否需要进行旅游供给侧的深度改革？云南旅游产业能否借助地缘优势转变发展模式？如此等等问题，使云南旅游的政策制定者、学术研究学者、产业从业者等陷入困惑、迷茫之中。

（三）云南旅游发展现实问题

1. 云南旅游产业"大"而不"强"

云南省旅游产品开发不足，结构单一以及旅游产品多样化不足。文化内涵挖掘不够丰富,也是云南旅游产业面临的现实问题。2023年公布的中国旅游集团20强名单中,云南竟没有一家旅游企业上榜。此外,云南省新兴旅游产品类型也存在诸多问题,如大众旅游业务经营水平不高,高端旅游市场拓展范围较窄,健康旅游产品较为单一,体育旅游尚未形成规模,边境旅游线路的开发不足,乡村旅游产品层次低规模小等。这些新兴旅游产品开放不足的问题,说明就单一新兴旅游产品类型而言,缺乏领军企业进行深度探索。

2. 面向国际市场的旅游营销不足

云南省以各州市和旅游企业为主的旅游营销主体之间,出现了"各吹各打""各自为政"的宣传推广局面。旅游营销呈现出小、散、弱的特征,导致营销力量分散,使得云南省对国际市场的旅游形象表现为只见"一斑"未见"全身"。比如,有的海外游客只知道大理、丽江、西双版纳,却不知道云南。相对来说,在全国的入境旅游普遍增长不足的情况下,随着"一带一路"标志性项目中老国际铁路的开通,云南的跨境旅游仍有较大的增长潜力,特别是面向东南亚、南亚国家的客源市场。

3. "低价游"治理成效褒贬不一

自《云南省旅游市场秩序整治工作措施》"二十二条"实施以来,产生了极其显著的影响,极大地抑制住了旅游市场乱象。但是从旅游产业的快速发展、经营主体的积极性来看,"二十二条"仍存在市场干预过大、治理措施过严等现实问题,对行业创新的发展、经营主体的积极性产生影响。对于低价游、零负团费,应深究这些现象产生的根本原因,兼顾供给侧制度因素和需求侧市场因素;在市场整治的基础上,应兼顾行业性质、发展需求,对产业发展方向给予积极引导。

4. 旅游企业经营管理水平不高

云南旅游企业在经营管理上普遍存在多重问题,包括经营不规范、信息化管理水平低下、旅游综合管理能力不足以及旅游应急能力薄弱等。若这些问题未能得到妥善解决和提升,将直接导致游客满意度下降,进而阻碍旅游产业实现优质、高效发展。此外,专业化的旅游人力资源是推动旅游行业持续进步的核心要素之一。然而,目前云南旅游行业在人才储备方面明显不足，这成为制约行业发展的又一关键因素。旅游企业经营管理水平的提高，需要规模较大、资金实力较雄厚、人力资本雄厚的集团型企业参与。

第二节 研究价值与方法

一、研究价值

（一）理论价值

1. 对转型升级的理论探讨

本书在理论上丰富了旅游产业转型升级方面的研究，进一步深化了对"A 转 B"与"A 到 A＋"的质疑和探讨；同时，本书将旅游产业发展阶段作为研究的内在逻辑起点，依托产业生命周期理论对阶段属性进行界定，从而确立"成长期"需要发展，"成熟期"需要升级，"衰退期"才需要转型的理论逻辑；将增强旅游系统作为促进旅游产业发展的"手段"予以考量，分析了旅游产业陷入升级阻变效应的初始条件，是对后疫情时期旅游产业恢复措施研究的学理解析。本书提出旅游产业升级"阻变陷阱"假说，以实证研究方法对云南旅游产业的发展系统、阻变效应、组态机制进行检验。

2. 对产业升级的定量探讨

随着新发展理念的深入实施，云南省正在推进创新驱动发展战略和加速推广"云南只有一个景区，这个景区叫云南！""有一种叫云南的生活"的步伐。然而，云南旅游产业是在资源型基础上发展起来的，面临着资源与市场的双重约束和严重的"阻变效应"。研究基于组态分析视角，系统整合了云南旅游产业高质量发展的影响要素，在组态机制上，云南旅游产业升级表现为两种驱动机制：产业优化型驱动和产业创新型驱动；两种限制机制：服务支撑能力限制、整合优化能力限制。研究结论厘清了高质量发展的内在驱动机制，为研究云南旅游产业在旅游强省阶段的高质量发展提供了新的思路。

(二) 应用价值

1. 云南旅游发展存在的现实问题

研究旅游产业高质量发展，是从"旅游地"视角对党的二十大报告提出的"解决不平衡不充分的发展问题"，以及"增强我国经济质量、效率和效益优势，推动经济从量到质的全面进步"等重要指示的探索，对于旅游产业发展的区域协调、效率提升及动力转变等具有重大的应用价值。同时，分析云南旅游产业高质量发展中的驱动机制和限制机制问题，不仅能科学地揭示旅游产业高质量发展的困境及原因，也为云南旅游产业高质量发展提供决策参考。

2. 云南旅游融入国家战略的实施策略

在实践层面，云南旅游已经成为云南融入"一带一路"国际合作、实施"旅游外交"等国家战略的重要手段，也是边境稳定与发展的着力点。本书将探索云南旅游发展新路径，将发展策略建立在促进旅游活动自由流动、跨境资源高效配置、边疆社会安全稳定的基础上，寻求有利于与相邻国家和地区建立更深层次的合作机制，为纾解旅游发展不平衡问题提出创新性策略。

二、研究方法

（一）文献研究与调查访谈相结合

本书在锁定研究方向后，通过期刊网、图书馆各数据库搜集国内外相关问题研究成果，包括期刊、研究报告、会议论文和学术著作等，充分把握国内外学者对旅游产业发展研究进展和成果，通过文献研究归纳已有研究的不足，进而确定了本书的研究方向和重点。与此同时，为了获得更多的一手资料，于2020年1月至2023年9月多次组织研究团队前往云南各地州市调研。课题组通过与当地政府、旅游企业、社区居民进行深入访谈获得了大量的研究资料。

（二）定性分析与定量研究相结合

在研究过程中，采用归纳演绎、综合分析等定性研究方法，对旅游产业发展阶段，旅游产业转型，旅游产业升级的界定、特征及成因等内容进行研究。在云南旅游影响研究方面采用双重差分模型（difference-in-differences model）、在云南旅游系统研究方面采用熵权 TOPSIS、利用 fsQCA 模糊集定性组态及面板数据回归法等方法进行研究；在旅游资源分布及利用研究方面采用耦合模型、通达指数、核密度指数等方法进行研究。

（三）学科交叉与比较分析相结合

产业高质量发展的研究涉及国际贸易、经济地理、产业经济、行政治理等相关理论，本书在研究过程中融合了经济学、管理学、地理学和社会学等多个学科的基本原理和研究方法，产生了多学科交叉的研究成果。在旅游产业高质量发展研究的过程中，又涉及指标筛选、模型构建、数据搜集、数据处理、动力分析、回归计算等大量定量研究内容，为了实现统计结果的可视化，本书也采用了图像制作软件进行结果呈现。

第三节 研究思路

一、研究对象

本书研究对象为旅游产业高质量发展。对于旅游产业高质量发展的指数评价、阶段划分、路径分析、组态机制、发展对策等研究的样本为云南省级行政区。其中，为了提高研究的科学性，本书在实证分析中使用了云南 16 个地州的面板数据，以此来对旅游产业发展效果和特征进行解读。

二、研究内容

（一）理论分析：高质量发展的理论框架

借鉴产业经济理论、经济增长理论、路径依赖理论、制度创新理论等相关观点，在国内外相关研究述评的基础上，梳理旅游高质量发展理论的发展脉络。在分析旅游产业发展的必要性和重要性基础上，重点厘清"转型"和"升级"概念的区别和关系，系统分析旅游产业发展的概念内涵、发展规律、路径模式、动力结构等，构建具有中国特色的旅游产业发展理论体系。

（二）历史回顾：云南省旅游产业发展历程

在云南旅游发展大事记、政府举措、宏观经济统计等背景基础上，结合适应性循环理论，对改革开放以来云南旅游产业发展历程进行回顾，将云南旅游产业发展划分为开发阶段（旅游创业阶段：1978~1994年）、积蓄阶段（支柱产业阶段：1995~2005年）、释放阶段（二次创业阶段：2006~2012年）和重组阶段（旅游强省阶段：2013年至今）四个发展阶段，并对各阶段的旅游发展特征和演进规律进行归纳总结。

（三）困境分析：云南省旅游产业发展的现实困境

通过定量研究方法，对云南旅游负面事件的影响评价、云南旅游市场整治评价、云南旅游资源分布测算、云南旅游景区管理困境等问题进行研究，结合对旅游企业、政府机构、旅游协会、旅游院校等进行的深入调查，在专家访谈、实地调研等基础上，对云南省旅游产业发展面临的现实困境展开研究，总结归纳现实中云南旅游产业发展面临的具体困境。

（四）现状评价：云南旅游产业发展系统评价

采用熵值法，基于影响旅游产业发展系统的外部因素和内部因素，构建了旅游产业系统评价指标体系，对疫情前云南省2005年、2012年和2019年旅游产业系统发展水平进行测度，借助ArcGIS软件，对云南省旅游产业发展效果进行分析；利用fsQCA模糊集定性组态分析研究云南旅游产业系统升级的驱动、限制组态机制。

（五）对策措施：云南旅游产业发展系统构建

围绕旅游产业发展困境，有针对性、科学地设计云南旅游产业高质量发展的实现路径，从战略布局、资源配置、市场需求、政策体现四个维度构建云南旅游产业高质量发展系统，为云南旅游产业的协调发展、效率提升、动力转变、政策方向提供决策参考。

三、技术路线

（一）研究思路

本书重点围绕旅游产业高质量发展的基础理论解析、现实问题分析、发展系统测度、突破路径探索四个方面展开论述。具体研究思路如下。

首先，提出"是什么"的问题。将产业生命周期理论引入旅游产业高质量发展分析，明确云南旅游产业发展阶段特征，为旅游产业高质量发展找到依据。

其次，解析"怎么了"的问题。从旅游负面事件、旅游市场整治、旅游资源分布、景区管理困境等问题切入，对云南旅游产业发展的现实困境进行分析。

再次，探讨"为什么"的问题。一是结合面板数据回归分析结果，对云南旅游产业发展系统进行评估，分析云南旅游产业发展组态的驱动机制和限制机制；二是通过IPA分析构建云南旅游目的地评价的"关注度－满意度"分析模型，对云南旅游信息感知差异进行分析。

最后，解决"怎么办"的问题。从战略布局、资源配置、市场需求、政策体系4个维度，结合组态机制理论，构建云南旅游产业发展系统。

（二）技术路线

本书按照"研究背景与研究意义→国内外研究现状评述→旅游发展阶段解析→旅游转型困境实证研究→旅游产业体系测定→旅游产业发展系统构建"的基本思路，坚持理论研究与实证研究同步推进以及相互验证的原则，制定研究技术路线，如图1-1所示。

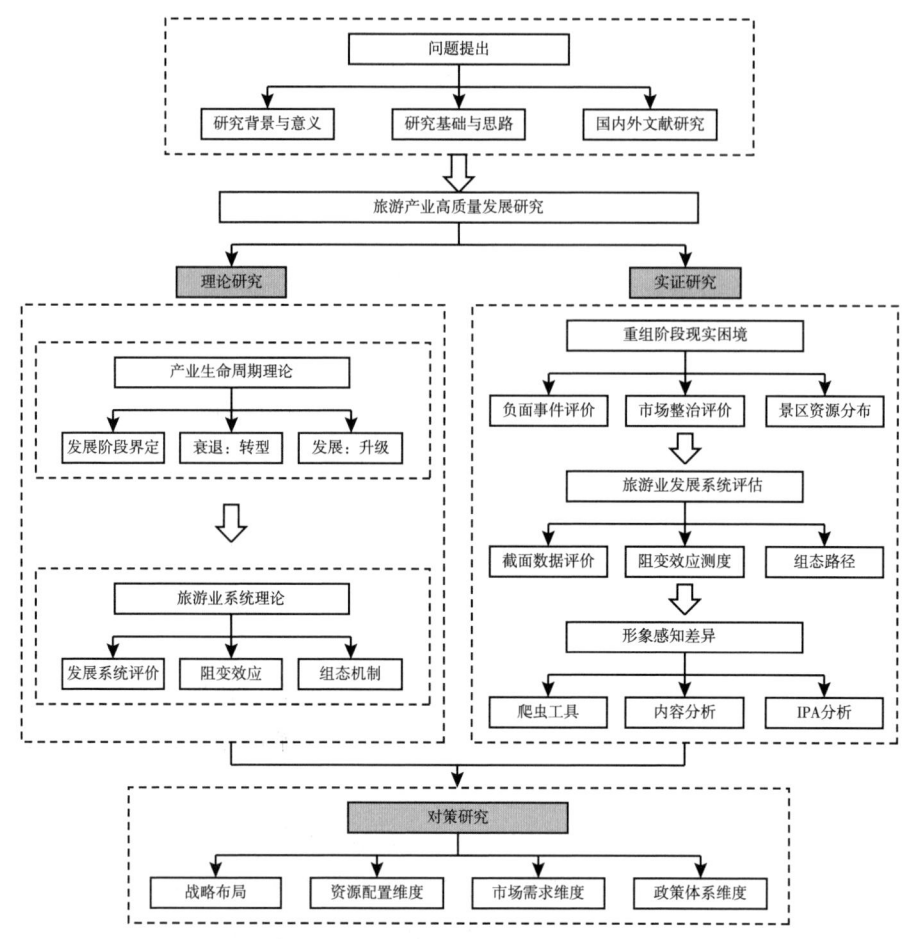

```
                    ┌─────────────┐
                    │  问题提出    │
                    └─────────────┘
        ┌───────────────┼───────────────┐
   研究背景与意义    研究基础与思路    国内外文献研究

              ┌─────────────────────┐
              │ 旅游产业高质量发展研究 │
              └─────────────────────┘
              ┌──────┴──────┐
           理论研究        实证研究
```

理论研究：
- 产业生命周期理论
  - 发展阶段界定
  - 衰退：转型
  - 发展：升级
- 旅游业系统理论
  - 发展系统评价
  - 阻变效应
  - 组态机制

实证研究：
- 重组阶段现实困境
  - 负面事件评价
  - 市场整治评价
  - 景区资源分布
- 旅游业发展系统评估
  - 截面数据评价
  - 阻变效应测度
  - 组态路径
- 形象感知差异
  - 爬虫工具
  - 内容分析
  - IPA分析

对策研究：
- 战略布局
- 资源配置维度
- 市场需求维度
- 政策体系维度

图 1-1　本书研究框架

第二章
理 论 基 础

　　旅游产业的发展在当前和未来很长一段时间内,是我国文旅融合、高质量发展面临的迫切任务。由于旅游产业兼具事业性和产业性双重特征,行业涉及面广、层次复杂,在外部环境变化和影响下,脆弱性尤为显著。对旅游产业高质量发展的研究主要包括高质量发展的概念、路径、对策,以及效果评价和动力因素等方面。旅游产业的高质量发展与经济学相关理论有着密切的联系,这些理论为旅游产业高质量发展提供了基础理论支撑。通过文献综述发现,对旅游产业高质量发展的相关研究忽视了对不同发展阶段的战略选择。按照产业生命周期理论,处于成长期阶段的产业路径应选择以"发展"为主导战略;处于成熟期阶段的产业路径应选择以"升级"为主导战略;处于衰退期阶段的产业路径应选择以"转型"为主导战略。

第一节　国内外研究现状

一、旅游高质量发展研究

（一）高质量发展是一个中国式概念

旅游产业高质量发展更多的是一个中国式的研究概念,是在经济高质量相关概念提出后被引入旅游产业发展的。但是从以往的研究来看，国内外学者在旅游发展质量、旅游发展效率、旅游发展绩效等课题研究上取得了丰富的成果，这为旅游产业高质量的相关研究提供了坚实的基础。[①] 旅游产业效率是以产出和投入为基础，判断相关要素是否合理和有效的关键性指标，一定程度上体现了旅游业高质量发展的优劣程度。因此在国内外大量的文献中，旅游效率被认为是评估旅游发展质量的重要指标。有关旅游发展质量影响因素的研究十分丰富。不少学者通过定性定量的方法论证了旅游发展与经济增长、产业集聚、旅游外部发展环境等因素之间的关系。

（二）旅游产业高质量发展内涵

进入新时代以来，国内学术界开始对"高质量发展"的相关议题进行了深入阐述，总的来说，关于高质量发展的研究已经渗入社会经济发展的各个领域，研究内容包含了高质量发展的内涵、评价测度和影响因素研究等各个方面。国内较多学者认为，旅游产业高质量发展是指通过创新、协调、绿色、开放、共享的新发展理念，[②] 提升旅游产业的整体竞争力，实现旅游业持续、健康、快速发展。[③] 其核心在于通过提升旅游产品的品质、服务水平以及旅游目的地的综合竞争力，满足游客的多元化需求，提高游客的满意度和忠诚度。[④] 国内学者对旅游产业高质量发展的研究主要集中在以下几点：一是关于旅游产业政策与规划的研究，旨在为地方政府提供政策支持和规划指导；二是关于旅游产业创新与发展的研究，包括产品创新、服务创新、管理创新等方面；三是关于旅游产业与区域经济协同发展的研究，探讨旅游业对区域经济的贡献和影响。

---

① 徐爱萍. 我国旅游业高质量发展评价及影响因素研究 [D]. 上海：华东师范大学，2021.
② 田秋生. 高质量发展的理论内涵和实践要求 [J]. 山东大学学报（哲学社会科学版），2018（06）：1-8.
③ 刘英基，韩元军. 要素结构变动、制度环境与旅游经济高质量发展 [J]. 旅游学刊，2020，35（03）：28-38.
④ 任保平. 中国经济高质量发展研究 [J]. 陕西师范大学学报（哲学社会科学版），2018，47（03）：104.

二、对转型升级的讨论

对于旅游转型升级的概念，学者们从不同的角度对其进行界定，但至今尚未达成共识。特别需要指出的是，旅游产业转型升级是一个独具中国化的概念，国外并没有直接概念。邵琪伟在2008年全国旅游工作会议上提出，实现"转型升级"需要将旅游产业的发展方式、运营模式和形态进行转变，使其从粗放发展向集约发展转变，强调要从只关注规模发展向规模和效益兼顾转变，由注重经济功能转变为发挥综合功能。这意味着要提高旅游产业的整体质量，增强旅游发展质量和效益，进而增强旅游市场竞争力。这是中国政府第一次明确为旅游产业转型升级指出了方向。然而，在理论研究层面，国内关于旅游产业转型与旅游产业升级却有着两种截然不同的观点。

（一）认为转型与升级不同

以谢春山等（2010）为代表的学者认为，转型是完全转变过去的发展模式，而升级则是在维持现有发展模式的同时进行结构优化和要素升级。根据谢春山等人的观点，旅游产业的转型和升级是截然不同的发展模式，放在一起讨论发展方向是不科学的。[①] 转型指的是完全改变原来的发展方式和模式，使之向新的方向发展；而升级则意味着在保持原有发展方式和模式的基础上，对其结构与要素进行提升和改进，打造原有模式和方式的升级版。两者的目标虽然相同，但在具体途径和方式上却大相径庭。田里等（2017）认为转型与升级是两种完全不同的观点，升级意味着量变，即由 A 到 A +；而转型意味着质变，即由 A 到 B。[②]

（二）认为转型与升级相同

在旅游产业转型和升级的性质界定方面，马波（2012）等的看法是产

[①] 谢春山，孟文，李琳琳，等. 旅游产业转型升级的理论研究［J］. 辽宁师范大学学报（社会科学版），2010，33（01）：37 – 40.

[②] 田里，陈永涛. 旅游产业转型升级研究进展［J］. 资源开发与市场，2017，33（10）：1265 – 1270.

业转型的实质就是产业升级,唯有通过转型才能实现升级,因此转型是不可或缺的本质,而升级则是转型的结果和表现。[①] 马巧慧、代雷(2016)等对这个问题也有类似的看法,认为转型是方式,升级是目标;[②] 姜芹春、马谊妮(2016)等学者也认同此观点,认为产业转型的根本就是产业升级。[③] 对于一个产业来说,向更高层次转型和升级是不可避免的发展趋势,同时也是实现可持续发展的必要选择。

产业转型更多地强调的是"转变",目标是另辟蹊径寻求更高质量的发展方向。旅游产业转型是旅游领域发生的具有方向性、全局性和根本性的产业结构转变,以纵向产业结构调整为主。产业结构是否发生转变,是评判旅游产业是否转型的依据。因此,旅游产业转型是指随着旅游消费需求的变化所引致的旅游产业结构发生转变的过程,往往涉及对旅游产业总体发展规模、产业发展领域、产业运行方式或产业供求关系等方面的不断革新与改变,其目标是由低质量向高质量转变。

产业升级更多地强调的是"提升",目标是寻求更高质量的发展方向。旅游产业升级是旅游产业在保持纵向产业结构基本平衡的前提下,向产业链上的发展和延伸(延伸移动)。因此,旅游产业升级是指产业发展过程中各要素关系的协调,体现为产品、技术、服务、工艺等的结构优化与要素提升,最终实现高质量发展的目标。旅游产业升级的重点方向包括价值链提升、产品结构优化、产业效率提升等。

三、转型升级实施路径

(一)宏观视角下的实施路径

旅游产业转型升级有多种路径,不仅涵盖了宏观层面的政策、制度、战略、科技等创新路径,同时也包含了微观层面的资源、产品、企业、人

[①] 马波,徐福英. 中国旅游产业转型升级的理论阐述与实质推进——青岛大学博士生导师马波教授访谈 [J]. 社会科学家, 2012 (06): 3-7.
[②] 马巧慧,代雷. 辽宁省跨界融合全域的旅游产业转型升级研究 [J]. 理论界, 2016 (12): 36-43.
[③] 姜芹春,马谊妮. 产业融合:旅游产业转型与升级的一种系统方法 [J]. 玉溪师范学院学报, 2016, 32 (06): 56-61.

才等提升路径。宏观视角下，沙普利（Sharpley R，2002）指出，要使旅游产业在乡村发展中更好地发挥其功能，就必须提供长期的资金和技术支持。① 有研究者调查发现韩国各地政府通过主动利用 Facebook 等手段公布游客资讯，并利用与民众的交流推动旅游产业发展与转型升级（Park H J and Lee C et al.，2016）。在转型期，中国旅游产业需要加快从行政领导向市场经营的转型。② 通过优化产业结构，创新旅游线路，整合旅游资源，健全经营管理体系，树立新产业品牌等是旅游产业转型升级的必由之路。③ 在协同创新的大背景下，旅游产业应从"主体""要素""文化""制度"四个层面共同努力，以促进转型升级。④ 学界普遍认为，旅游产业的转型升级还包括供给侧改革、智慧旅游、旅游产业集聚化、旅游公共服务体系建设等具体路径。⑤

（二）微观视角下的实施路径

微观视角下，奥默泽尔（Omerzel D G，2015）研究认为企业持续创新是推动旅游产业转型升级的关键动力，并对推动企业创新与绩效的影响因素以及创新的路径进行了探讨。⑥ 皮科利（Piccoli G，2017）等人将顾客个性化服务视为酒店经营策略的核心，并将信息化服务视为酒店转型升级的关键。⑦ 王国华从乡村旅游的经营方式、发展模式和从业人员素质等角度出发，基于乡村旅游规划的视角，探讨了乡村旅游转型升级的路径；⑧

---

① Sharpley R. Rural Tourism and the Challenge of Tourism Diversification: The Case of Cyprus [J]. Tourism Management，2002，23（03）：233－244.
② 储昭斌. 我国旅游产业转型升级及发展模式选择 [J]. 商业时代，2013（13）：114－116.
③ 张玉山. 中原经济区旅游产业转型升级的路径探索 [J]. 管理学刊，2014，27（03）：54－57，70.
④ 蒋志勇，李君. 我国基于产业协同创新的旅游产业转型升级路径研究 [J]. 改革与战略，2017，33（09）：131－134.
⑤ 徐云松，詹兆宗. 旅游公共服务体系建设促杭州转型升级 [J]. 旅游学刊，2012（02）：11－12.
⑥ Omerzel D G. Innovativeness in Tourism: Model Development [J]. Proce-dia Economics & Finance，2015（23）：750－756.
⑦ Piccoli G，Lui T W，Grun B. The Impact of IT-enabled Customer Service Systems on Service Personalization, Customer Service Perceptions, and Hotel Performance [J]. Tourism Management，2017（59）：349－362.
⑧ 王国华. 北京郊区乡村旅游产业转型升级的路径与方法 [J]. 北京联合大学学报（人文社会科学版），2013，11（04）：28－35.

邵小慧等以海南旅行社的案例为基础，从制度、产品、技术和人才四个方面探讨了如何摆脱其发展困境的途径；① 钟珺、周磊以游客需求为切入点，指出了在业务形态、产业结构、经营方式，以及业务内涵等方面促进乡村旅游产品的发展转型提升。② 廖军华、李盈盈从供给侧改革思维角度，提出从服务标准管理、项目推进、服务品牌建设、市场支持、人才培训、提高服务水平以及环境治理这7条实现乡村旅游转型升级的路径。③ 刘晓明、覃文乐分别提出旅游人才培养④、景区门票价格改革⑤是旅游转型升级的重要路径。

（三）旅游转型升级效果评价

张广海、冯英梅从旅游产业结构的合理化、高度化及效益水平3个角度构建8个指标，并采用均方差法确定评价指标权重，最后运用加权平均法对旅游产业结构水平的综合指数进行衡量。⑥ 刘佳和杜亚楠从旅游产业结构的变动率、规模量、集中度、合理化和高度化5个角度构建三层次的测度指标体系，并采用变异系数法得出旅游产业结构水平指数。⑦ 袁俊、刘艳红从"幸福产业"视角，构建旅游产业发展效率评价指标体系。⑧ 赵爱民等从保障、运作以及营销三个视角提出供给侧改革背景下安徽省旅游产业转型升级策略。⑨ 施永在对产业转型升级进行研究时，将基础设施条

---

① 邵小慧，雷石标，罗艳菊. 国际旅游岛视角下海南旅行社产业转型升级的路径与对策 [J]. 特区经济，2012（04）：134 – 136.
② 钟珺，周磊. 游客行为导向的乡村旅游产品转型升级对策研究——以桂林荔浦县乡村旅游为例 [J]. 广西经济管理干部学院学报，2017，29（04）：80 – 86.
③ 廖军华，李盈盈. 以供给侧改革助推乡村旅游转型升级 [J]. 世界农业，2016（10）：71 – 76.
④ 刘晓明. 从"技能本位"到"文化育人"：高职文化育人的体系构建与转型升级——以高职旅游管理专业为例 [J]. 职教论坛，2014（02）：45 – 48.
⑤ 覃文乐. 深化景区门票价格改革推动旅游产业转型升级——关于张家界市景区景点门票价格改革有关问题的思考 [J]. 价格理论与实践，2010（07）：17 – 19.
⑥ 张广海，冯英梅. 山东半岛蓝色经济区旅游产业结构水平综合评价与测度 [J]. 中国人口·资源与环境，2013，23（09）：107 – 113.
⑦ 刘佳，杜亚楠. 沿海地区旅游产业结构水平测度分析 [J]. 商业研究，2013（07）：61 – 67.
⑧ 袁俊，刘艳红. 旅游产业发展的效率评价与转型升级 [J]. 重庆社会科学，2017（03）：40 – 46.
⑨ 赵爱民，陆恒芹，吴晓伟. 供给侧改革下安徽省旅游产业转型升级研究 [J]. 商业经济研究，2017（15）：170 – 172.

件、固定资本存量等硬环境，人力资源、科技创新能力、外商直接投资等软环境都纳入其中，并用"收入水平－人均 GDP"作为需求因子，用产业结构水平来衡量产业转型升级的程度。[1] 魏敏、徐杰从软硬环境、供需因素以及旅游产业结构优化 5 个方面构建旅游产业转型升级指标体系，并采用了 PROMETHEE-GAIA 法对珠三角城市群的旅游产业转型升级进行量化评估。[2] 徐杰等从旅游产业效率提升、结构优化、环境协调、贡献以及基础设施健全和产品升级 6 个方面建立了指标体系，对全国 31 个省份（不包括港澳台）的旅游产业升级进行测度评价。[3]

四、转型升级对策与措施

（一）多层次的实施对策

在转型升级对策方面，国外学者认为培育新兴旅游业态和社交媒体的大力宣传，都对目的地旅游产业的转型升级具有相当大的商业价值。[4] 有研究者对沙特阿拉伯的医疗旅游现状进行了分析，认为应从明确目标群体、拓展电子医疗服务、调整政策法规、强化国际协作等方面提高医疗旅游的管理水平（Khan S and Alam S M，2014）；史密斯（Smith G，1994）指出北美自由贸易协定对美国旅游产业产生深远的影响，它将采取具体的措施以促进美国旅游服务的全球化进程。[5] 国内学者徐福英等从产业、产品、市场、合作组织和教育培训五个层次提出转型升级的对策。[6] 王秀红从旅游产业自身、政府作用和旅游社区参与三个维度研究旅游产业转型升

---

[1] 施永. 江西省产业转型升级测度及其影响因素的实证分析 [J]. 老区建设，2018（12）：47－51.

[2] 魏敏，徐杰. 珠三角城市群旅游产业转型升级的测度研究——基于 PROMETHEE-GAIA 法 [J]. 经济问题探索，2020（06）：143－154.

[3] 徐杰，魏敏，杨翼飞. 中国旅游产业升级水平的测度分析 [J]. 统计与决策，2021，37（06）：130－133.

[4] Tomazos K，O'gorman K，Maclaren A C. From leisure to tourism：how BDSM demonstrates the transition of deviant pursuits to mainstream products [J]. Tourism Management，2017，60：30－41.

[5] Smith G. Implications of the North American Free Trade Agreement for The US Tourism Industry [J]. Tourism Management，1994，15（05）：323－326.

[6] 徐福英，刘涛. 新时期我国旅游产业转型升级路径探讨 [J]. 商业时代，2010（22）：125－126.

级的对策。[1] 戴洪涛认为实现乡村旅游产业的转型升级首先要从政府着手，在政策、法律、人才引进和培育上进行优化升级。[2] 刘洁卉等从教育培训方面、投资机构方面、市场方面、产品和产业方面对乡村旅游改造升级给出合理的建议。[3]

（二）多维度的实施方向

此外，国内学者还结合具体实施方向提出有针对性的对策措施。田金霞针对张家界市的城市旅游转型问题开展了深入研究，从城市游憩功能构建、旅游产品开发、休闲文化以及基础设施建设等多个方面给出了具体对策意见。[4] 张洪等结合安徽省旅游产业转型升级的优势条件与制约因素，从产业、企业、市场、产品、人才5个维度提出对策建议。[5] 何一民则指出加强文化与旅游之间的融合将成为促进长江沿江城市旅游产业转型升级的关键抓手。[6] 斯琴基于内蒙古旅游产业发展现状从市场、基础设施、区域合作等方面提出对策建议。[7] 潘冬南发现在经济新常态下，广西旅游产业应充分利用互联网技术，运用移动终端加快智慧旅游的建设。[8] 陈晓莉针对乡村旅游转型升级在产品、市场以及人才等方面存在的问题提出相应的优化措施。[9]

（三）多维度的驱动措施

旅游产业转型升级受到市场需求、产业制度、环境资源、科学技术、

---

[1] 王秀红. 旅游产业升级转型的重点、难点及对策研究［J］. 河南农业，2012（16）：63-64.
[2] 戴洪涛. 经济新常态下乡村旅游产业转型升级研究［J］. 社会科学家，2019（10）：97-103.
[3] 刘洁卉，郭凯. 乡村旅游转型升级的政策与机制研究［J］. 农业经济，2019（04）：54-55.
[4] 田金霞. 张家界城市休闲旅游发展对策——旅游产业转型升级背景下［J］. 当代经济，2010（24）：115-117.
[5] 张洪，潘辉，张洁. 安徽省旅游产业转型升级研究——以承接长三角产业转移为例［J］. 资源开发与市场，2012，28（04）：373-375.
[6] 何一民. 推进长江沿江城市文旅融合与旅游产业转型升级的思考［J］. 中华文化论坛，2016（04）：15-21.
[7] 斯琴. 加快内蒙古旅游产业转型升级之策［J］. 中国统计，2016（01）：70-73.
[8] 潘冬南. 新常态下广西旅游产业转型升级的影响因素研究［J］. 广西大学学报（哲学社会科学版），2017，39（03）：43-48，53.
[9] 陈晓莉. 后疫情时代上海乡村旅游转型升级对策研究［J］. 安徽农学通报，2021，27（01）：141-142，148.

文化融合、基础设施等多种驱动因素的综合影响。麻学锋则认为旅游产业升级的动力主要有生产者驱动型、旅游消费者驱动型和混合驱动型三种。① 王兆峰将技术进步与创新机制看作旅游产业结构转型和升级的核心动力，它通过对生产要素的影响、改变游客的需求结构和提高劳动者素质来影响旅游产业的结构。② 郑四渭等从供需、环境支撑三方面分析研究城市旅游产业转型升级的驱动机制，并针对性地给出了城市旅游产业转型升级中的多元互动的驱动措施。③ 魏小安等主张积极推进山东交通运输系统基本建设，尤其是重点加强公路建设，为旅游产业的蓬勃发展打好基础。④ 董广智则论述了影响乡村旅游转型升级以及驱动的因素，共分为四大重要部分：游客的需求、当地旅游供给驱动、地方政府政策的积极引导作用，以及学界对于乡村旅游研究的需求驱动。⑤ 翁景德等则认为自然环境与人力资源对产业转型升级也产生了积极影响。⑥ 屈学书等指出在经济发展新常态阶段下，推进旅游产业转型升级至关重要，市场是基石、政策扶持是保证、创新驱动是关键，这几方面合力推动中国旅游行业转型升级。⑦ 陆保一等指出旅游和交通运输之间的耦合发展关系对推动增强协调发展效应具有重要意义。⑧ 陈姗姗等利用资源依赖理论阐述了中国旅游产业转型升级的内部动力机理，并将其划分为核心体系与辅助动力体系。⑨ 党红艳认为数字经济赋能旅游产业转型体现在：优化旅游产品与服务的供给、改变游

---

① 麻学锋. 张家界旅游产业转型的初始条件及对转型的影响 [J]. 学术论坛, 2010, 33 (10): 124-128.
② 王兆峰. 湖南旅游产业转型与结构升级优化研究 [J]. 湖南科技大学学报（社会科学版）, 2011, 14 (01): 75-80.
③ 郑四渭, 赵云云. 基于产业融合理论的城市旅游产业转型升级机制研究 [J]. 商业研究, 2010 (11): 95-98.
④ 魏小安, 金准. "高速时代"的中国旅游产业发展 [J]. 旅游学刊, 2012, 27 (12): 40-46.
⑤ 董广智. 中国乡村旅游转型发展模式及驱动机制研究 [J]. 农业经济, 2017 (04): 44-45.
⑥ 翁景德, 庄海刚. 新常态下福建区域产业转型与升级影响因素研究 [J]. 经济论坛, 2018 (08): 133-135.
⑦ 屈学书, 矫丽会. 乡村振兴背景下乡村旅游产业升级路径研究 [J]. 经济问题, 2020 (12): 108-113.
⑧ 陆保一, 刘萌萌, 明庆忠, 等. 中国旅游产业与交通运输业的耦合协调态势及其动力机制 [J]. 世界地理研究, 2020, 29 (01): 148-158.
⑨ 陈姗姗, 张向前. 互联互通蓝图下中国旅游产业转型升级发展研究 [J]. 资源开发与市场, 2021, 37 (08): 976-983.

客的消费习惯、促使服务人员来源多元化、助推产业链优化、促进行业生态系统融合5个方面。① 夏杰长认为地方政府应合理利用R&D投入，抓住技术创新契机，以促进旅游产业结构转型升级。②

五、国内外研究述评

综上所述，在对旅游产业高质量发展概念、路径、对策、效果评价和动力因素等文献进行梳理的基础上，可以发现随着研究角度和领域的拓展，国内外对旅游产业高质量发展和旅游产业转型升级的研究呈现多元化趋势。然而，结合现实问题，相关研究忽视了不同发展阶段的战略措施存在差异，具体表现在以下四个方面。

（一）旅游产业高质量发展是地区发展的根本

旅游高质量发展对于旅游目的地、旅游企业至关重要，是其生存和发展的根本。高质量的旅游企业、旅游目的地，可以使它们获得较好的市场地位，提升竞争力。旅游企业应通过改善旅游质量，获得经营溢价，从而提升市场的获利能力和影响力。而旅游目的地的质量是持续提升旅游目的地竞争力，提供优质旅游产品的重要基础。而旅游企业、旅游目的地的质量测度问题是目前国内外学者关注的重点。部分学者从旅游效率的测度入手，利用DEA、SFA等模型来分析决策单位的有效性，亦有不少学者从旅游发展的综合效益来测定旅游目的地、旅游企业的发展质量。然而，以往研究从旅游业高质量内涵角度出发的指标测度较少，较多考虑规模指标，忽略了各省区能级差异，无法科学反映旅游业高质量发展的具体要求，使得研究结论缺乏一定的可信度和科学性。

（二）旅游产业不同发展阶段的特征存在差异

旅游产业转型升级是一个极具中国特色的专有词汇。旅游产业的转型

---

① 党红艳. 数字经济赋能旅游产业转型的底层逻辑 [J]. 经济问题，2023（03）：45–50, 121.

② 夏杰长, 孙盼盼, 李博文. 地方政府研发投入、技术创新与旅游产业结构优化升级 [J]. 学习与探索，2023（03）：2, 93–104.

升级自 2008 年被全国旅游工作会议列为一项全局性的工作后，国内开始兴起研究热潮，进一步促进了旅游产业的转型升级。国内学者在研究旅游产业转型升级方略时，主要关注于概念、路径、对策、评价和动力等方面，在内容上侧重于宏观和微观两个层面：在宏观层面主要从国家战略的角度出发，探讨旅游产业转型发展的方向、战略和路径等问题；微观层面则重点是对与旅游产业有关的企业因素进行探讨分析。然而，产业在不同发展阶段其方向、战略和路径存在较大差异，对此，鲜有文献对此展开讨论。而在国外，特别是西方发达国家，关于旅游产业转型升级的研究相对少见。国外学者的研究主要集中于两个方面，即对旅游产业转型升级的路径进行探索，以及制定相应的策略措施。因此从国内外的研究成果来看，旅游转型升级的理论与实践研究仍有进一步发展的空间。

（三）是"转型"还是"升级"尚未形成共识

旅游产业转型升级属于一种规范性价值判断的范畴，对其内涵界定也是一个不断发展的、因人而异的过程。目前国内学者对旅游产业转型与升级持两种不同的看法，基于学者对旅游产业转型升级的概念辨析，本书认为"转型"与"升级"不同。"转型"是一个"A－B"的异质转换过程，是一种质变，即通过转变旅游产业的发展方式、经营管理模式和形态，使之转向集约化、注重规模与效益，并发挥综合功能。而"升级"是一个"A－A＋"的同质提升过程，是一种量变，即优化产业结构要素，促进旅游发展质量、效益和竞争力的提升。按照产业生命周期理论，处于成长期阶段的产业路径应选择以"发展"为主导的战略；处于成熟期阶段的产业路径应选择以"升级"为主导的战略；处于衰退期阶段的产业路径应选择以"转型"为主导的战略，即由曲线 1 向曲线 2 转型。

（四）旅游产业转型升级定量研究较为缺乏

旅游产业转型升级是一个复杂综合多维的研究领域，涉及旅游产业的方方面面，旅游需求和供给的转型升级被涵盖其中，此外由于旅游产业结构的优化升级是由多种因素共同作用的结果，这些因素相互作用，共同推动着旅游产业的发展。因此，为了全面、综合地评估旅游产业的转型升级，我们需要建立一个全面综合的指标体系，而不再简单地使用单一的指标进行评价。但多维度评价指标体系法在旅游产业转型升级的研究上还比较欠缺。与此同时，正是由于其难以测度，学术界对于旅游产业的研究历经了由概念界定到理论基础的理论探讨再到与特定区域相结合的路径战略研究的过程，但是大多停留于定性层面上，定量研究存在不足。

第二节 高质量发展相关理论

一、经济增长理论

（一）内生增长理论

20世纪80年代美国经济学家保罗·罗默（Paul. Romer）通过将技术创新引入宏观经济长期分析中，创立和发展了内生增长理论，使其成为西方宏观经济理论分支之一，为经济增长、高质量发展等相关研究作出了重大贡献。内生增长理论的核心思想在于：经济增长是由经济体系内部的技术进步和人力资本所驱动的，强调两者在经济增长中的作用。该理论认为，通过提高资源使用效率和促进技术进步，经济能够不依赖外力实现自我维持的增长，内生的技术进步是保证经济持续增长的决定性因素。随着内生增长理论的不断发展，以罗默、格罗斯曼和赫普曼、阿格汗和哈威特等（Grossman and Helpman；Aghion and Howitt et al.）为代表的内生增长理论，将知识或技术创新在模型中内生化，在新古典增长理论的基础上发展了经济增长理论，在实践上对各国政府加强技术创新激励提供了坚实的理论依据。[1] 至今，现代内生增长理论不仅关注技术进步和人力资本，还开始考虑制度、创新、投资和国际贸易等因素对经济增长的影响。

---

[1] 胡永远，杨胜刚. 经济增长理论的最新进展 [J]. 经济评论，2003 (03)：74-76，87.

（二）区域协调发展理论

区域协调发展是中国特色的区域发展模式，是以马克思主义基本原理和区域经济发展理论为基础。区域协调发展，是指在国家和地区的经济发展过程中，通过合理的政策引导和市场机制，实现不同地区之间经济、社会、文化和生态等方面的均衡发展。区域协调发展理论不仅关注经济总量的增长，更强调区域间的平衡发展和内部结构的优化。"协调"的含义是"配合适当、步伐一致"。所谓协调发展，就是促进有关发展各系统的均衡、协调，充分发挥各要素的优势和潜力，使每个发展要素均满足其他发展要素的要求，发挥整体功能，实现经济社会持续、均衡、健康发展。[①] 区域协调发展的理论框架包括多个层面，从均衡发展到非均衡增长，从区域分工到空间结构，再到资源环境和公共服务均等化，这些理论基础为我们提供了分析区域发展差异和制定相应政策的框架。

（三）经济周期理论

1946年，美国两位经济学家密切尔和伯恩斯（Mitchell W and Burns A）在其出版的《衡量经济周期》一书中为经济周期作出了定义，指出经济周期是在主要以工商企业形式组织其活动的一些国家所看到的总体活动的波动形态。经济周期可以划分为扩张、衰退、收缩和复苏四个阶段。经济周期理论是宏观经济学中用来描述和解释经济活动波动的一系列理论，这些波动通常表现为经济活动的扩张和收缩的周期性变化。其演变可以概括为4个阶段，分别是古典经济周期理论、新古典经济周期理论、凯恩斯经济周期理论和现代经济周期理论。现代经济周期理论则是从更为广泛的角度和有力的深度对经济周期进行了解释和描述，新的经济周期理论包括理性预期学派的经济周期理论、政治经济周期理论和新凯恩斯周期理论等。

---

① 孙久文. 论新时代区域协调发展战略的发展与创新［J］. 国家行政学院学报，2018（04）：109 – 114，151.

二、生命周期理论

（一）产业生命周期理论

产业生命周期理论是从产品生命周期理论发展而来的，是产业演进理论的重要分支之一，解释了整个产业从产生到成熟再到衰退的演变过程的技术变迁和变化规律。产业从产生到衰落的全过程即一个生命周期，分为形成期、成长期、成熟期和衰退期或蜕变期4个阶段。在产业形成期，市场潜在需求大，产业内厂商数量较少，发展速度快，产业销售额较低，竞争程度较弱；在产业成长期，市场需求明显扩大，产业技术逐步成熟，新产品成本快速下降，产品市场占有率大幅度提升，销售额迅速攀升；在产业成熟期，市场需求基本达到饱和，产出和收入稳定，在产业结构和国民经济中占有较大比重；在产业衰退期，市场需求萎缩，产品老化，技术陈旧，在产业结构和国民经济中占的比重持续下降。企业往往采用产业退出、业务核心化以及投资转向等战略。

（二）旅游地生命周期理论

关于旅游地生命周期理论的源起，普遍的认识是德国的地理学家克里斯塔勒（Christaller W）最早将"生命周期理论"引入旅游地研究领域，其撰写的《关于欧洲旅游区位的一些思考》一文中将旅游地的演化过程划分成三个阶段：旅游地发现期、旅游地成长期与旅游地衰退期。1973年旅游营销专家普劳格（Plog）从市场营销学的角度解释了旅游地生命周期理论；1978年美国学者斯坦斯菲尔德（Stansfield C）在研究美国大西洋城旅游发展时也提出了类似的概念。被学者公认并广泛应用的旅游地生命周期理论是由加拿大学者巴特勒（Bulter R W）提出的，在旅游地理学相关理论的基础上，基于旅游地的发展阶段，吸收产品生命周期理论的成果，将旅游地的演化发展划分为6个阶段，分别是探索阶段、起步阶段、发展阶段、稳固阶段、停滞阶段、衰退阶段或复兴阶段，它们细致、生动地刻画了旅游地发展演化进程，形成了较为形象的S形曲线，如图2-1所示。

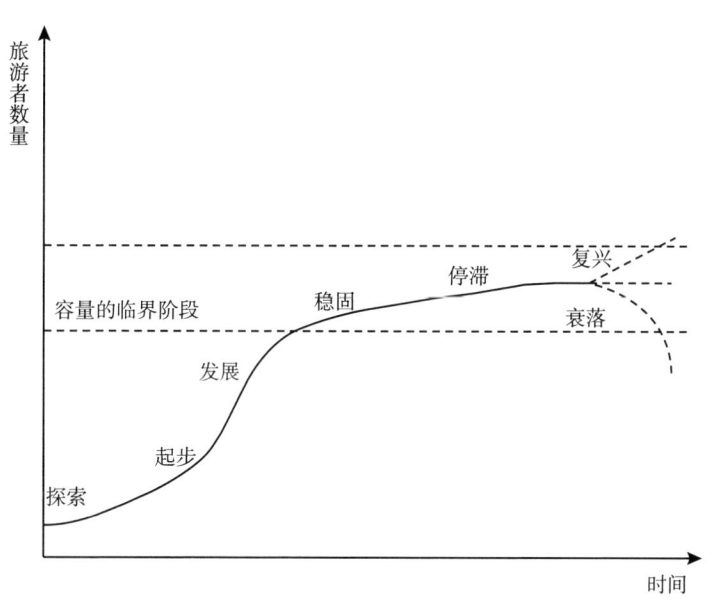

图 2-1 Butler 旅游地生命周期理论

资料来源：本图是在高林安（东北师范大学，2014）博士论文 23 页图 2-1 巴特勒（Butler）的旅游地生命周期模型的基础上修改而成的。

（三）适应性循环理论

在经济韧性的理论研究方面，经典理论有两个：一是适应性循环理论，由冈德森和霍林（Gunderson L and Holling C S，2002）最早提出，用来阐述系统如何在外来冲击下实现自我保存与自我更新以维持发展活力；二是区域经济韧性理论。适应性循环理论源自对生态系统动态的比较研究。适应性循环理论认为系统会随着时间不断地进行演变，当系统面临外部冲击时，会依次经历利用、保存、释放和重组四个阶段，系统永远是发展和变化的而不是永久保持稳态的。[1] 适应性循环理论四个阶段的特征可通过三个属性变量来呈现，即潜力（potential）、连通度（connectedness）和恢复力（resilience），在系统的一个循环周期内，始终伴随三者的变化。潜力包括系统积累的生态、经济、社会和文化资源，以及突变和创新的可能，可以被简单理解为系统的"财富"；连通度反映着系统内部的联系程

---

[1] Gunderson L H, Holling C S. Panarchy: Understanding transformations in human andnatural systems [M]. Washington D. C: Island Press, 2002.

度；恢复力通过系统的适应能力实现，强调系统在干扰下仍维持现有状态而不转入另一状态的能力。

三、可持续发展理论

（一）增长极理论

增长极（Growth Pole）理论起源于区域经济学和地理学等学科，是非均衡发展理论的依据之一，是20世纪50年代西方经济学界关于国家实施平衡增长战略或者不平衡增长战略大论战的产物。增长极理论强调实现平衡发展，对某个"经济单元"、国家或地区而言仅仅是一种理想，在现实中是无法达成的。现实中经济增长是由单一或若干"增长中心"向其他地区或"经济单元"逐步传导的。增长极理论有着两方面的内涵：一是地理空间上形成的集聚区域，也就是增长中心；二是经济空间上生成的某种推动型工业。增长极理论的实质是在区域经济的不平衡发展下，尽可能把有限的经济资源集中投入发展潜力大、规模经济明显和投资效益较好的地区或产业，从而形成区域经济增长极，区域经济增长应由点及面，由局部到整体依次推进。

（二）产业协同理论

"协同"（synergy）源于古希腊语"concord"，从词源上剖析，意为协调合作的意思。协同思想可以追溯到亚当·斯密的分工理论、马克思的分工与协作思想。其核心思想是在一个系统中，各子系统并不孤立存在，它们之间会相互作用、相互影响，并且这种相互作用会使得整个系统呈现出一个新的稳定状态，这个稳定状态就是协同状态。产业协同理论主要研究不同产业之间如何通过合作与协调来提高整体竞争力和经济效益。其中，技术创新和市场需求是推动产业协同的两大驱动力。技术创新可以带来新的合作机会，市场需求的变化则要求产业间进行更紧密的协同以快速响应。通过协同，企业可以更好地利用资源、降低成本、提高效率，并在激烈的市场竞争中保持领先地位。

第三节 产业转型升级理论

一、产业结构理论

（一）二元经济结构

二元经济结构理论最早由刘易斯（ALewis，1954）提出，他认为发展中国家一般存在两种性质不同的部门，它们分别是"资本部门（capital sector）"和"农业生产部门（subsistence sector）"。由于两个部门间的技术进步和劳动生产率不同，而劳动力可以在两个部门之间自由流动，因此随着社会的发展，劳动力在跨部门间的转移促进了经济结构的转型。考虑到刘易斯模型中的假设，费恩德和拉尼斯（Feiand H and Ranis G，1964）对其进行了修改，完善了农业部门剩余劳动力转型的二元经济发展思想。更进一步，添根森（Jogenson D，1967）将二元经济结构和新古典主义框架结合起来，分析了工业部门和农业部门之间的转型问题。在经济学家们的发展和完善下，二元经济结构成为分析发展中国家结构变迁、劳动力转移以及社会资本积累等一系列重要问题的主要框架。随着全球贸易自由化的扩大，二元经济理论成为众多学者研究封闭经济体和开放经济体经济结构转型的理论基石。

1958年，德国经济学家赫希曼（Hirschman A O）从充分利用主要稀缺资源的角度入手，引入了不平衡增长理论。他的观点是发展道路呈现一种"不均衡的链条"形式，主导部门将其影响逐渐传递至其他部门。考虑到发展中国家资源有限，无法进行全面的投资。因此，在发展顺序上，应首先选择具有战略重要性的产业领域。社会基础设施的投资对直接生产部门有利，是因为可以创造外部经济效益。在政府决策时，以社会投资成本低、对外部经济效益较好的投资项目建设为优先。此外，投资量大、建设周期长、对民间投资吸引力不足的社会基础设施的建设投资也应由政府承担。

（二）产业迁移

研究产业转型的重点是解决进入衰退期的产业所面临的转型问题。衰退产业的转型可以从两个方面来进行:一是进一步提升生产要素贡献,借助技术升级做到产业信息化,以此开辟全新的市场,创造全新的需求;二是对于那些不能实现规模扩张、不能产生新需求的行业,可以通过转移生产要素来实现它们在经济生活中的顺利退出。一般情况下,产业转型的目标是通过不断创造新的需求来推动发展的。如图2-2所示,曲线1代表了一个产业正常生命周期的四个阶段,曲线2代表该产业进入衰退阶段,但如果得以创造新的需求,则又能进入另一个循环周期,从而实现产业的可持续发展。

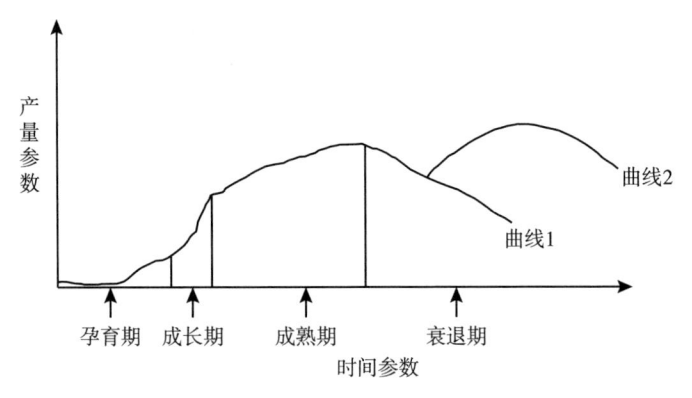

图 2-2 产业生命周期曲线

资料来源:张会恒. 论产业生命周期理论[J]. 财贸研究,2004 (06):7-11.

产业转移是指产业区域或者产品生产发生变更的过程。受区域经济理论和产业生命周期理论的影响,产业转移通常会充分考虑资源条件、劳动力资源、生产成本、市场需求、国家政策、自然环境以及国际贸易区位等因素对经济发展的重要影响。其中以赤松要(Kaname Akamatsu,1935)提出的雁行模式理论和雷蒙德·弗农(Raymond Vernon,1966)提出的产业生命周期理论为代表。

理论的目标是通过引进发达国家的技术和产品来推动发展中国家的产业发展。对于发达国家和发展中国家之间的产业转移,也存在着相互影响的动态关系。发达国家通过把相对低效的产业转移到发展中国家,一方面帮助发展中国家发展,另一方面是为了本国的利益。其中发展中国家经济发展所迫切需要的技术和资金得到满足,而发达国家的产业结构也发生了改变，让渡出空间促进高技术产业的发展。通过实施产业转移，各国得以优化产业结构，扩大生产能力，这成为推动本国经济发展的重要理论基础。若发展中国家能够恰到好处地抓住时机，将会获得巨大的发展潜力。在进口替代和出口循环中实现工业化，通过进口→生产（进口替代）→出口的循环提升产业的国际竞争力。

以产品生命周期为基础，衍生出产业生命周期理论。产业作为经济发展过程中的结果，在经济增长的过程中逐渐形成。产业是在经济发展进程中产生的一种结果，它是随着经济的发展而产生和发展的，也是随着经济的发展而衰落的。和生命周期相似，任何单一的产业都包含孕育、成长、成熟和衰退四个不同的时期。虽然各产业在其生命周期各阶段的历时有很大的差别，但产业的衰退却是必然的。社会需求是导致产业衰退的最重要因素，社会需求的层次、构成、质量、规模及变化趋势等都将影响到产业结构的相应变化。

二、产业发展理论

（一）产业集群

目前，人们普遍接受的产业集群理论是美国学者迈克尔·波特（Michael E. Porter）在 20 世纪 80 年代提出的。该理论认为相关产业在特定区域进行聚集，以实现更有效的市场竞争，并降低信息交换和物流等方面的成本，从而产生规模效益，形成一种新型的产业空间组织形式。2003 年，他在《竞争论》一书中对产业集群的定义进行了扩充，指出产业集群是以一个或多个相关产业为核心、以价值链为基础、紧密有所关联的大批企业和相关支撑机构的区域性生产体系，这些企业和机构在空间上相互汇聚，逐步形成强大而可持续的竞争力（迈克尔·波特，2003）。

1999 年，国际集群协会就南非的旅游产业群聚现象作出了分析，认为"旅游产业集群是旅游企业和相关组织由于共同的目的而相互协作，他们在特定区域上的聚合，并因此建立了较为密切的联系，也就是这种合作关系促成了其取得总体比较优势"。关于旅游产业集群的概念，国内外学者已形成基本共识：一是旅游产业集群在空间上呈现集中布局的特点；二是旅游产业集群注重主体之间的友好合作；三是旅游产业集群的组织机构通常存在着垂直分工，并且与地理环境和旅游资源有着密切的联系。其可用于充当区域旅游发展的战略手段，使区域旅游产业的发展得以有效引导，且对提升区域旅游一体化水平和综合竞争力具有关键性作用。

（二）产业融合

产业融合理论论述了不同行业或同一类行业中不同部门间互相渗透、互相交叉，并最终达到互相融合，从而形成一种新型行业、业态及经营模式的过程。目前，产业融合已成为未来产业发展不可忽视的趋势，因为技术进步必然要选择产业融合，而技术创新则是推动产业融合不可或缺的内在驱动因素。产业融合有三种形式，即重组、交叉、渗透。其中，产业重组是指关联较密切的行业之间的重组，是产业链上、下游的整合；产业交叉是指不同产业之间的相互融合与合作，通过整合各自的优势资源和技术，实现产业互补，进而延伸至整个产业链的重要途径；产业融合通常发生在不同领域之间，而新技术的突破则成为实现这种融合的关键因素。

在旅游发展过程中，将整合各种产业和不同要素的产业融合理论应用其中，能够因地制宜地整合区域内的关联产业和不同要素，从而调整区域产业结构。旅游产业不是边界清晰的传统行业，它具有高度渗透性，因此具备与其他产业自然融合的独特优势。主要涉及了两个融合方式：一是旅游产业与其他服务业的融合，也包括与六要素之间的融合；二是旅游产业与第一产业和第二产业的融合。

（三）产业发展

19世纪70年代初，"可持续发展"这个术语在瑞典举行的联合国人类环境大会上被首次提出。19世纪80年代中后期，世界环境与发展委员会（WCED）对"可持续发展"进行了如下定义："发展的过程中不仅要满足当代人的需求，还要着眼于后代子孙的利益，努力实现可持续发展。"这一概念的定义已经得到了各个领域的普遍认同，在可持续发展中，"以人为本"的思想是不可缺少的，它既要重视社会的公平，又要重视"代际公平"，实现人与自然的和谐共存。可持续发展涉及经济、社会和环境3

个维度[①]，三者互相制约、互相渗透和互相影响。旅游产业应坚持可持续发展的理念，两者之间存在内在耦合。目前，旅游产业正积极调整发展理念，对文化进行深度挖掘和运用，将其与高科技有机地融合在一起。不论是经营方式还是产业结构都有了很大的改变，但最根本的目的仍是将社会发展、经济增长和生态保护三者协调起来，从而达到旅游产业可持续发展的目的。因此，可持续发展是旅游产业转型的重要内容之一。

三、产业演进理论

（一）产业结构演化

产业结构演化理论探讨了产业结构的普遍演化规律与整体趋势，指出在产业发展过程中，产业结构呈现出由低层次向高层次演化的态势。经济发展与产业结构的变动密不可分，随着经济的发展，产业发展水平逐渐上升，同时产业之间的联系和影响也变得更加复杂，两者共同推动了产业结构向更加合理的方向发展。该理论主要包括：三次产业间劳动力的转移规律，即配第－克拉克定理；库兹涅茨定律：国民收入在第一产业、第二产业、第三产业之间分配关系的变动；霍夫曼定理、钱纳里工业阶段学说：两者分别描述了工业结构变动在经济发展中的普遍规律，尽管它们的表述方式有很大差异；主导产业的选择基准有李嘉图比较优势、罗斯托基准、赫希曼关联度、筱原三代平两基准等。

（二）产业结构优化

产业结构优化是指通过调整不同产业的布局达到协调发展，在满足社会不断增长需求的同时实现合理化、高级化和高效化的目的。[②] 在此基础上，以产业技术和经济之间的客观比例关系为基础，按照再生产过程中的比例性需求，来推动国民经济中各个产业的协调发展，让不同产业的发展

[①] 张凌云. 可持续发展：旅游产业高质量发展的新议程［J］. 旅游学刊，2023，38（01）：1－2.

[②] 王淼. 新常态下纺织服装企业战略管理思路解析［J］. 中国纺织，2017（03）：116－118.

与国民经济的发展保持一致,从而实现经济持续、健康和快速增长的目的。旅游产业结构的优化是通过产业发展的动态过程来实现的,旨在实现旅游产业间的协调,相对均衡产品供给与需求结构,进而优化组合部门之间生产要素和实现全社会资源的最优配置,最终使得产业结构高级化、合理化和高效化。

四、产业集聚理论

(一)产业集聚

产业集聚是指在产业演变过程中,特定地域范围内产生了密集的产业聚集,并随之形成了一系列彼此关联的产业群。产业的空间集聚表现为横向扩张和垂直延伸两种模式。区域内的产业集聚使得同一地区的不同产业可以共享技术、基础设施和人力资源等生产要素,进而提高该区域的规模经济效益和产业竞争力。英国经济学家阿尔弗雷德·马歇尔(Alfred Marshall)在其《经济学原理》一书中首次提出产业集聚的概念,并引入了工业区这一新概念,以此揭示外部规模经济与产业集聚之间的密切关系。产业集群有助于推动生产专业化,将推动熟练劳动力市场和先进附属产业的形成,并推动基础设施改善和提升。马歇尔揭示了规模扩大所带来的知识和技术信息的增强,这一现象可通过知识外溢来解释。克鲁格曼等经济学家认为马歇尔集聚理论的核心要素包括:劳动力市场的共享,辅助行业的形成以及技术的跨行业传播。[1]

(二)适应性循环

适应性循环是指系统在特定时空尺度上的动态运作过程,它由四个周期性循环组成:开发、积蓄、释放和重组。[2] 该循环具有三个维度的属性,即潜力、连通度和恢复力。其中潜力指的是系统所积累的生态、经济、社会和人文等方面的资源,并存在着变化与革新的可能性,人们因而也可以

---

[1] 尹希文. 中国区域创新环境对产业结构升级的影响研究 [D]. 长春:吉林大学,2019.
[2] Holling C S. Understanding the complexity of economic, ecological, and social systems [J]. Ecosystems, 2001, 4 (05): 390 – 405.

把它看作"财富";连通度指的是系统内部不同成分间的相互关系和互动程度,即系统的内部联系性。恢复力通过系统的适应能力实现,强调系统在干扰下仍维持现有状态而不转入另一状态的能力。[①] 该理论强调系统发展过程中的整体性、动态性和周期性,揭示了系统的发展过程和演变机制。适应性循环理论既着眼细节,厘清系统内部各组成要素的演变态势,又立足整体,刻画系统总体发展变化路径,对于助力系统持续健康发展具有重要意义。

---

① Gunderson L,Holling C. Panarchy:Understanding Transformations in Human and Natural Systems [M]. Washington:Island Press,2002:33 - 96.

第三章
云南旅游产业发展阶段特征

自 1978 年改革开放以来，云南旅游产业已经过了 40 多年的发展，从旅游产业开始兴起到现在，已成为全国重要的旅游目的地。在旅游产业发展过程中，云南省针对旅游产业发展的实际情况在不同的发展阶段采取了特点鲜明、针对性强的发展策略。本书结合适应性循环理论[1]，对改革开放以来云南旅游产业发展历程进行回顾，将云南旅游产业发展划分为开发阶段（旅游创业阶段：1978～1994 年）、积蓄阶段（支柱产业阶段：1995～2005 年）、释放阶段（二次创业阶段：2006～2012 年）和重组阶段（旅游强省阶段：2013 年至今）四个发展阶段（见图 3-1）。

---

[1] 适应性循环描述的是某一时空尺度上系统的动态运作过程，包括开发（exploitation）、积蓄（conservation）、释放（release）和重组（reorganization）四个阶段。它具有三个维度的属性，分别是潜力（potential）、连通度（connectedness）和恢复力（resilience）：潜力包括系统积累的生态、经济、社会和文化资源，以及突变和创新的可能，可以被简单理解为系统的"财富"；连通度反映着系统内部的联系程度；恢复力通过系统的适应能力实现，强调系统在干扰下仍维持现有状态而不转入另一状态的能力。

图 3-1　立足自循环理论的云南旅游产业发展历程

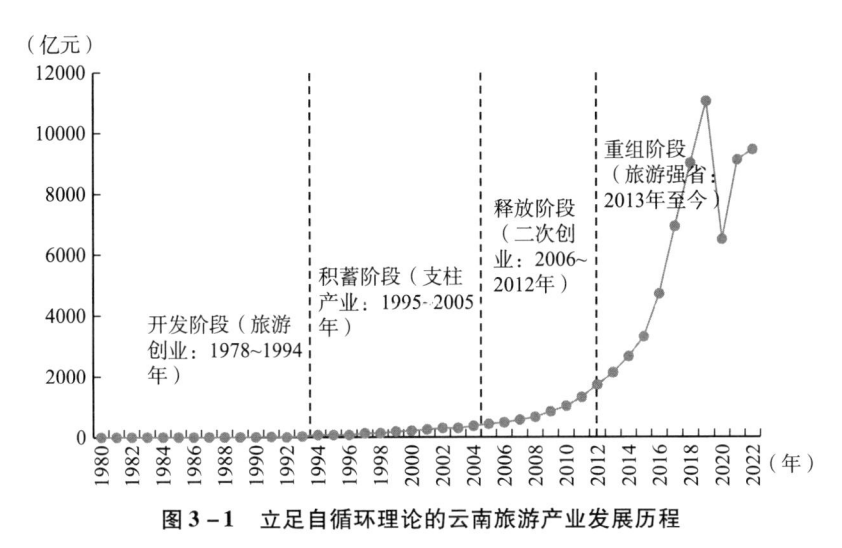

资料来源：公开信息。

第一节　旅游开发创业阶段

1978～1994 年，是云南旅游产业的初创阶段，旅游产业向市场化方向发展，旅游资源优势初步得到开发和利用。这一阶段云南旅游产业的特征是旅游产业崛起迅速，旅游产业体制向市场化趋势改革，已形成较为稳固的旅游客源市场，旅游综合产业体系初具规模。但云南旅游产业仍存在旅游市场机制发育不健全，旅游企业管理机制仍沿用旧的模式，旅游资源开发利用率低下，旅游商品停留在初级阶段等一系列问题。自 1978 年我国改革开放以来，现代旅游产业正式开始发展。初始阶段旅游产业以外事接待为主，云南旅游产业也基本以单纯的事业型接待服务为主要内容。1992 年以后，在中共中央的政策指导下，旅游产业开始向市场化、产业化方向发展。云南省积极响应中央政策的号召，下发了《关于大力发展旅游产业的意见》，旅游产业的发展开始由事业接待型向产业经济型转变。云南省得天独厚的旅游资源优势受到重视，并逐渐得到开发和利用。这一阶段云南旅游产业的系统特征是，政府开始重视旅游投入，游客数量开始增加，旅游收入增长迅速。旅游产业从无到有，但旅游产业刚刚兴起，要素配置尚不完善，旅游产业贡献度相对较低。

一、产业形态初具

（一）旅游产业崛起迅速

旅游创业阶段，自云南旅游从事业接待向市场化转变以来，丰富的旅游资源逐渐转变为可观的经济效益，云南旅游产业崛起迅速，在全国各省份中处于相对领先的地位。旅游产业的发展吸引了大量海外游客，为云南省的外汇收入增长作出了重要贡献。1994年，云南省接待海外旅游者人数为52.2万人次，旅游创汇达1.24亿美元，分别居全国第7位和第8位；旅游总收入达41.3亿元，占全省GDP的4.8%，为全省外贸中非贸易创汇收入的13.6%，占全省第三产业收入的22.3%。

（二）旅游产业体制向市场化方向改革

旅游创业阶段，云南旅游产业市场化体制改革在中央政策指导下取得了明显的成效。云南省委、省政府首先从政企分开着手，采取了一系列措施切实落实旅游产业市场化体制改革。1994年，云南省明确指出政府职能与企业职能应区分开来，明确划分了政府在旅游产业中的职责范围，重点在于制定政策和抓基础设施建设，不插手企业具体经营和旅游景点的管理。其次是支持企业以市场为导向，自主经营、自主管理，探索建设现代化的旅游企业经营管理制度。在这一阶段，云南民族村率先实行企业化经营，起到了示范带头作用。鼓励发挥旅游行业自治和自我管理的力量，组织成立了旅游行业协会，通过行业自律的方式强化对旅游行业内部的管理，同时也可以联合起来维护行业自身的利益。

（三）已形成较为稳固的旅游客源市场

与1980年相比，1994年云南接待海外游客人数增长了25.5倍，旅游外汇收入增长了71倍，云南旅游产业已形成较为稳固的海外旅游客源市场。云南传统的海外旅游客源市场主要有日本、英国、美国、法国、意大利、德国，占海外游客来源的50%以上。而这一阶段，泰国、新加坡、马来西亚也逐渐成为云南省的新兴客源市场，游客占比越来越高。旅游外汇收入形式也从原有的劳务性收入为主转变为商品性收入为主，商品销售收入占旅游外汇收入的比重已达70%。在海外游客来滇旅游的线路分布上，以昆明、大理、西双版纳、丽江为热点旅游城市。从国内客源市场来看，云南旅游资源的吸引力是可以辐射整个中国的，但由于距离衰减规律的作用，主要吸引的客源范围集中在西南、华南、华中地区，重点是成都、贵阳、重庆、长沙、广州、武汉等大城市以及桂林这个大的游客集散地。1994年，云南省国内旅游人数达1458万人次，旅游收入达307798万元。[①]

（四）旅游综合产业体系初具规模

从1978年到1994年，经过17年的发展历程，旅游市场初具雏形。在旅游商品生产和营销方面，包括吃、住、行、娱、购在内的综合产业体系已初具规模。截至1994年底，云南已形成固定资产31亿元，拥有星级饭店88家、各类旅行社378家、车船公司8家、定点宾馆餐厅商店330家。同时已有国家级风景名胜区10个，省级风景名胜区10个，国家级重点文物7处，国家级历史文化名城5座，还确立了5个国家级自然保护区，17个国家森林公园。已形成11条国家级旅游线路，拥有6个国家和省级旅游度假区，云南省已基本形成"三线五区"的旅游产品生产格局。[②]

二、市场发育不全

（一）旅游市场机制发育不健全

发展初期在面临旅游供给紧张的状态下，云南旅游产业进入市场较为仓促。在市场化运作机制尚不健全的背景下，旅游经营者在竞争观念、创新观念、效益观念上难以与市场经济相符，普遍存在着消极竞争、以产定销、盲目效仿、等客上门等现象，极大地制约了云南省旅游市场的正常发展。旅游企业虽然已向市场化趋势改革，但管理机制、经营理念等方面

---

① 资料来源：《云南省统计年鉴》。
② 资料来源：云南省人民政府网站。

一时难以改变，还在沿用旧的模式。因此，云南旅游产业发展亟待建立更为完善的现代企业制度。企业自主经营、自负盈亏，充分发挥市场经济的自主性优势。企业摆脱对行政机关的依赖，国家解除对企业承担无限责任。

（二）旅游资源开发利用率低下

云南省的旅游资源虽然数量繁多、分布广泛，但在旅游创业阶段主要旅游目的地局限在昆明、大理和西双版纳等地，其他旅游资源开发利用效率低下。旅游方式仍旧停留在"白天看庙，晚上睡觉"的传统旅游方式上，这种传统的旅游方式反映出这一阶段的云南省旅游缺乏参与性、创新性、娱乐性，对旅游资源的开发利用率很低，难以创造出较高的经济价值。这主要是因为在旅游资源开发和产品设计的过程中缺乏市场导向，忽视了客源市场的需求状况，最终造成了旅游资源的浪费和旅游经济效益的低下。此外，旅游线路的开发经营缺乏灵活性，旅游开发线路趋同，旅游资源时空利用不合理，各经营单位都集中在相似的旅游线路上相互竞争等也是旅游资源开发利用率低下的重要原因。

（三）旅游商品停留在初级阶段

由于早期投资滞后、技术革新不足等多重因素的制约，云南省旅游产业的供给端与需求端目前处于失衡状态。当前的旅游市场需求日趋多元化，旅游商品呈现出"同质""劣质"的特征，且目标客群定位模糊，包装设计缺乏创新。更为关键的是，这些商品在展现地方特色时显得较为浅薄，未能充分凸显地域文化的深厚内涵，从而导致了它们对游客的吸引力不足。虽然旅游商品能反映传统文化，具有一定的特色和纪念意义，但相对整个云南省来说，各地的旅游产品极度相似，存在着缺乏个性的倾向，有"走遍云南货一样"之说。此外，还给"假货"经销者以可乘之机，严重损害了云南民族民间工艺品的形象，难以对云南省的旅游形象起到宣传效果。这些旅游商品的生产企业利润极低，因此现阶段的旅游商品多采用小规模个体经营的方式，以摊位销售模式较为常见。加之云南省旅游产业较长时间以来积累的导游、司机吃回扣，强制购物等多种负面影响，旅游商品的销售承受着巨大压力。

第二节　旅游支柱产业阶段

1995～2005 年是云南省旅游发展的支柱产业阶段。这一阶段的特征是旅游支柱产业的地位基本形成，旅游合作项目建设取得初步进展，旅游人才培养体系逐步健全，旅游行业管理逐步规范。但与此同时云南省旅游发展面临的各种挑战开始显现，周边崛起导致竞争加剧，经济贡献不突出及创新力不足并存，民族文化随着旅游的开发出现异化，旅游带来的生态环境压力也逐渐显现。经过开发阶段的发展，旅游产业给云南省带来了可观的经济收入，旅游产业建设也取得了阶段性成效。1995 年，云南省政府更加重视旅游产业的发展，首次提出将旅游产业作为支柱产业进行培育。之后几年更是制定了一系列政策措施，并借助"99 世界园艺博览会"的契机不断扩大云南省旅游的国内外影响力。到 2005 年，云南省旅游产业总收入达 430.14 亿元，接待国内外游客达 7011.3 万人次。[1] 这一阶段云南旅游产业的系统特征是：政府进一步加大对旅游产业建设的资金投入和政策支持，旅游影响力逐渐扩大，吸引了一大批国内外游客，旅游收入增长速度处在较高水平。但受到 1997 年亚洲金融危机的影响，云南旅游经济系统受到打击，各旅游要素间的上升趋势在达到峰值后呈现出下降趋势。

一、支柱产业形成

（一）旅游支柱产业的地位基本形成

这一阶段旅游产业的发展给云南带来了极大的经济效益，旅游资源优势转化为产业经济优势，旅游产业的支柱地位和作用逐渐形成。截至 2005 年底，云南旅游产业总收入越过 400 亿元的大关，旅游创汇已超 20 亿美元，同时，旅游产业的税收对云南省财政收入贡献率已达 9.8%。旅游产业直接和间接从业人员已达到 160.5 万人。[2] 云南旅游产业为云南省

---

[1] 资料来源：《云南省 2005 年国民经济和社会发展统计公报》和《中国旅游统计年鉴 2006》。
[2] 资料来源：《云南省国民经济和社会发展统计公报》、云南省人民政府网站、云南省文化和旅游厅网站。

经济和社会的发展作出了重要贡献，包括促进了第三产业的发展、给经济相对落后的地区带来了新的发展机遇、有利于民族历史文化的保护和传承。

（二）旅游合作项目建设取得初步进展

伴随着周边地区的旅游崛起，云南省政府开始重视取长补短，加强与周边地区和国家的旅游合作项目建设。这一阶段，云南省积极主动地与周边省份如四川、西藏建立合作，倡导三省区合力推动"中国香格里拉生态旅游区"的开发建设。而在国外合作方面，云南省密切加强与周边东南亚国家和地区的旅游联系，已基本完成了"澜沧江－湄公河次区域旅游合作"项目的建设构想，并着力实现多方合作推进措施。这一阶段云南省的旅游发展更具有开放合作意识，与国内外的旅游合作项目建设已取得初步进展。

（三）旅游人才培养体系逐步健全

云南省高度重视对旅游教育和从业人员的培养，形成了一个多层次的教育体系，包括大专、中专、职业高中和继续教育等。这个体系每年向旅游行业提供了众多的专业人才和高素质服务人员，为该行业的进一步发展打下了坚实的人才基础。同时重视对旅游行业从业人员的培训，与国内外相关机构加强旅游教育交流。这一阶段云南省不仅注重多层次的旅游人才培养体系的健全，还开始重视在旅游服务领域应用现代科技，逐步开启了旅游信息化工程的规划与建设，旅游产品开始在网上进行宣传促销。

（四）旅游行业管理逐步规范

在这一阶段，云南加大了对旅游行业管理的行政和执法规范力度。随着旅游产业发展速度的加快，发展过程中的各种问题逐渐暴露出来。云南省政府积极应对，从规范旅游行业和促进行业有序发展的角度出发，出台了一系列相关的规范性配套制度，并在各个地州市都成立了专门旅游行政执法部门，监督相关制度的落实情况，对旅游产业运行过程中出现的违反相关条例的情况进行依法依规处理。

二、问题挑战显现

（一）周边崛起导致竞争加剧

随着国内外客源市场的旅游竞争日益激烈，云南旅游产业发展面临着周边竞争的挑战。伴随着西部大开发战略的提出和落实，周边的四川、贵州、西藏等西部省份的丰富旅游资源得到重视和开发，旅游产业迅速崛起。一大批新兴的旅游目的地和旅游产品进入国内外游客的视野，这就给云南省的旅游产品和旅游服务供给带来了新的压力，使得云南省的旅游发展在吸引国内外游客方面面临着激烈的竞争。与云南省相比，与云南毗邻的东南亚国家实施了更开放的旅游市场发展政策，这让它们在吸引国际游客方面更具竞争力。同时，云南省在旅游产业上的传统优势在此期间逐步削弱，面临激烈的竞争挑战。

（二）经济贡献不突出及创新力不足并存

在这一阶段，云南旅游产业发展虽然对外汇收入、财政收入的增长起到了一定的促进作用，但从国民经济整体来看，旅游产业对国民经济的贡献度不高，对GDP的贡献率仅为5.9%。这表明云南旅游产业虽然已经初步形成了支柱产业的地位，但经济贡献度仍有待提升。此外，从全国范围来看，云南旅游产品的创新力不足，主要依靠天然的旅游资源优势，缺少创造性的开发。这一阶段云南旅游发展还处在较为粗放的初级阶段，少有能吸引高端游客的精品名牌旅游产品，旅游企业也未能形成有创新带动能力的龙头企业。

（三）民族文化开发"千篇一律"

民族文化是云南省的重要旅游吸引物，云南旅游产业的发展高度依赖其极具特色的少数民族文化。但伴随着旅游经济的发展和游客人数的增多，外地游客和开发商带来的大量现代化、商业化文化的入侵，给云南原有的民族文化带来冲击，造成了民族文化开发泛化的现象。这种逐渐融合现代文化、商业气息更加浓重的现象，使独具特色的民族文化开始变得

"千篇一律",对游客的吸引力大大下降,最终对云南旅游产业的可持续发展产生影响。旅游开发给民族地区带来经济效益和社会效益的同时,也不可避免地使当地文化受到了外来强势文化的影响,当地政府急需采取有效的文化保护措施。

(四)生态环境压力逐渐显现

随着游客数量的急剧增长,旅游资源面临的生态环境保护压力剧增。1999年世博会在昆明召开后,云南旅游走向世界。大量游客的到来给云南省带来较大收益,但同时,由于缺乏客流量的监控机制,游客的超负荷流入造成了景区的拥堵、污水、生活垃圾的大量增加,生态环境遭到严重破坏,本地居民的日常生活也受到影响。游客的环境保护意识不足,在景区乱涂乱画、随地丢弃垃圾、破坏珍稀植物等行为,严重影响了旅游目的地的生态环境和旅游形象。

第三节 旅游二次创业阶段

2006~2012年,云南旅游经济增速开始放缓,云南旅游产业处在旅游"二次创业"发展阶段,开始实施旅游大项目带动战略。这一阶段由旅游资源驱动开始向资本运作驱动转变,旅游产品向休闲度假升级。这一阶段,周边其他省份的旅游产业逐渐崛起,云南旅游产业发展面临着极为激烈的市场竞争挑战。旅游产业如何在激烈竞争中突出重围,成为云南省委、省政府在这一阶段最为关注的问题。2006年,云南省政府提出在旅游领域实施"二次创业",之后政府召开多次相关会议,指导旅游"二次创业"政策落实。此后,在2009年和2010年,云南省政府两次出台了旅游产业改革相关的扶持措施,对旅游项目建设和旅游服务设施建设提出指导性意见,助力旅游产业提质增效。到2012年,旅游总收入占全省GDP的比重达15.3%,旅游产业已成为云南省经济产业不可或缺的构成部分。这一阶段云南旅游产业的系统特征是:区域旅游产业发展开始趋于饱和,旅游基础设施和服务设施趋于陈旧,游客量和旅游收入仍持续增长,但由于旅游产业自身的脆弱性特征,加上2008年亚洲金融危机的影响，云南旅游产业增长动力明显不足，旅游经济系统的增长速度开始下降。

一、取得初步成效

（一）支柱产业地位进一步稳固

经过"二次创业"阶段的大项目建设以及旅游产品升级，云南旅游产业的产业体系更加健全，旅游产业的竞争力和吸引力较上一阶段有所增强，经济社会贡献也更为突出。这一阶段，云南省重视旅游项目资金的投入，固定资产价值显著增加。云南相关部门着力推动旅游产业结构的优化调整，不断丰富旅游产品供给，优化提升旅游服务质量和水平，推出了一系列以休闲度假为主的高端旅游产品，逐步满足游客日益增长的旅游消费需求。云南省的人均旅游消费水平也得到明显提升，国内游客人均每天花费金额已达484元。旅游资源经济转化效率明显提升，旅游产业在国民经济中的贡献度也大大提升，支柱产业地位进一步稳固。旅游产业增加值从2005年的203.1亿元提高到2010年的450亿元，占全省GDP的比重由5.87%提高到6.25%。[1]

（二）由旅游资源驱动向资本运作驱动转变

由旅游资源驱动开始向资本运作驱动转变，政府开始对旅游项目进行大力度的扶持，加大了旅游发展专项基金的投入。2009年，云南省政府投入旅游发展专项资金达1亿元。此外，各州市政府还在积极引导社会资本投入旅游项目的建设和开发。省级旅游专项资金主要用于全省旅游景区的规划和基础设施建设。为了提升旅游品质，重点打造了泸沽湖旅游度假区、西双版纳热带雨林旅游区、腾冲火山热海旅游区等一批高品质的旅游景区和度假区。此外，云南省政府还要求各地州市相关部门密切追踪重大旅游项目的建设完成情况。

---

[1] 资料来源：《云南省国民经济和社会发展统计公报》《中国旅游统计年鉴》《云南省统计年鉴》、云南省人民政府网站。

（三）旅游产品向休闲度假升级

云南旅游产品向高端度假旅游产品升级，不再只是依靠传统的观光游览。目前已经建设了一批优质的康体休闲景区，如西部大峡谷、热海和柏联 SPA 等，这些景区正在引领康体娱乐旅游项目的建设热潮。这些旅游产品主要面向城市的高消费人群，突出娱乐、休闲、商务、养生和美容美体等功能。为了满足多元化、优质的市场需求，云南还加快了一系列配套设施的建设，如健身房、美容美体设备、大型商务会议厅、温泉度假酒店和高尔夫球场等。此外，结合云南舒适宜人的气候和自然环境，以户外运动、康体旅游为特色，建成了红塔体育基地和海埂、呈贡等体育训练基地；在娱乐项目方面，建成了禄丰中国恐龙乐园、抚仙湖北岸游乐城、嵩明国际赛车城等重点项目。

二、模式尚未转变

（一）产业趋同与低水平粗放开发问题尚未改变

首先，虽然云南旅游"二次创业"是以实现云南旅游产业的结构优化、转型升级和提质增效为目的的一项旅游产业改革政策，但改革成效并不显著，云南旅游产业仍然存在着大量的低水平粗放开发的问题，特别是在酒店建设和旅行社服务环节问题尤为突出。其次，云南省旅游项目的建设缺乏整体规划，重复建设的大量项目造成旅游产业趋同。尤其是古城古镇项目的建设，商业化气息浓厚的同时又缺乏特色和文化内涵，导致这些旅游项目都大同小异。

（二）旅游集团的龙头作用不明显

这一阶段，云南省的省属旅游企业主要包括云南世博集团有限公司、云南省旅游投资公司和云南省城市投资公司，这三家公司均由云南投资控股集团控股。虽然世博集团的资产规模较大，企业经济效益良好，但在形成完整的旅游产业链方面仍有待提升，目前的产业发展主要集中在昆明地区。云旅集团则拥有较为完善的产业链，涵盖了酒店、旅行社、景区等旅游要素，旅游收入也较为可观，但资产规模相对较小。省城投公司在旅游基础设施建设方面具有明显优势，然而也面临公司资本不足的问题。此外，云南省各地州市的旅游集团，如大理旅游集团、丽江玉龙旅游股份有限公司等，同样面临资产规模不足和发展能力有限等问题。这些企业在产业链完整性、资产规模和盈利能力等方面仍有提升的空间，以适应日益激烈的市场竞争和不断变化的旅游市场需求。总体来说，云南省的省属旅游企业在不同方面存在改进的空间。世博集团需要加强旅游产业链的建设，扩大发展范围；云旅集团应努力增加资产规模，提升竞争力；省城投公司需要解决资本不足的问题；而地方旅游集团需要加强资产规模，加大发展能力。这些改进将有助于它们更好地适应市场竞争和满足旅游市场需求的变化。

（三）旅游规划协调统一不足

首先，这一阶段尚未建立综合管理的大部门，缺乏联动管理的体制机制，导致旅游开发管理过程中出现旅游规划协调统一不足的问题，尤其是国家级旅游度假区、风景名胜区、国家公园等重点旅游发展地区资源开发与管理很难实现协调统一。其次，云南省各地州市的旅游资源开发各自为营，缺乏全省范围的旅游资源统一开发规划，这就导致一些地方旅游产品同质化现象严重，旅游企业的发展也存在明显的地区分化，缺乏跨地区的旅游资源整合开发，从而出现地州市之间恶意竞争。

（四）旅游景区门票定价科学性不足

这一阶段，云南省的旅游经济收入很大一部分依托于"门票经济"，因此，门票价格呈现不断上涨的趋势。例如，2009年石林和西山风景区都将门票价格提高了近50%。尽管云南省委、省政府已明确指出景区门票价格不得随便上提，但由于这些景区存在着日常维护成本的增加，相关管理部门也难以对这些成本进行准确的定价评估。此外，由于这些垄断企业的定价过程不够透明，也很难被相关经济部门进行规制和监督。

（五）旅行社恶性低价竞争

首先，这一阶段由于大量同质化旅游产品出现，使得旅行社低价竞争现象严重。具体表现为旅行社以"零负团费"为噱头吸引旅游团，在接待过程中强迫游客进行购物活动。游客难以在旅游过程中获得良好的旅游体验，这就使得游客投诉率大幅上升，云南省旅游形象受损严重。其次，出现了大量由于导游服务态度差、强制游客消费甚至人身攻击游客的负面事件，例如丽江导游手持板砖追打游客事件。负面事件的发生和相关行政部门处理不力，最终会导致云南旅游负面事件受到关注。

第四节 旅游重组建设阶段

2013年至今，云南省全面实施旅游强省目标战略和旅游融合发展战略，积极推进"旅游革命"、市场综合治理，大力促进旅游产业业态创新，品牌培育提升。但同时存在着"一机游"项目、"二十二条"治理成效褒贬不一，以及疫情防控给云南旅游发展带来的新挑战等问题。2013年云南省政府出台相关政策，提出要将云南省建设成为旅游强省，将加快旅游产业转型升级作为今后一段时期的重点工作，着力推动云南旅游产业由"大"到"强"。此后在2018年再次出台相关指导意见，指出要深入推进"旅游革命"，将云南省建设成为世界一流的旅游目的地。2019年云南省实现旅游产业总收入11035.20亿元，增长22.7%。2020年受疫情影响，云南旅游产业遭受前所未有的冲击，全年实现旅游产业总收入6477.03亿元，下降41.3%。[①]

这一时期云南旅游产业的系统特征是，前一阶段旅游产业发展过程中存在的诸多问题继续不断暴露出来，如零负团费与不合理低价游带来的旅游乱象、古城等旅游产品趋同化现象突出、旅游线路老化、旅游交通衔接不够顺畅、游客数量远超常住人口、社会公共资源不能满足游客的需要等。系统要素间的连通变得混乱，旅游系统处在逐渐降低的状态，见表3-1。但政府如能采取积极有效的治理和转型措施，将积累系统的发展潜力，有利于形成新的比较优势以及启动新一轮的区域旅游经济增长，旅游经济韧性将得

[①] 资料来源：《云南省2019年国民经济和社会发展统计公报》《云南省2020年国民经济和社会发展统计公报》。

到提升，促使旅游经济系统进一步发展和完善。

表 3-1　云南旅游产业系统阶段性特征

阶段	潜力	连通度	韧性	政府代表政策
开发阶段（旅游创业）	潜力大	连通度低	韧性较低，但处在上升状态	1992年《关于大力发展旅游产业的意见》
积蓄阶段（支柱产业）	潜力上升，达到峰值后开始下降	连通度升高	韧性较高，延续上一阶段的趋势不断上升但达到峰值后会逐渐下降	1996年《关于加快四大支柱产业建设的决定》
释放阶段（二次创业）	潜力不断减小	僵硬度逐渐趋于临界水平，连通度下降	韧性将延续上个阶段的趋势继续减小	2009年《云南省人民政府关于云南旅游产业发展和改革规划纲要的实施意见》
重组阶段（旅游强省）	治理措施有效潜力将不断增大	连通度低至谷底	韧性低至谷底，但在政府积极有效的治理和转型措施下，韧性将不断提升	2018年《云南省人民政府关于加快推进旅游转型升级的若干意见》

资料来源：政府公开发布的文件资料。

一、培育旅游强省

（一）全面发展，多核心联动

在延续"十三五"发展规划的基础上，云南省开始布局全面实施旅游强省战略。在这一阶段，云南逐步转变原有的各地州市"单打独斗"的发展模式，提出全面发展多核心联动的发展理念，已形成了以昆明、丽江、大理、红河、西双版纳为主的国内旅游集聚地，以昆明、丽江、大理、迪庆为主的入境旅游集聚地。近年来，云南省旅游交通便利度也得到了极大的提升，交通网络连通度大大加强，高速公路和高速铁路的建设使得云南省重要的旅游集聚地连成一线，大大缩短了各旅游目的地之间的交通时间，强化了旅游产业发展的集散扩展轴，在很大程度上提升了云南旅游发展的活力，促进了云南旅游产业的整体融合发展。

（二）治理市场乱象，推进"旅游革命"

在旅游产业乱象频发的背景下，云南省重拳出击，积极推进"旅游革命"。云南省出台了 22 条整治措施，对旅游市场乱象的七个方面进行了明确的规范治理。在旅游购物方面，为游客购物退货提供便利，设立了退货监理中心和退货服务点，并作出"30 天无理由退货"的保障。在导游和旅行社管理方面，严厉查处"不合理低价游"销售行为。在政府监管和投诉处理方面，健全旅游市场监管和旅游投诉处理机制，强化对各级政府部门的旅游监管考评，多部门联动，极大缩短了旅游投诉处理的办结时间。

（三）融合发展，促进旅游产业态创新

旅游强省的建设必然要求旅游产业与城镇、文化、乡村、生态、产业建设融合发展。为此，云南省出台了多项政策举措，强调要保障旅游建设资金和用地供给，大力促进旅游产业与文化、城镇建设、生态保护等产业的融合发展。特别是重视文化与旅游产业的融合发展，坚持以文塑旅、以旅彰文，努力推动文旅产业高质量发展。在文旅融合上，以特色民族文化为抓手，将"泼水节""火把节"等极具民族特色的节日与旅游节事活动相结合，吸引了大批游客；在旅游演艺方面，也推出了《印象·丽江》等一批具有影响力的产品；在传统手工艺文化方面，银器、紫陶、扎染、刺绣等优秀的传统手工艺文化与旅游结合，不仅吸引了游客而且传统手工艺文化也得到了更好的传承。在旅游与生态融合上，迪庆州、丽江市成功打造了"香格里拉""三江并流"等世界知名品牌。

（四）品牌培育，提升云南旅游知名度

在品牌形象塑造和宣传方面，将整个云南省作为整合的旅游目的地进行品牌形象传播，提出"云南只有一个景区，这个景区叫云南"的全局观念，着力提升整个云南省的旅游知名度。深入开展和实施以"七彩云南、旅游天堂"为口号的旅游品牌建设工程。提出重点打造包括民族文化、休闲度假、生态旅游、康体养生、跨境旅游等在内的 8 大旅游特色品牌产品。同时积极承办中国国际旅游交易会、中国—南亚博览会等具有国际影响力的会展活动，借助专业平台宣传展示云南的民族文化特色和旅游品牌形象。借力互联网和新兴媒体传播渠道，着力打造云南文旅 IP，提升云南旅游的美誉度。开展了"最具影响力 20 大品牌""最美 10 条自驾线路"等宣传评选活动。

二、调整治理举措

（一）"一部手机游云南"成效难定

2017年，云南省为推进智慧旅游，启动了"一部手机游云南"项目，2018年，"一部手机游云南"（以下简称"一机游"）正式上线。作为一个深耕旅游领域的综合服务平台，"一机游"存在着用户使用量和使用频率低、影响力弱以及用户黏性差等一系列问题。从现实情况来看，在政府指导下建设的"一机游"项目，对游客来说当前最主要的功能是提交旅游投诉、购物退货，这些功能就使得"一机游"app更像是旅游问题处理平台，而不能被称为"旅游综合服务平台"。真正与旅游相关的景点查询、旅游交通、酒店住宿、机票预订、美食娱乐等游客主要需求的功能，已有其他成熟平台可以提供，并已形成相对稳定的用户。而在"一机游"app中，这些主要功能的提供存在着功能供应少、入驻店铺少、页面设计交互性差并且价格不存在竞争优势等明显短板。此外，"一机游"app的使用场景仅局限在云南省，地域属性明显，游客在云南旅游期间使用了"一机游"app，但在旅游结束后也大概率会卸载软件，导致用户的流失率较高。

（二）"二十二条"治理褒贬不一

自云南旅游市场整治"二十二条"实施以来，对旅游市场产生了极其显著的影响。然而，从旅游产业的快速发展、经营主体的积极性来看，"二十二条"存在市场干预过大、治理幅度过宽等问题。旅游市场治理一方面在规范市场行为、整治旅游乱象等方面发挥积极作用，另一方面对市场经营主体产生的负向影响开始显现。云南旅游乱象的根源是低价团和购物团之间的灰色产业链，如果采用简单粗放的"一刀切"治理模式，容易导致"整死"而非"整顿"。低价团和购物团之间的灰色产业链是一个长期存在且难以根除的问题，涉及旅行社、导游、购物中心、景区等多方利益相关者，形成了一个错综复杂的利益网络。对于低价游，不能以有堵无疏的管理方式进行治理，应深究"零负团费"现象产生的根源，综合考量市场结构、消费需求等因素。

（三）旅游产业态产品开发深度不足

当前云南省主要旅游产品仍以名胜古迹、民族文化旅游为主，这些知名度较高、吸引游客较多的景点旅游业态极为相似，而其他更为丰富的旅游业态如主题公园等在云南省又极为缺乏。云南省新兴旅游产品类型也存在诸多问题，如大众旅游业务经营水平不高，高端旅游市场拓展范围较窄，健康旅游产品较为单一，体育旅游尚未形成一定规模，边境旅游线路的开发不足，乡村旅游产品层次低规模小等。这些新兴旅游产品类型存在的问题，说明就单一新兴旅游产品类型而言，缺乏旗舰企业进行深度开发。

（四）疫情给云南旅游发展带来冲击

疫情给云南旅游产业带来了严重的冲击，对于较为依赖外地游客的旅行社（组团、地接），2022年前三季度，云南旅行社组织、接待游客分别为86万人次和268万人次，分别仅为2019年同期的41%、42%。酒店住宿行业的情况也不乐观。文化和旅游部关于全国星级饭店统计的调查报告显示，2022年上半年，云南星级饭店平均出租率约为30%，较2019年同期下降约20个百分点。截至2022年9月末，云南星级饭店数量为331家，已较2019年9月末减少164家。[①] 丽江是国内民宿发展较为成熟的地方，但2021年以来民宿客栈低价转出的情况越来越频繁。此外，三年疫情潜移默化地改变了人们的生活方式和旅游消费行为。在疫情的影响下，游客们对健康旅游更为重视，更倾向于选择贴近绿色、贴近自然的旅游方式。这就使得近郊露营、远足徒步、自驾游、康养旅游成为新兴的旅游类型。而传统的跟团游将逐渐不再被旅游者作为出游的主要选择。这种疫情后旅游消费和出行方式的新变化值得引起云南省旅游相关部门和行业的重视，应重点研究如何提供更符合旅游者新需求的旅游产品，培育出旅游经济的新增长点。

本 章 小 结

基于上述研究，本书认为自改革开放以来，云南省旅游产业在不同时

---

① 资料来源：云南省文化和旅游厅网站、云南省人民政府网站。

期所面临的核心问题并不相同,其发展策略也各具针对性,且所取得发展成效也存在差异,因此,不同阶段云南旅游产业发展特征各异,且其系统的潜力、连通度和恢复力也具有不同的表现力。基于适应性循环理论,回顾云南旅游产业自改革开放以来的发展历程,将其归纳划分为四个发展阶段:开发阶段(旅游创业阶段:1978~1994年)、积蓄阶段(支柱产业阶段:1995~2005年)、释放阶段(二次创业阶段:2006~2012年)和重组阶段(旅游强省阶段:2013年至今)。当前,云南省全面实施旅游强省目标战略和旅游融合发展战略、积极推进"旅游革命",但同时存在着对"一机游"项目、"二十二条"治理成效褒贬不一,以及疫情给云南旅游发展带来冲击等问题。当前云南旅游产业处于重组建设阶段,系统要素间的连通变得混乱,政府应采取积极有效的发展措施,积累系统的发展潜力,促使形成新的比较优势,促进旅游产业高质量发展。

第四章
云南旅游产业转型升级困境

　　疫情之后的云南旅游产业快速复苏，即将迎来繁荣发展的新阶段。云南旅游已经走出了三年疫情期间的深度萧条，五一劳动节、暑期和中秋节、国庆节假日的国内旅游主要观测指标均已全面超过疫情前的同期水平。因此，云南旅游产业尚未进入衰退阶段，而是处在旅游强省建设阶段，旅游强省建设阶段的典型特征是"政府主导模式"。政府主导的相关行为效应必然渗透在旅游产业发展所需的资本、劳动、土地等要素的方方面面，对旅游业转型升级势必起着关键作用。政府行为可以解决旅游市场的公共物品、外部效应、信息不对称等问题。但是，一旦地方政府行为不当，旅游产业发展也可能会受到负面影响。例如，旅游负面事件、市场整治、景区分布、门票管理等领域中政策制定不灵活、政府规制内在矛盾等因素可能导致旅游供求失衡、资源浪费、企业效益下降、垄断经营和不公平竞争等不良后果，进而限制旅游产业的转型升级。因此，当前亟待解答的问题是，政府主导模式中的各种行为对旅游产业转型升级是否存在影响？影响是正面积极的还是负面消极的？因此，在政府大力促进旅游产业高质量发展的背景下，本章对这一系列问题的研究具有明显的必要性。

第一节　云南旅游负面事件

一、问题背景

"霸王合同""导游骂游客""导游赶游客下车"等登上新闻头条引发热议，特别是2017年初，一些游客在微博上爆料称，他们在云南丽江旅行时被殴打致毁容，把云南旅游负面舆论推向高潮，回顾2014～2016年，云南省连续三年处于全国旅游投诉榜的第一名，导致民众将旅游负面事件与云南省联系在了一起，只要有旅游负面事件发生，便会下意识认为定是发生在云南。连续不断的负面事件无疑给云南旅游有效转型带来了负面影响，一些学者针对旅游负面事件对旅游目的地形象的影响进行了研究，如胥兴安等学者探讨了旅游目的地品牌资产会被网络负面口碑稀释，并验证了熟悉度和易感性在其中具有调节作用。[①] 但旅游负面事件对旅游经济是否真正产生影响以及影响程度有多大尚待研究确定。

与此同时，由于贵州省旅游产业发展有着与云南省较为相近的基本资源和良好趋势，故分析过程中选择了与云南相似的贵州省作为对照组。同时，通过资料整理发现贵州省在2013～2017年的旅游投诉较少，旅游负面事件相关报道也很少，与云南省旅游发展形成显著差异。因此，基于已有的旅游负面事件对旅游目的地形象影响结论的基础上，通过运用双重差分模型（Differences-in-Differences），将旅游负面事件频现报道的云南省作为"实验组"，旅游负面事件报道较少的贵州省作为"对照组"，探究旅游负面事件对云南省旅游发展的影响。

二、研究方法

（一）模型设定

能力型负面事件指旅游目的地因能力不足导致提供的旅游产品和服务

[①] 胥兴安，王立磊，杨懿. 网络负面口碑对旅游目的地品牌资产稀释效应——熟悉度和易感性的调节作用 [J]. 人文地理，2015，30（05）：126-133.

存在功能上的不足，无法满足对游客预先承诺的功能或服务的负面事件，主要体现为旅游目的地旅游产品开发不足、基础设施设备落后、景区设备故障等；道德型负面事件是指在旅游目的地出现的违反道德准则的消极事件，这类事件往往令人感到心寒和愤怒，具体表现为对游客哄抬物价、导游强制性购物、景区发布虚假信息等。针对云南旅游产业发展现状，本书所指的旅游负面事件，是指在旅游目的地所发生的违背社会规范和道德准则的道德型负面事件，在下文中统称为旅游负面事件。

目前在我国西南地区，频发旅游负面事件地点主要集中在云南和四川两个省份。而同处于西南地区的贵州省旅游负面事件相对发生较少，根据官方数据显示，2013~2017年贵州省旅游投诉远低于云南省旅游投诉。研究对象旅游负面事件的发生和曝光是随机的，旅游负面事件对当地旅游目的地形象产生影响，从而直接影响到游客的出游决策，使得该地区的旅游人次和旅游收入产生变化。根据文献查阅和前述基本情况，将模型设定为：

$$Y_{it} = \beta_0 + \beta_1 E_i + \beta_2 D_t + \beta_3 E_i \cdot D_t + \lambda X + \mu_{it} \qquad 模型（4-1）$$

式中，Y_{it}表示i省份在t时期的旅游转型发展水平，为被解释变量（本书主要采用的是旅游人次、国内旅游人次和入境旅游人次）；E_i为实验组虚拟变量（如果i属于控制组，则$E_i = 0$；如果i属于实验组，则$E_i = 1$），系数β_1反映同一时间内实验组和控制组之间的差异程度；D_t为实验期虚拟变量（如果t不在实验期内，则$D_t = 0$；如果t在实验期内，则$D_t = 1$），β_2表示同一组在实验前后的差异程度；X表示随时间发生变化的其他控制变量；μ_{it}表示随机扰动项。关注的是两个虚拟变量的交叉项系数β_3，其值反映了事件效应。

（二）变量说明

在旅游产业转型发展水平测度中，旅游人次和旅游收入是最常用的两项指标。考虑到旅游收入受旅游者消费水平等多因素影响，为保证计量结果的稳定性，本书选取了2011~2018年云南和贵州两省各地市的旅游人次作为被解释变量。虽然目前互联网技术发达，跨国间的信息传播迅速且便捷，但考虑到国际经济环境、国内外旅游者对国内旅游信息关注度差异等的影响，因此分别选取2011~2018年云南和贵州两省各地市的旅游人次、国内旅游人次和入境旅游人次作为被解释变量。基于研究目的，引入旅游负面事件变量作为虚拟变量。同时，将云南省和贵州省各州市人均国内生产总值和第三产业增加值作为其他解释变量。

运用的数据包括了云南省所辖16个地市和贵州省所辖9个地市2011~2018年的相关社会经济数据，数据来源于云南省统计局2013~2018年统计年鉴和贵州省宏观经济数据库、年鉴。数据库所缺失的数据，通过查阅国民经济发展和社会发展统计公报将其补齐。经过整理，得到2011~2018年云南省和贵州省共25个地市的平衡面板数据。

三、实证研究

（一）描述性统计

引入旅游负面事件变量作为虚拟变量，选取2011~2018年云南和贵州两省各地市的旅游人次、国内旅游人次和入境旅游人次作为被解释变量分别进行回归分析，将云南省和贵州省各州市人均国内生产总值和第三产业增加值作为其他解释变量。这些变量的描述性统计结果如表4-1和表4-2所示。

表4-1　云南省主要变量的描述性统计

变量	样本量	均值	标准差	最小值	最大值
旅游人次	128	2282.46	2208.20	173.45	16053.43
国内旅游人次	128	2247.87	2183.82	171.73	15911.23
入境旅游人次	128	34.59	41.90	0.09	142.20
人均国内生产总值	128	26965	13296.26	8877	76387
第三产业增加值	128	165.46	249.60	11.74	1468.49

表4-2　贵州省主要变量的描述性统计

变量	样本量	均值	标准差	最小值	最大值
旅游人次	72	5060.92	3788.27	593.59	18846.25
国内旅游人次	72	5028.59	3787.51	569.73	18834.24
入境旅游人次	72	91963.67	70553.68	1688	120128

续表

变量	样本量	均值	标准差	最小值	最大值
人均国内生产总值	66	30884	14498.47	11047	77807
第三产业增加值	67	580.97	430.85	186.2	2231.68

注：人均国内生产总值和第三产业增加值样本量不同是因为2011年年份较早，部分地市数据缺失或无法确认。

资料来源：根据云南省统计局2013～2018年统计年鉴，贵州省宏观经济数据库、年鉴，以及《国民经济发展和社会发展统计公报》相关数据整理（表4-1至表4-4同）。

（二）平行趋势检验

双重差分模型是一种准自然实验，采取事件研究法对2011～2018年云南省和贵州省各州市旅游人次进行平行趋势检验。具体而言，为了研究特定年份处理组与控制组之间的差异，生成了年份虚拟变量和处理组虚拟变量的交互项，并将其作为解释变量进行回归分析。通过分析回归结果中的交互项系数，可以了解不同年份和处理组之间的差异。回归结果如表4-3所示。

表4-3　　　　　　　　旅游人次平行趋势检验结果

y	系数	稳健标准误	t值	P>|t|	[95%置信区间]	
pre_3	531.7704	194.0978	2.74	0.011	131.1723	932.3685
pre_2	334.6697	114.3969	2.93	0.007	98.59405	570.8014
$current$	-351.9937	113.4671	-3.10	0.005	-586.1224	-117.7531
$post\_1$	-710.1894	223.9937	-3.17	0.004	-1172.49	-247.8891
$post\_2$	-1688.249	483.8036	-3.49	0.002	-2686.771	-689.7275
$post\_3$	-4082.243	954.5604	-4.28	0.000	-6052.358	-2112.127
$year$						
2012	407.1356	69.01248	5.90	0.000	264.7008	549.5703
2013	1017.939	172.509	5.90	0.000	661.8978	1373.98
2014	1628.732	276.0067	5.90	0.000	1059.082	2198.382
2015	2251.763	381.573	5.90	0.000	1464.235	3039.291
2016	3869.303	585.1242	6.61	0.000	2661.666	5076.94
2017	6819.983	952.6124	7.16	0.000	4853.887	8786.078

续表

y	系数	稳健标准误	t 值	P>|t|	[95%置信区间]	
year							
2018	8023.872	1042.264	7.87	0.000	6052.743	10355
_cons	1061.742	282.8494	3.75	0.001	477.969	1645.514
sigma_u	2094.325					
sigma_e	1054.2143					
rho	0.7978（个体效应u_i的方差贡献比例）					

注：回归结果中没有 pre_1 的结果是因为在数据处理过程中将事件发生前一年的数据作为了参照，以避免共线问题发生。

根据回归结果可知，首先，pre_3 和 pre_2 均不显著，表示实验组和控制组在负面事件发生前并无显著差异。其次，负面事件发生后，$post\_1$ 至 $post\_3$ 的系数均显著，表明云南在负面事件连续发生的几年内及后一年均受到了负面事件的影响。该结果表明，云南省和贵州省的旅游产业在云南发生旅游负面事件之前有着较为平行的发展趋势，而在云南发生旅游负面事件之后，两者趋势发生变动并产生差异，需要采用双重差分法进行探究。

（三）回归结果分析

解释变量是旅游负面事件，通过方程中的交叉项的系数予以反映。运用 Stata 16.0 软件将旅游人次、国内旅游人次和入境旅游人次分别作为解释变量进行回归分析，得到回归结果如表 4-4 所示。

表 4-4　　　　　　　　　　回归结果

因变量	旅游人次	国内旅游人次	入境旅游人次
旅游负面事件	$-2.8\cdot10^3$ *** (3.06)	$-2.9\cdot10^3$ *** (3.18)	$5.0\cdot10^4$ ** (2.63)
人均国内生产总值	-0.018 (-0.712)	-0.019 (-0.768)	-0.258 (0.626)
第三产业增加值	7.334*** (7.718)	7.352*** (7.842)	28.881 (0.153)
Within-R^2	0.89	0.89	0.58
观测值	200	200	200

注：***、** 分别表示 1%、5% 的显著性水平。小括号内数值为标准差。

1. 旅游负面事件造成旅游人次减少

当被解释变量为旅游人次时,旅游负面事件的估计系数为负,说明旅游负面事件造成旅游人次减少。具体而言,首先,云南每发生一次旅游负面事件,将减少 7611 人次来云南旅游。其次,地市的人均国内生产总值和第三产业增加值的估计系数分别是 -0.018 和 7.334^{***},表明人均国内生产总值对于旅游人次具有负效应,但该负效应并不显著。而第三产业增加值对于旅游人次具有显著正效应,但是和旅游负面事件相比,第三产业增加值的增加带来旅游人次增加的效果明显较弱。这说明随着旅游目的地第三产业增加值的增加,人们对第三产业相关行业的重视程度也会增加。但相较于旅游目的地宣传来说,负面报道更易受到互联网、自媒体等各传播媒介的关注,其传播速度更快、影响范围更大,负面事件在游客心中留下印象更深。

2. 旅游负面事件造成国内旅游人次减少

当被解释变量为国内旅游人次时,旅游负面事件的估计系数为负,说明旅游负面事件造成国内旅游人次减少。人均国内生产总值和第三产业增加值的估计系数分别是 -0.019 和 7.352^{***},表明人均国内生产总值对于旅游人次具有负效应,同样该负效应并不显著,第三产业增加值对于国内旅游人次具有显著正效应。但是和旅游负面事件相比,第三产业增加值的增加带来国内旅游人次增加的效果明显较弱。

3. 旅游负面事件对入境旅游人次影响不足

将三组实验结果进行横向比较可以发现,旅游负面事件对入境旅游人次的影响与其对国内旅游人次的影响相比显著较弱。旅游负面事件对旅游人次影响和对国内旅游人次影响结果处于同一显著水平,但所得出的旅游负面事件对国内旅游人次的影响的结果值的绝对值更大,同时旅游人次是由国内旅游人次和入境旅游人次构成,说明旅游负面事件对国内旅游人次的影响要大于对入境旅游人次的影响。这是因为:一是国内各大新闻媒体对负面事件的关注度比国外新闻媒体更高,国内各平台网站上相关的舆论报道更多、新闻热度更高;二是国内旅游者在选择目的地时会进行更加详尽的信息搜集,尤其是负面新闻和负面评价等,而对于入境旅游者而言,旅游目的地的旅游吸引物更为重要,在信息搜集时对负面新闻的关注度较低。同样具有高显著水平的是第三产业增加值对旅游人次和国内旅游人次的影响，在同一显著水平的情况下，第三产业增加值对国内旅游人次的影响的结果值略大于对旅游人次的影响的结果值，说明第三产业增加值对国内旅游人次的影响程度略大于对入境旅游人次的影响程度。

四、影响评价

本节通过运用双重差分模型，构建旅游负面事件对云南省旅游转型发展的影响分析研究框架，设定适合本书的基础模型，利用 Stata 16.0 软件进行模型回归，以实证分析得出几点结论以供探讨。

（一）旅游负面事件的报道产生极大负面影响

研究发现，云南省近年来所发生的一系列旅游负面事件对云南省旅游发展产生了显著的负面影响，具体表现为云南省 2013~2018 年因旅游负面事件而减少的旅游人次显著，负面事件的出现对云南旅游产业转型的影响突出。具体而言，云南省每发生一起旅游负面事件，将引起 7116 人次的旅游人次减少。因此建议云南省政府相关部门采取相关政策手段预防该类事件的发生，如制定并落实奖惩制度，加强对涉旅企业的监察；督促企业和相关协会对旅游从业人员进行考核和培训；督促云南省涉旅企业和旅游行业从业人员自检自查自省，在从业过程中是否存在对游客有违背社会规范和道德准则的行为。

（二）对国内旅游人次的影响较为突出

研究还发现，旅游负面事件对国内旅游人次和入境旅游人次的影响程度不同，具体表现为旅游负面事件对国内旅游人次的影响更为显著。推测可能的原因，一是国内各大新闻媒体对负面事件的关注度比国外新闻媒体更高；二是相较于更关注旅游目的地吸引物的入境旅游者而言，国内旅游者在目的地选择中会更侧重于信息搜集，尤其是负面新闻和负面评价等，故导致旅游负面事件对入境旅游人次影响程度较低。旅游负面事件能引起社会重视，对城市旅游形象产生正面影响。[1] 因此，针对

---

[1] 李鑫. 融媒体时代旅游负面新闻事件的影响 [J]. 新闻战线，2016 (18)：135-136.

负面报道，笔者建议云南省发生旅游负面事件时积极回应，相关部门建立应急管理部门，负责及时迅速地对负面事件进行调查和发布调查结果，并对整体市场环境进行监管，在澄清旅游负面事件产生原因、做好未来旅游市场监管的同时，积极对目的地特色旅游产品、服务、正面事迹等进行宣传，在事件关注度较高的时候转移公众关注点，重塑旅游目的地形象，从而达到利用危机补救突破原发展瓶颈吸引更多游客到访的目的。

第二节　云南旅游市场整治

一、问题背景

云南史上最严的二十二条旅游市场整治措施现实效果尚待检验。作为云南省的支柱产业之一，旅游产业一直都是地方政府重点关注的对象。然而近年来，在旅游产业蓬勃发展的同时，云南旅游产业也面临着负面新闻缠身的困境。有学者认为，云南旅游"去污名化"的关键是推行云南旅游革命。[①]为了治理旅游市场乱象，重点推进市场转型式发展，云南省于 2017 年 4 月出台《云南省旅游市场秩序整治工作措施》（以下简称为二十二条新规），对云南省旅游市场实施了有效的治理行动。二十二条新规共规定了旅游购物管理、导游管理、景区景点管理、政府监管职能等 7 个方面共 22 条，成为"史上最严治理措施"。然而，二十二条新规对于推动云南旅游市场的转型发展是否具有积极作用尚不明晰。故有必要从政策评估的角度，借以贵州省为对照组，来验证二十二条新规对于云南旅游市场所产生的影响，以期找出现存政策的不足，进而更好地为云南后期旅游政策的制定提供建议。

二、研究方法

（一）模型设定

双重差分模型（DID）是在 20 世纪 80 年代，由普林斯顿大学的阿申

[①] 于春波，张文娟. 云南旅游形象污名化的根源和形成机制研究［J］. 今传媒，2020，28（10）：138 – 140.

费尔特（Ashenfelter）在其论文中首次提出。近年来多用于定量评估公共政策效应。双重差分模型的基本原理是将研究对象（受到政策影响的组）设为实验组，同时找到未受政策影响，且在政策发生前与实验组具有相似的共同趋势的组作为对照组。由于实验组与对照组具有相似的共同趋势，因此，只需计算出实验组在政策发生前后被解释变量的变化值，同时计算出对照组在政策发生前后被解释变量的变化值，然后剔除时间效应（计算两者间的差值），即可得出政策效应。因此，本节采用双重差分模型来验证二十二条新规颁布之后对于云南旅游市场的政策效应。

本节共选取了云南 16 个地级市、自治州和贵州 9 个地级市、自治州的面板数据，其中，云南省作为实验组，贵州省作为对照组。在时间的选取上，需要说明的是，由于二十二条新规为 2017 年 4 月提出，为避免政策滞后效应的影响，故不采用 2017 年的数据，而选取 2015 年、2016 年、2018 年和 2019 年的数据进行分析。具体的模型构建如下：

$$Y_{it} = \beta_0 + \beta_1 treat_i + \beta_2 P_t + \beta_3 treat_i \cdot P_t + \varepsilon_{it} \quad 模型（4-2）$$

在式中，Y_{it} 为被解释变量，即 i 市在 t 年份的旅游总收入，$treat_i$ 为实验组虚拟变量（如果 i 属于实验组，则 $treat_i = 1$；如果 i 属于对照组，则 $treat_i = 0$），β_1 体现的是实验组和对照组本身的差异；P_t 为实验期虚拟变量（如果 t 属于实验期，即 2018 年、2019 年，则 $P_t = 1$；如果 t 属于非实验期，即 2015 年、2016 年，则 $P_t = 0$），β_2 刻画的是实验组和对照组在实验前后本身的差异；交互项 $treat_i \cdot P_t$ 的系数 β_3 则是真正衡量政策实施效果的系数，如果 β_3 为正值且结果显著，则说明二十二条新规的出台对于云南旅游市场的影响为正向积极的，如果 β_3 为负值且结果显著，则说明其影响为负面消极的，若 β_3 不显著，则说明二十二条新规对于云南旅游市场没有产生显著影响；ε_{it} 为随机误差项。

（二）变量说明

根据已有文献的研究，一般而言，旅游总收入能较好地反映旅游经济的变动。因此，被解释变量选取旅游总收入（$tgdp$）这个指标反映旅游市场的转型式发展情况。解释变量选择云南省的 16 个州市（实验组）取值为 1，贵州省的 9 个州市（对照组）取值为 0；二十二条新规出台之前的年份（2015 年、2016 年）取值为 0，出台之后的年份（2018 年、2019 年）取值为 1。

由于影响旅游产业发展的因素是多元的，因此需要引入控制变量，以准确把握政策效应及其作用途径。本节采用的控制变量有经济发展水平、第三产业发展水平、市场规模、资本存量、居民生活水平共5个。经济发展水平，人均国内生产总值（$pgdp$）可以衡量地区的经济发展水平，而地区经济水平的提高有利于政府投入财力和物力来发展旅游产业；第三产业发展水平，旅游产业属于服务业，也就是第三产业；服务业的发展会对旅游产业有显著的促进作用，采用第三产业增加值（ind）来衡量第三产业发展水平；市场规模，社会消费品零售总额（mar）能较为准确地反映地区的市场规模。一般来说，地区的市场规模越大，越能吸引资本流入，从而促进旅游产业的发展；资本存量规模是旅游产业发展中的一个重要构成要素，资本存量将推动旅游产业发展，选取固定资产投资额（fai）来衡量资本存量；居民生活水平，城镇居民人均可支配收入（inc）可反映当地居民的生活水平。一般来说，人民生活水平越高，其旅游的意愿就会越强烈；旅游活动越多，越有利于当地旅游产业的发展。

三、实证研究

（一）描述性统计

表4-5列出了主要变量的描述性统计情况。

表4-5 主要变量的描述性统计

变量名称	变量	样本量	均值	标准差	最小值	最大值
旅游总收入	$tgdp$	100	581.76	572.62	26.1	3098.79
经济发展水平	$pgdp$	100	36310.78	15911.59	13112	93853
第三产业发展水平	ind	100	607.03	646.02	59.99	4126.84
市场规模	mar	100	409.67	513.27	29.27	3056.57
资本存量	fai	100	1294.49	1046.60	97.67	4660.41
居民生活水平	inc	100	29457.14	5149.48	19010	46289

资料来源：根据云南省统计局2015年、2016年、2018年、2019年统计年鉴，贵州省宏观经济数据库、年鉴，以及《国民经济发展和社会发展统计公报》相关数据整理（表4-5至表4-8同）。

（二）二十二条新规对云南旅游市场转型发展的影响

通过回归分析验证二十二条新规对云南旅游市场转型发展的影响。在回归过程中，采用向前选择法回归策略，不增加控制变量，对被解释变量（旅游总收入）进行回归并得出结果。然后再加入其他控制变量（旅游总收入、经济发展水平、第三产业发展水平、市场规模、资本存量和居民生活水平）进行回归分析。其结果如表4-6中所示。其中，模型1是未加入控制变量时，对旅游总收入进行回归的结果，模型2是加入控制变量后进行回归的结果。

表4-6　　　　二十二条新规对云南旅游市场转型发展的影响

变量	模型1	模型2
$treat_i \cdot P_t$	-357.1693* (196.966)	-310.642*** (112.557)
pgdp	—	-0.003 (0.003)
ind	—	1.258*** (0.253)
mar	—	-0.721*** (0.259)
fai	—	-0.065 (0.065)
inc	—	0.017 (0.013)
N	100	100
R^2	0.339	0.799

注：***、**和*分别表示1%、5%和10%的显著性水平，括号中的数值为标准误差。

从总体上看，不管是未加入控制变量还是加入了控制变量，交互项 $treat_i \cdot P_t$ 的系数都为负数，这说明二十二条新规对云南旅游产生了负效应。加入控制变量后，R^2 由 0.339 升到了 0.799，具有更好的拟合度，模型解释度显著提高。模型 2 的显著性水平也由之前的 10% 升到了 1%，说明二十二条新规对于云南旅游的负向效应较为显著。从控制变量来看，第三产业发展水平的提高对于云南旅游具有显著的促进作用，而市场规模的增加反而抑制了云南旅游增长。经济发展水平、资本存量和居民生活水平这三个外部因素则没有对云南的旅游经济产生显著影响。

（三）实证检验

1. 适用性检验

作为一种准自然实验，使用双重差分时应满足数据一致性的假设。一致性假设要求实验组和对照组在政策发生前具有相同或相似的共同趋势。云南和贵州地理位置相邻，作为西南地区的两个旅游大省，其旅游发展也有很多共通之处。观察图 4-1 可知，在旅游产业转型发展历程中，二十二条新规颁布的前 5 年即 2012~2016 年，云南省和贵州省的旅游总收入增长曲线差异较小，具有相似的发展趋势，可以近似地看作平行，满足数据一致性的假设。

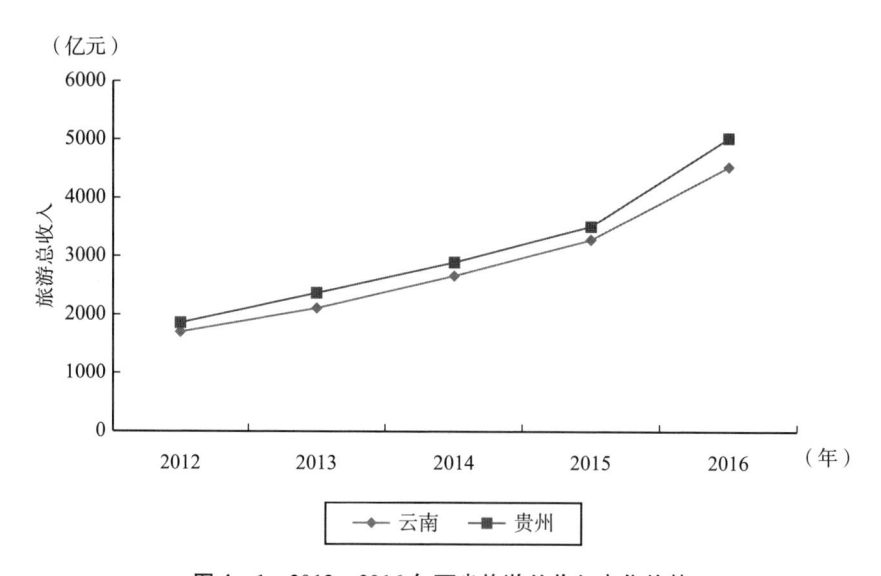

图 4-1　2012~2016 年两省旅游总收入变化趋势

资料来源：云南省统计年鉴、贵州统计年鉴。

2. 平衡性检验

平衡性检验是为了比较在政策实施之前，实验组和对照组之间在控制变量上是否存在显著差异。一般来说，如果没有显著差异，则说明实验组和对照组是高度相似的，适合使用双重差分的方法。由表4-7可知，被解释变量（旅游总收入）在实验组和对照组之间存在显著差异，但其余控制变量的平均效应并不显著，也就是不存在显著性的差异，这就说明实验组和对照组的选取恰当。

表4-7　　　　　　　　　　平衡性检验结果

变量	对照组均值 Mean Control	处理组均值 Mean Treated	组间差异 Diff.	|t值|	Pr(|T|>|t|)
旅游总收入（$tgdp$）	476.112	245.432	-230.679	2.92	0.0053 ***
经济发展水平（$pgdp$）	3.4e+04	2.9e+04	-5.2e+03	1.38	0.1749
第三产业发展水平（ind）	641.183	408.164	-233.019	1.59	0.1176
市场规模（mar）	388.446	338.415	-50.031	0.38	0.7038
资本存量（fai）	1295.992	882.163	-413.829	1.66	0.1025
居民生活水平（inc）	2.5e+04	2.6e+04	1314.083	1.37	0.1763

注：*** 表示1%的显著性水平。

3. 安慰剂检验

安慰剂检验的通常做法有两种，即关于政策实施时间的安慰剂检验和关于处理组的安慰剂检验。采用政策实施时间安慰剂检验，即虚构时间变量进行回归。将二十二条新规的实施时间提前到2015年，利用2014年和2016年的平衡面板数据进行回归。如果回归后的结果不显著，则说明原结论是有效的。

安慰剂检验的结果如表4-8所示。从表中可以看出，R^2的值为0.752，说明该模型的拟合度较好，模型解释度较高。交互项$treat_i \cdot P_t$的系数仍为负数，但没有通过任何水平上的显著性检验，说明在此期间云南旅游市场的转型发展受到了一定影响，但不能就此认为这是由于二十二条新规的实施所引起的，进一步说明了模型2的稳健性。

表4-8　　　　　　　　　安慰剂检验结果

变量	系数	标准误	t值	P值	95%置信区间		显著性
treated	77.459	90.891	0.85	0.399	-106.098	261.016	—
t	136.082	85.509	1.59	0.119	-36.607	308.771	—
treatedt	-128.792	91.115	-1.41	0.165	-312.802	55.219	—
pgdp	-0.006	0.004	-1.57	0.123	-0.013	0.002	—
ind	1.811	0.448	4.05	0	0.907	2.714	***
mar	-1.046	0.359	-2.92	0.006	-1.77	-0.322	***
fai	-0.261	0.108	-2.41	0.021	-0.48	-0.042	**
inc	0.017	0.014	1.26	0.215	-0.01	0.045	—
常数项	-253.44	251.065	-1.01	0.319	-760.476	253.595	—
R^2	0.752							

注：***、**分别表示1%、5%的显著性水平。
资料来源：Stata 15.0软件分析。

四、市场整治评价

二十二条新规的出台，本意是为了监督云南旅游市场秩序，治理云南旅游乱象，督促云南旅游市场健康有序发展，推动旅游产业转型，但也对云南的旅游经济产生系列负面影响。

（一）二十二条新规对旅游产业规模未产生积极影响

从影响路径上来看，云南旅游市场转型发展的核心影响因素是第三产业发展水平和市场规模，但它们的影响方向并不一致。第三产业发展水平的提高促进了云南旅游市场的转型发展，但市场规模的增加反而抑制了云南旅游经济的增长。考虑到第三产业的发展可促进云南旅游经济，当前二十二条新规中并未针对产业结构与规模提升展开管理与政策指引，因此该项管理规定落实后的现实效益未达到转型后高质量发展的现实需求。

（二）二十二条新规对旅游消费产生的抑制作用较为显著

二十二条新规严厉打击"不合理低价游"等经营模式。系列措施在保护了游客权益的同时，也"劝退"了很多经济能力较弱的游客群体，而低价供应可以满足低消费人群的合理低价需求。根据交叉补贴理论，优惠产品甚至免费产品的模式在市场上屡见不鲜，单纯限制低价会破坏市场自发的运行机制和供给创新。二十二条新规颁布后，云南旅游的团费价格普遍上升，且涨幅较大，有的旅游产品的价格甚至翻了一番或两番，如此的价格涨幅让许多游客"望而却步"。二十二条新规严厉禁止"不合理低价游"的措施在一定程度上抑制了云南旅游人数的增长，从而也影响了旅游经济的增长。

（三）取消旅游购物对旅游企业经营效益产生的影响

针对购物店"高定价、高回扣"等问题，二十二条新规实行了新的旅游标准合同，取消了旅游定点购物，不安排单独付费的旅游项目，对全部旅游购物企业实行社会普通商品零售企业统一管理。而旅游购物和付费旅游项目作为旅游行业的新增价值，对于游客有巨大的旅游吸引力。在团队游标准化的前提下，应允许旅游场景中的机动消费，为新增价值留出正常空间。消费者有需求，消费有经济拉动，旅游场景的消费有机动性，取消旅游购物和付费旅游项目就是没有顺应旅游行业的发展规律，限制了旅游消费和行业有效转型。

（四）二十二条新规对旅游行业的积极性造成打击

对比邻近省区贵州来看，云南的二十二条新规存在执行力度过大的问题。一味打压影响了行业发展的客观规律，进而产生政策的负向影响。其中，对"不合理低价游"及"旅游定点购物"断崖式阻断治理，产生的影响较大。二十二条新规取消了定点购物，但并没有提出有效的方式和政策空间来满足消费者在旅游过程中的新增消费需求。一味地取消低价游也限制了市场对于低价市场的正常供给，遏制了旅游消费。二十二条新规的出发点是整治市场，但政策力度偏大，打击了行业的积极性，限制了旅游行业创新，从而影响了云南旅游市场的发展。

第三节　云南旅游供给分析

一、问题背景

2018年,《云南省人民政府办公厅关于促进全域旅游发展的实施意见》提出要打造全域旅游精品,创建高A级旅游景区,积极推动全省5A级、4A级旅游景区创建。目前,云南通过交旅融合发展战略,已初步形成以高速铁路为骨干,高速公路为主体,城市轨道交通为补充,航空网络发达、水运资源丰富的现代化交通运输体系。随着交通网络的日益完善,云南省也已初步构建起通往东南亚、南亚国家的对外通道,为区域一体化发展和出入境旅游发展提供坚实保障。在此基础上,结合云南省246家A级景区,云南省在旅游建设中不断扩大交通运输有效供给,提升景区景点通达度,率先提出公路旅游理念,引领"交通+旅游"融合发展,构建了独具云南特色的旅游交通运输服务体系,推出了多元化、个性化的交旅融合新业态和新产品,加速了交通资源优势向旅游产业经济优势、可持续发展优势转变的发展态势。

然而,在云南省内陆地区旅游产业的转型发展面临着地域分布的不均衡和产业结构的不合理等问题。由于交通拥堵、交通建设失调以及游客数量激增等多种因素,当前云南省游客的出行时间成本不断攀升,景区资源与交通资源协调化在旅游构建中存在转型困境,为云南省内各地级市的旅游转型后的均衡发展带来影响。因此要最大程度地降低交通对景区科学化发展的限制,必须明确旅游景区的发展与交通的通达性之间的相互关系与连接困境,以优化旅游交通布局为可行性抓手,实现最大化的旅游经济收益和旅游产业可持续发展的目标,有效推动云南旅游产业高质量发展。

云南旅游景区作为云南旅游产业的核心组成部分,是云南旅游产业经济效益和社会效益的具体体现。作为云南旅游产业倡导转型式发展历程中涉及的供给侧改革重点之一,通过对云南旅游景区展开分析,发现对于云南旅游供给端转型过程中的旅游资源分布和景区门票价格存在区域资源集聚化发展、旅游景区管理重点错位、区域旅游资源空间分布不均、景区门票价格机制缺失等问题。

二、研究方法

（一）研究样本

研究选取云南4A级及5A级代表性景区资源。当前云南省A级旅游景区总数为246处，其中5A级景区有9处，4A级景区有129处，3A级景区有246处。本书从云南省9个5A级景区，129个4A级景区中选取了在地理位置上具有代表性且品质较高的100个A级景区为研究样本。与此同时，本书选择云南省2018~2023年的交通路网作为研究对象，以分析计算云南省交通通达性。

（二）耦合协调模型

借用物理学上容量耦合概念和容量耦合系数模型进行扩展得到两个系统的耦合度函数（见模型4-3）。

$$C_2 = \left\{ \frac{(U_1 \times U_2)}{[(U_1 + U_2)(U_1 + U_2)]} \right\}^{\frac{1}{2}} \quad 模型（4-3）$$

模型（4-3）中，C_2是两个系统的耦合度；U_1和U_2分别为两个系统的综合评价指数。显然，耦合度值$C \in [0-1]$。然而，该模式在某些场合难以体现交通系统及景区空间结构系统的真实水平及状态。比如当U_1和U_2的值都比较低时，却能得出协调度C_2高于两系统一高一低时的结论。为此，本书借鉴了现有学者研究的成果，构建了能够客观地反映风景区交通通达性和风景区空间结构之间耦合协调度的模型：

$$D = (C \times T)^{\frac{1}{2}} \quad 模型（4-4）$$

$$T = \alpha U_1 + \beta U_2 \quad 模型（4-5）$$

模型（4-4）、模型（4-5）中，D是耦合协调度；C是耦合度；T是综合考虑交通系统和景区空间布局系统整体转型发展水平对协调度的影响，从而反映出交通系统与景区空间结构系统之间的协调程度；U_1和U_2分别是交通系统与景区空间布局系统的综合评价指数。由于交通系统和景区空间结构系统的同等重要性，因此α和β的取值为0.5，这两个系数被视为待定系数。为了更直观地反映交通系统与景区空间结构系统的耦合协调度指数及其对应的协调程度，对耦合协调度等级进行了划分，如表4-9所示。

表4-9　　　　　　　　耦合协调度等级划分标准

协调度	协调等级	协调度	协调等级
0.00~0.09	极度失调	0.50~0.59	勉强协调
0.10~0.19	严重失调	0.60~0.69	初级协调
0.20~0.29	中度失调	0.70~0.79	中级协调
0.30~0.39	轻度失调	0.80~0.89	良好协调
0.40~0.49	濒临失调	0.90~1.00	优质协调

资料来源：王爱辉. 干旱区绿洲型生态城市建设能力评价 [J]. 干旱区资源与环境，2011 (05)：19-24.

三、实证研究

（一）云南省旅游交通通达水平

通达性是指某地可通过多种度量指标衡量其从另一地点到达的难度。以云南省16个地州为交通节点，对2023年云南省旅游交通通达性进行了分析，将其分为公路、铁路和航空三种交通方式进行研究。通过2022年公路客运量、铁路客运量和航空客运量占总客运量的比重，确定公路和铁路的权重，从而得出了云南省各个地级市和自治州的综合交通通达性数值。根据不同等级道路之间的距离得出了各地区的交通网络通达度指数。

1. 云南省旅游交通加权平均时间

对一个节点到其他所有节点的时间指标进行评估时，加权平均旅行时间是一种改进的最短时间距离指标，它将节点的人口或经济因素纳入计算模型中，从而提高了评估的准确性和可靠性。计算云南省16地州的各项交通加权平均时间，具体计算表达式为：

$$T_{ij} = \frac{D_i}{V} \qquad 式（4-1）$$

$$M_j = \sqrt{GDP \times POUP} \qquad 式（4-2）$$

$$A_i = \frac{\sum_{j=1}^{n}(T_{ij} \cdot M_j)}{\sum_{j=1}^{n} M_j} \qquad 式（4-3）$$

其中，T_{ij} 表示节点 i 到节点 j 的最短时间，V 表示行驶速度，D_i 表示每个节点的最短路径。M_j 表示节点 j 的质量，GDP 为地区生产总值；$POUP$ 为人口数；A_i 表示任意节点 i 和 j 之间的加权平均时间。

根据上述计算表达式，利用高德地图开放平台工具对云南省 8 个地级市及 8 个自治州公路、铁路以及航空交通数据进行测算，再利用加权平均旅行时间计算得到 2023 年云南省 8 个地级市及 8 个自治州公路、铁路、航空加权平均时间（见表 4-10）。

表 4-10　　2023 年云南省 16 地州市交通加权平均时间

地州	公路	铁路	航空
昆明	3.027	2.415	1.329
曲靖	3.702	2.996	0
玉溪	3.169	1.966	0
保山	6.269	5.628	5.08
昭通	5.66	10.677	4.013
丽江	6.317	4.938	4.562
普洱	5.978	4.753	4.04
临沧	6.033	5.924	7.48
楚雄	3.886	3.035	0
红河	4.366	3.915	0
文山	4.972	3.496	6.071
西双版纳	7.526	5.41	2.772
大理	4.627	3.709	4.071
德宏	8.176	0	3.426
怒江	6.92	0	0
迪庆	7.772	0	4.8

资料来源：根据高德地图开放平台工具提供的数据整理（表 4-10 至表 4-12 同）。

2. 云南省旅游交通通达性系数

为了更加直观地展示各个节点在交通网络中的地位和作用，运用通达性系数来衡量各城市的通达性水平的高低，以便更好地呈现云南交通网络的复杂性，其表达式为：

$$A'_i = \frac{A_i}{\left(\dfrac{\sum_{i=1}^{n} A_i}{n}\right)} \qquad 式（4-4）$$

其中，A'_i 是节点的通达性系数，A_i 表示节点 i 的通达性，n 表示节点个数，A'_i 表示节点 i 在整个交通网络中的相对通达性水平的高低，通达性系数值越小，表示通达性越好，越大则表示通达性越差。一般情况下，通达性系数大于1，表明节点的通达性水平低于整个区域的平均水平，小于1时表明节点通达性水平高于区域平均水平。

在加权平均时间的计算基础上，结合通达性系数公式，进一步计算得到了2023年云南省16个地州市在公路、铁路、航空层面上的通达性系数（表4-11中显示为零表示该地区目前没有建设完成对应的交通站点），以2023年1月7日至2月15日云南省公路、铁路以及航空三种交通方式的客运量占总客运量的比重确定权重，得到云南省2023年综合交通通达性数值，以上计算结果如表4-11所示。

表4-11　　　　云南省16个地州市交通通达性系数

地州	公路	铁路	航空	综合
昆明	0.548	0.533	0.307	0.51
曲靖	0.67	0.661	0	0.668
玉溪	0.574	0.441	0	0.54
保山	1.135	1.242	1.173	1.164
昭通	1.024	2.357	0.927	1.301
丽江	1.143	1.09	1.053	1.119
普洱	1.082	1.049	0.933	1.054
临沧	1.092	1.308	1.727	1.229
楚雄	0.703	0.67	0	0.695

续表

地州	公路	铁路	航空	综合
红河	0.79	0.864	0	0.809
文山	0.9	0.772	1.402	0.744
西双版纳	1.362	1.194	0.64	1.223
大理	0.566	0.819	0.94	0.674
德宏	1.48	0	0.791	1.355
怒江	1.252	0	0	1.525
迪庆	1.407	0	1.108	1.353

在旅游发展基础上，从2023年云南省各个地级市及自治区的综合交通通达性系数可以看出，昆明市、曲靖市、玉溪市、大理白族自治州、楚雄彝族自治州交通通达性较好，较高于云南省整体交通通达水平。但在区域交通均衡发展过程中，红河哈尼族彝族自治州、文山壮族苗族自治州交通通达性略优于云南省整体平均水平，丽江市、普洱市、保山市交通通达性较为一般，低于云南省整体交通发展水平。而临沧市、昭通市、西双版纳傣族自治州、德宏傣族景颇族自治州、怒江傈僳族自治州、迪庆藏族自治州交通通达性较差，对区域旅游基础硬实力的提高和连通性发展产生了障碍，但与此同时，这些地区在道路交通上具有较大的发展和优化空间，可为后期带动旅游产业有序发展提供良好的提升空间。

（二）云南旅游景区空间布局分析

1. 云南旅游景区核密度

地理事件可以发生在空间的任意位置上，不同位置上事件发生的概率不一样，点密集的区域事件发生的概率高。空间模式于点 s 之密度由研究区单位面积之事件数估算而得，最常被用来利用滑动之圆统计落入该圆域之事件数，并除以该圆之面积即得该点 s 之事件密度。设 s 处的事件密度为 $\lambda(s)$，则 $\lambda(s) = (\#S \in C(s, r))/\pi r^2 C(s, r)$：以 s 为中心，r 为半径的圆域#表示事件 S 落在圆域 C 中的数量。核密度估计的定义为：设 X_1，X_2，…，X_n 是从密度函数 f 的总体中抽取的样本，要依据这些样本对每一个 x 估计 $f(x)$ 的值，$f(x)$ 的估计有参数与非参数估计问题。本书采用核函数方法对云南省2018~2023年4A级以上景区的高德POI矢量数据进行核密度分析,获得核密度图(图略)。

2. 最邻近点指数

在地理空间中,衡量点状事物之间相互接近程度的一个重要地理标志是它们之间的最小距离,这反映了它们之间的相似性。最邻近点指数计算公式为实际最邻近距离与理论最邻近距离之比(也就是随机分布情况下理论值),公式如下。

$$R = \frac{\bar{r}_1}{\bar{r}_E} = 2\sqrt{D} \times \bar{r}_1 \qquad 式(4-5)$$

$$\bar{r}_E = \frac{1}{2\sqrt{\frac{n}{A}}} = \frac{1}{2\sqrt{D}} \qquad 式(4-6)$$

式中,R是最邻近点指数,$\bar{r}_1$是最邻近点之间的距离r的平均值,$\bar{r}_E$是理论最邻近距离,D是点核密度,A为区域面积,n为研究对象数目。当$R=1$时,即$\bar{r}_1 = \bar{r}_E$,表明点状要素随机分布。当$R>1$时,即$\bar{r}_1 > \bar{r}_E$,表明点要素趋于均匀分布。当$R<1$时,即$\bar{r}_1 < \bar{r}_E$,表明点要素呈凝聚型分布。

以云南省4A级以上景区为要素点,基于最邻近点指数研究云南省4A级景区空间分布格局,并利用ArcGis10.8软件对云南省2018~2023年4A级以上景区在空间核密度分析上的最邻近点指数进行分析计算,结果如表4-12所示。

表4-12　2018~2023年云南省5A级、4A级景区最邻近点指数

年份	最邻近点指数	平均观测距离(米)	预期平均距离(米)
2018	0.486635	10929.85	22460.06
2019	0.506145	10132.31	20018.58
2020	0.426662	8179.929	19171.9
2021	0.409172	6956.174	17000.6
2022	0.424007	5679.973	13395.95
2023	0.424079	4634.372	10928.09

从上述图表中可以看出在 2018~2023 年，云南省的 A 级旅游景区呈现出明显的聚集趋势，并且这种趋势还在不断加强，这给云南的区域性旅游发展带来了一定的挑战。尽管核心区位（指以昆明和大理为核心的地理区位）的旅游发展具有一定的优势，但同时也有助于促进当地市场的旅游经济收入，节省旅游时间和成本。分析发现，随着旅游区数量的增多，各旅游区之间的联系也越来越紧密，从而带动区域内的其他城市或地方政府进行相关政策制定与实施。然而，针对云南旅游产业转型的目标来看，此举将对核心区位的旅游资源和旅游环境造成巨大的压力和破坏，同时也会阻碍云南省边缘地区旅游产业的良好发展，导致大量旅游资源的浪费。另外也不利于其他区域旅游产业的健康有序发展，影响其经济效益的增长和社会效益的实现。因此，在推动核心区位旅游发展的同时，规避旅游孤岛的形成，持续对边缘区位旅游资源进行挖掘和开发，加强对其发展的管理和建设，以实现云南省旅游资源的全面保护和更加合理的利用。

（三）云南省旅游景区分布与交通路网耦合协调

1. 耦合协调评价指标体系的构建和权重

根据耦合模型，本书以 2018~2022 年云南省交通通达指数与公路旅客周转量作为交通通达性系统的评价指标，以 2018~2022 年云南省 A 级景区最邻近点指数以及景区数量作为空间布局系统的评价指标，分别计算两个系统的指标权重，得到各指标及权重数值如表 4-13 所示。

表 4-13　云南省交通通达性系统与景区空间布局评价指标体系与权重

系统	指标	权重
交通通达性	交通通达指数	0.3645
	公路旅客周转量	0.6355
景区空间布局	最邻近点指数	0.5173
	景区数量	0.4287

资料来源：根据《云南省 2018~2022 年统计年鉴》及高德地图开放平台工具提供的数据整理（表 4-13 至表 4-14 同）。

2. 交通空间与资源空间的协调水平

根据两系统的综合发展水平评价模型和耦合协调度模型，计算得出2018~2022年云南省交通通达性系统与云南省4A级以上景区空间格局系统的综合评价指数U，交通、景区和两者的耦合协调度值D，并进行了等级划分，涉及2018~2019年的轻度失调和2020年、2022年的初级协调，从时间发展历程上看协调情况向好发展（见表4-14）。

表4-14　云南省交通发展与景区资源耦合协调度等级

年份	交通（U）	景区（U）	耦合协调度（D）	耦合等级	耦合协调类型
2018	0.069	0.588	0.317	4	轻度失调
2019	0.071	0.467	0.302	4	轻度失调
2020	0.800	0.803	0.633	7	初级协调
2021	0.863	0.760	0.636	7	初级协调
2022	1.000	0.598	0.622	7	初级协调

四、研究结论

（一）旅游资源分布空间不平衡

就旅游景区资源分布空间而言，云南省的旅游景区呈现出明显的以昆明市和大理市为中心的集聚特征，但核心聚集区域旅游资源过度开发和高负荷运作会是旅游可持续性发展的最大威胁，且屏蔽效应使得旅游资源协调化发展陷入困境，边缘区域的地州市旅游难以发展。

（二）旅游交通空间集散功能不足

就交通空间而言，首先，由于云南省地理位置的独特性，其旅游交通系统以公路交通为主导，成为不可或缺的交通基础设施。然而，尽管云南旅游交通运输需求不断攀升，受限于云南地理条件，各地州市公路建设却显得相对滞后，亟须加快推进。其次，云南省地形错综复杂也给铁路建设带来极大挑战，火车行驶速度也因此受限。最后，国民生活水平不断提高和旅游产业蓬勃发展使得旅游者对于交通运输的质量和效率提出了更为严苛的要求。但由于特殊的气候条件和相对较低的经济发展水平，云南全省的航空运输在全省旅游中的集散作用并不十分显著。

（三）旅游交通与资源空间协调水平较低

就云南省的转型式发展空间与 5A 级、4A 级景区的资源空间的协调水平而言，二者呈现出波动性和阶段性的变化。一方面呈现出这两个系统之间的紧密联系，另一方面揭示了云南省交通水平在不同发展阶段的协调程度存在显著差异。根据表 4-14，云南省在 2018~2019 年，交通发展和旅游经济的协调度总体水平较低，两个系统之间各项指标的协调度均值仅为 0.31，表明存在四级耦合，呈现轻度失调状态。耦合协调等级通常可分为 2018~2019 年失调阶段和 2020~2022 年协调阶段，表明云南省交通系统与景区空间格局系统 2019 年以前的相互促进作用不强，协同效应仍处于较弱阶段。随着云南省"十四五"综合交通规划的逐步实施，交通条件得到持续改善，同时二者的耦合协调效应也不断提升。我们也发现云南省交通系统与景区空间格局的耦合协调度值 2022 年仅为 0.622，仅为初级协调水平，2023 年仍呈下降趋势，存在发展空间与资源空间的现实困境，旅游产业可持续发展水平需要进一步提高。

从打破上述的交通发展和景区资源空间协调困境的目的出发，在提高旅游交通空间与各类资源空间的协调水平的基础上，有必要持续加大对省域内的交通建设和多 A 级旅游景区开发的资金投入，在发展核心高品质景区的基础上，拓宽二级景区如 4A 级、3A 级景区数量和类型，并且提升各类景区同交通等基础发展性设施建设的匹配度。同时当前游客出行需求的日益多样化和复杂化对云南省旅游服务业发展提出了更高的要求，这就需要建立一个完善的区域交通网络作为保障。

针对以上三点，云南省交通转型发展的空间困境，在未来有必要以云南旅游产业升级化发展为导向，强化旅游交通网络对旅游资源空间布局及系列产业的辐射带动作用，积极整合现有地方资源，优化整体产业布局，利用和整合个性化、品牌化、优势化的旅游交通资源，以优化后的旅游交通系统化建设为主，将 G219 沿边国道的建设和区域合作作为新着力点，糅合两类资源，提升协调程度，进一步实现区域内旅游交通空间与现实资源空间的良性高效互动。

第四节 云南旅游景区管理

一、景区管理现状

（一）云南重点旅游景区多为国有企业性质

一方面，云南国有景区属于国有企业经营管理，景区工作人员缺乏主动性、积极性、专业性，人才培养机制尚不完善，导致景区旅游产品及服务更新较慢，无法满足游客日益增长的需求；另一方面，国有景区大部分是历史文化遗产、风景名胜区、自然保护区等，属于国有资产，涉及的资源产权归属划分复杂、相关管理部门职责重叠交叉，故使得国有景区在开发管理过程中存在诸多难题，出现景区拓展建设遇阻、景区管理和服务水平滞后、相关措施的推行缺乏时效性等现实困境。

由于云南的5A级景区以及大多数4A级景区属于国有企业，由各地政府国有投资公司控股或直营，在景区门票管理方面不仅需要考虑国有资产的保值增值，还要兼顾旅游公共服务属性。因此，在云南旅游产业重组发展阶段，旅游景区门票价格管理成为重点和难点。长期以来，云南省各大知名旅游景区承载了广大国内外游客对七彩云南的美好想象，作为云南省旅游活动的典型空间和经典业态，知名景区对旅游产业产生了较大贡献的同时，如何科学建立景区管理机制，对强省阶段的旅游产业来说具有重要意义。

（二）云南旅游景区实行分类定价机制

云南旅游景区以分类定价为主要价格制定形式，即根据游览参观点对社会文化生活、国内外旅游的影响程度，门票价格实行政府指导价或市场调节价。其中，游览参观为主要功能的如世界遗产（石林）、风景名胜区（阳宗海）、自然保护区（普达措）、森林公园（磨盘山）、文物保护单位（金殿），政府投资兴建的城市公园、博物馆，依托国家自然资源或文化资源投资兴建的游览参观点（玉龙雪山）等门票价格实行政府指导价。未依托国家自然资源或文化资源，由商业性投资兴建的人造景观（民族村）门票实行市场调节价。在管理权限方面，实行政府指导价的游览参观点门票价格管理权限通过管理目录划分，在明确管理内容的基础上采取省级、州（市）、县（市）分级管理；门票实行市场调节价的游览参观点，由经营者自主制定或调整门票价格，并于实施前1个月报州、市价格主管部门备案。

（三）云南旅游景区门票实行政府指导价管理

为了完善云南国有景区门票价格形成机制、降低国有景区门票价格，推动景区及旅游产业实现持续健康发展、提升云南旅游产业发展质量，根据《国家发展改革委关于完善国有景区门票价格形成机制降低重点国有景区门票价格的指导意见》和《云南省人民政府关于加快推进旅游转型升级的若干意见》要求，出台了以公益性为主要发展原则的《云南省关于完善旅游景区门票价格形成机制降低国有景区门票价格促进旅游转型升级的实施意见》（以下简称《意见》），对云南省国有景区门票价格调整作出指导要求。

《意见》中规定上调实行政府指导价管理的同一游览参观点门票价格，调价频率原则上不得低于3年，并提前3个月向社会公示；原门票价格在50元以内（不含50元）的，一次提价幅度不得超过原票价的35%；50元（含50元）至100元（不含100元）的，一次提价幅度不得超过原票价的30%；100元（含100元）至200元（不含200元）的，一次提价幅度不得超过原票价的25%；200元以上（含200元）的，一次提价幅度不得超过原票价的15%。且实行政府指导价管理的游览参观点，在法定节假日期间及之前1个月内，一律不得以任何形式提高门票价格。

（四）疫情期间云南旅游景区门票价格实行50%优惠政策

疫情防控期间，根据《云南省人民政府关于应对新冠肺炎疫情稳定经济运行22条措施的意见》和《云南省人民政府办公厅印发云南省支持文旅产业应对新冠肺炎疫情加快转型发展若干措施的通知》的相关要求和建议，云南省发展和改革委员会提出《关于落实景区门票价格优惠政策有关问题的通知》，推行了关于实行政府指导价管理的部分旅游景区2020年内门票价格一律优惠 50% 的政策，鼓励实行市场调节价管理的 A 级及以上景区实施门票价格优惠，其中涉及 122 家政府定价或指导价管理的优惠景区和 16 家市场调节价管理的优惠景区。

（五）云南鼓励景区降价促销并提供财政补贴

云南省根据《国家发展改革委办公厅关于持续推进完善国有景区门票价格形成机制的通知》精神，以《云南省发展和改革委员会关于转发持续推进完善国有景区门票价格形成机制文件的通知》为指导意见，强调要充分体现利用公共资源建设景区的公益性特征，进一步加强对利用公共资源建设的景区门票定价规范化管理，严格依照《云南省定价目录》有关规定实行政府定价或指导价管理。此外，通知中还指出在严格规范景区门票的成本科学构成和核算的基础上，新增了部分人群的减免优待政策。而在 2022 年的疫情常态化发展趋势下，为了进一步做好旅游产业恢复与发展的相关工作，云南省继续开展了"云南人游云南"A 级旅游景区门票减免活动并发布了 2022 年 5~12 月的景区门票补贴工作实施方案，方案中鼓励执行政府指导价的 A 级旅游景区开展门票降价促销活动，由省财政按照减免额度给予 50% 补贴。

随着云南省旅游市场的强势复苏，云南省政府定价及指导价类型的旅游景区门票收费基本恢复至 2020 年公示的正常门票价格，且在法定节假日如春节、五一期间多数景区如西山龙门、玉龙雪山、普者黑等都推出了减免折扣优惠活动，在暑假期间多个景区如恐龙谷、哀牢山、鸡足山等也针对中考、高考毕业旅游学生群体推出了免费优惠，而大理也推出 2023 年 7 月~2024 年 6 月针对全州部分 A 级旅游景区实行国内分时段分区域免票和州内部分旅游景区分时分县对州内居民免票政策。

二、景区面临问题

（一）云南重点旅游景区管理不顺

伴随云南旅游产业规模持续扩大、人民群众对高品质旅游休闲需求的不断增长，云南旅游景区门票如何科学有效地进行定价管理，成为日益引起社会普遍关注的热点问题。例如，根据《国家发展改革委关于完善国有景区门票价格形成机制降低重点国有景区门票价格的指导意见》和《云南省人民政府关于加快推进旅游转型升级的若干意见》要求，云南重点国有景区自2018年降价后，云南省9个5A级收费景区的门票平均价格为93元，低于全国景点票价96元的平均水平，而周边四川5A级收费景区门票平均价格为132元、贵州省平均价格为104元，广西则略低于云南，为76元。其中，云南省5A级景区中票价高于100元的景区占比仅30%，而贵州省5A级景区中票价高于100元的景区占比为80%，四川省5A级景区中票价高于100元的景区占比也达67%。

就总体数量来看，截至2023年，云南省A级旅游景区总数为246处，4A级国有景区60余处，5A级国有景区9处，其中昆明、丽江各2处，大理、西双版纳、迪庆香格里拉、保山、文山各1处；就空间分布来看，国有景区整体密度呈现出"滇西聚集、滇中多、滇东滇北较少"的特点；就经济贡献来看，在众多景区的强势吸引与支持下，2022年云南省共接待游客8.4亿人次，并给云南省创造了可观的经济效益。[①] 然而，云南旅游景区在带动景区内部及周边的旅游消费活动、提供管理运维岗位的就业机会、发挥相关产业链的联动效应、促进景区所在区域的投资增收等方面存在不足。

（二）重点景区门票平均价格低于全国水平

云南省景区门票价格处于全国中低区间，价格经济优势未完全利用到位。云南省作为我国地理环境独特、旅游发展较早、立体气候典型、自然景观丰富、民族风情多样、历史文化深远、旅游资源极具代表性的典型旅游大省，且在地缘优势上与南亚东南亚国家邻近，对入境游客极具吸引力。云南省作为一个备受国内外瞩目的旅游胜地，其独特的基础条件使得旅游产业在国内其他地区无可比拟并表现出明显优势。尽管目前云南省景区门票价格整体上保持稳定和规范，与国家政策和地方经济发展水平基本相符，但纵观全国高品质景区门票价格，云南省的景区门票的总体价格水平在全国处于中低位水平。

结合西部整体区域来看，相比于东部发达地区如上海，经济欠发达地

[①] 资料来源：《云南省统计年鉴》、云南省文化和旅游厅网站、云南省人民政府网站。

区如云南省的景区门票即使经过国家发展改革委的敦促降价后有所下降，但对比国内各地区收费型 5A 级景区门票价格可见，四川基本与发达地区上海的 5A 级收费型景区门票均价持平、贵州与浙江基本持平，仍高于全国水平。东部地区产业结构多元，发展旅游水到渠成，作为西南沿边地区的云南省旅游产业常常充当经济发展的引擎角色，而作为中国地理版图中的偏远地区，云南省在旅游转型发展方面临着一些独特挑战，甚至可以说是独自一战（见表 4 - 15）。

表 4 - 15　　　　　　　　　　5A 级景区门票对比

地区	景区名称	票价（元）	均价（元）
浙江	杭州西溪国家湿地公园	70	103
	普陀山景区	160	
	千岛湖风景名胜区	120	
	桐乡乌镇古镇旅游区	135	
	鲁迅故里沈园景区	40	
	开化根宫佛国文化旅游景区	180	
	神仙居景区	110	
	西塘古镇旅游景区	77.5	
	江郎山廿八都景区	80	
	缙云仙都景区	90	
	刘伯温故里景区	65	
北京	颐和园景区	30	35
	恭王府景区	40	
	故宫博物院	60	
	天坛公园	15	
	明十三陵长陵景区	45	
	明十三陵定陵景区	60	
	明十三陵昭陵景区	30	
	明十三陵神路景区	30	
	明十三陵居庸关长城景区	40	
	明十三陵银山塔林景区	20	
	圆明园景区	10	

续表

地区	景区名称	票价（元）	均价（元）
吉林	长白山景区	125	101
	伪满皇宫博物院	70	
	净月潭景区	30	
	长影世纪城旅游区	180	
上海	东方明珠广播电视塔	199	136
	上海科技馆	45	
	上海野生动物园	165	
四川	九寨沟景区	190	132
	黄龙景区	170	
	峨眉山	160	
	乐山大佛景区	80	
	青城山景区	80	
	都江堰景区	80	
	碧峰峡旅游景区野生动物世界	180	
	碧峰峡旅游景区生态峡谷	100	
	稻城亚丁旅游景区	146	
贵州	黄果树风景名胜区	160	104
	荔波大小七孔景区	120	
	梵净山景区	100	
	百里杜鹃景区	130	
	花溪青岩古镇景区	10	
云南	石林景区	130	93
	玉龙雪山景区	100	
	崇圣寺三塔景区	75	
	西双版纳热带植物园	80	
	香格里拉普达措景区	68	
	腾冲火山热海景区	50	
	普者黑风景区	170	
	世博园	70	

续表

地区	景区名称	票价（元）	均价（元）
广西	独秀峰－王城景区	100	76
	青秀山旅游风景区	20	
	德天跨国瀑布景区	80	
	涠洲岛南湾鳄鱼山景区	103	
青海	青海湖二郎剑景区门票	90	84
	塔尔寺景区	70	
	彩虹部落土族园景区	120	
	阿咪东索景区	54	

资料来源：本书作者根据公开资料整理。

（三）景区收入难以覆盖运营成本

尽管降低门票价格促进了短期流量的引入，但是在二次消费产品的投入与效益转换方面存在不足。当前云南省重点国有景区面临运营资金不足、新产品开放不足、服务质量不高等现实问题。根据云南省自身发展情况，对比四川、贵州相关景区，云南旅游景区在竞争力方面存在较大的压力。由于投资回报周期长等实际困境的存在，产业资本难以有效吸引，只能依赖云南省政府或国企投资建设。例如促进旅游疫后复苏，在云南省各景区配合响应降价50%的基础上，还涉及部分财政拨款，同时当前各景区长远发展与建设也需要各地州市政府职能部门和政企合作开发公司以财政资金、贷款等方式获取投资基金。然而，处于中下水平的门票收入使得云南省景区门票收入没有实现经济效益最大化，价格经济优势未能体现。旅行社和OTA平台对于高门票价格非常敏感，返利降低直接影响到他们营销推广的积极性。相比于发达地区如北京、浙江、广东等省市，云南旅游对旅行社带来的流量依赖度较高，为了吸引更多的旅游团体，景区不得不在夹缝中求生存。

（四）服务质量不高旅游体验亮点缺乏

云南省A级国有景区的管理与服务水平还较为粗放，与游客多样化、个性化的消费需求仍存在差距。部分景区的服务流程不够通畅、服务态度不够友好、管理人员不够专业，导致游客的满意度较低。且服务人员提供给游客的需求和个性化服务较少，景区经营与地方生活分割明显，按部就班的"传统"服务内容和标准化的"硬性"服务方式缺乏创新和亮点，制约了"有一种生活叫云南"的旅游体验提升和口碑传播。其中，制度性约束如国有产权模糊和委托代理障碍，限制了景区门票定价和收入的增长。景区资源管理体制所面临的诸多难题，包括分散的多头、层级和权责边界的模糊性，以及产权归属的不明确性等。景区管理涉及的部门众多，如园林、环保、建设、林业、文化、文物等，增加了管理的复杂性。

当前形势下，云南省旅游景区受到社会资本投资减少的限制，市场未能得到充分的资源配置，导致景区的资金来源受到限制，过度依赖门票收入和财政补贴，这对景区的投资、经营和发展造成限制，同时也增加了省级及地方财政的负担。为了促进景区的可持续发展，云南省需要寻求更加灵活和创新的管理机制，并寻找多元化的资金来源。这包括探索公私合作模式、引入市场竞争机制、加强创新技术和管理手段的应用等。同时，还需要建立健全的科学评估和监管体系，确保景区收费的合理性和透明度，进一步推动旅游景区的发展，实现管理体制的转型与升级。

三、景区发展方向

（一）产品开发从政府主导向市场主导转变

1. 促进市场主导

针对古城类景区，招商引资部门可以鼓励各类本地创业者、文化创意团队参与自身旅游产品开发，推出创新式的民族文化旅游体验项目，如基于虚拟现实技术和互动展示的古城历史文化游览、鼓励小型手工艺品店铺向游客提供个性化定制服务，满足游客对独特产品的需求。

2. 提供投资支持

针对自然生态类景区，可鼓励生态环保类企业投入资金支持，帮助景区开发独特的生态旅游产品。发挥环保产品落地与新颖生态旅游项目的双重功能，并且可以提供针对特定游客群体提供定制化、个性化服务，如生态摄影旅游体验等。

3. 加强市场调研与信息共享

针对传统的老牌国有景区，政府部门可以牵头石林、普达措等景区，加大对当前游客需求的市场调研，了解游客对自然景观、科普教育、户外活动等新旅游形式的偏好。同时，根据调研结果建立游客信息共享平台，推动多方旅游企业的跨界合作，推动各国有景区开发基于市场大数据分析的个性化推荐系统，为游客提供量身定制的旅游建议。

（二）优化景区门票价格动态调整机制

1. 调整门票定价机制

在促进门票经济改革的过程中，有必要结合各景区经营现状，将景区门票定价从"指导价"转变为"备案制"，即允许景区管理方根据市场需求、经营成本等自主确定门票价格，并向相关政府部门提前备案，且定价经营过程严格受政府和市场监管。如对季节性较强和当前推动二次消费产品困难的国有景区，政府部门可允许管理方根据景区季节性、观光区域特点、到访游客数量、产品投入成本等情况灵活调整门票价格，以提高景区当前的竞争力和经营效益。

2. 完善落地补偿机制

对于部分国有景区，或是投入较大、短期效益较弱、出现暂时性周转制约的老牌景区，政府部门有必要建立健全落地补偿机制，通过税收优惠、财政补贴、低息贷款等方式，确保景区在门票价格调整和改革发展资金投入后仍能正常经营、维护和发展。

（三）扩大景区自身文化内涵和地方特征

1. 挖掘呈现文化内涵

深入挖掘并扩大景区所在地的历史文化资源，以景区文化展览、传统技艺展示等形式将丰富的文化内涵与景区宣传建设相融合，避免自然景观与人文资源相分离。此外，在文化呈现过程中要注重保护传统民族习俗、语言和服饰等民族特色，避免商业化气息过重。

2. 开发地方特色产品

鼓励景区周边居民和当地手工艺者、非遗传承者等参与地方特色旅游产品开发,推广传统手工艺品、特色农产品等,并建立合理的销售渠道,提高地方特色产品的知名度和市场竞争力,将旅游景区二消产品的开发与地方特征的保护相结合。

(四)创建跨行政区旅游景区协同发展模式

以促进信息共享、资源整合和合作开发为导向建立云南省跨行政区的国有景区合作联盟或协会。可参照广西、云南、西藏、新疆四省共建"中国 G219 旅游推广联盟"和"澜湄旅游城市合作联盟"等形式,在丽江、大理、昆明等地设立云南国有景区联合发展组织,由各行政区旅游部门、规划部门、相关企事业单位等共同参与,并制定跨行政区的旅游规划、协调各景区的开发方向和项目推进、推动资源的有序配置和整合利用等,有效避免过度竞争和资源浪费,实现云南国有景区的共同发展和经济效益的最大化。此外,合作组织通过定期举办旅游资源合作交流会议、推出联合宣传活动等方式,促进景区之间的合作与交流,共同开发旅游产品和项目、共享资源整合宣传、推出跨景区联票等,为游客有效提供更多元化、更丰富的旅游体验。

(五)以"三权分立"为方向的混改势在必行

云南国有景区有必要加快推进以"三权分立"为导向的混合所有制改革,基本实现所有权、管理权、经营权分离,建立所有权归国家所有、行政管理权由景区管委会负责、经营权由企业承担的管理运作模式。具体来看,首先,以促进国有景区的快速发展和优化管理为导向,即通过引入具备专业知识和经验的企业承担经营权,提升景区的经营能力和竞争力,且国有景区可以借鉴私营企业的管理理念和运营模式,提升服务质量,推动旅游产业的良性发展;其次,以景区管委会作为国家所有制保持者,更加专注资源保护、规划管理等核心职责,充分利用专业技术和专家智慧,推动景区的综合发展。目前,这种混改模式已在山东省、浙江省等地的国有景区体制机制改革中取得了制度化、政策性的突破,为云南旅游产业快速健康发展和国有景区管理机制优化提供了有价值

（六）景区园区化建设或将成为发展的新模式

根据云南目前5A级、4A级景区拥有区域最好的旅游资源的情况，可以考虑将封闭式景区转变为开放式园区，将旅游景区的资源和空间打造成一个大平台。即通过强化旅游公共服务平台建设，吸引各类旅游相关企业入驻，将"云南生活"在实际旅游资源中真实展现，变"独家经营"为"大家共享"，大大提升各国有景区创新活力和发展动力。在考虑这一模式时，在参考杭州西湖、苏州金鸡湖的前期案例基础上，可选择丘北普者黑、元阳哈尼梯田等景区作为先行地，拆除景区围墙、免除景区门票。虽然这一举措会减少当前的门票收入，但一大批品牌餐饮、住宿、休闲、娱乐、文创、商业等优秀企业围绕景区布局，功能区的新业态新产品常变常新。有效做到不断增加景区自身的魅力和活力，甚至持续吸引中外游客前来游玩和重游，实现以代表性景区品牌提升地区美誉度，进而促进旅游综合收入的持续增长。

本 章 小 结

基于上述研究结论，地方政府有必要进一步审视自身行为与市场经济规律之间的关系，科学把控政府与市场的边界，厘清政府行为对旅游产业发展的影响关系，作出针对性改进和努力。通过对云南省近年来旅游业发展情况展开调查研究，发现当前云南旅游产业在强省建设阶段陷入了"转型升级"困境。在旅游负面事件影响方面，存在的主要问题包括旅游负面事件报道产生"污名化"对国内旅游人次影响较为突出；在旅游市场整治方面存在的主要问题和难点较为突出，集中体现在舆情信息监管不足、市场干预过度带来的旅游负面事件屡禁不止、旅游消费增长乏力、景区企业创新不足等方面；在旅游供给方面，存在旅游资源分布空间不平衡、旅游交通空间集散功能不足等问题；在景区管理方面，存在新兴业态创新不足、门票经济难以为继、文化内涵不够突出、行政区域单打独斗、政企不分机制不顺等问题。

第五章
云南旅游产业发展系统评估

　　针对前面章节所述云南省旅游转型过程中存在的事实困境与问题，基于旅游产业在发展的不同阶段会呈现出不同的特征，选取代表性的截面数据对云南旅游产业发展系统进行评估。数据采集方式采用截面数据，以同一时期不同研究主体在截面上反映的同一特征变量的观测值作为测定方向，选取积蓄阶段向释放阶段转变的 2005 年、释放阶段向重组阶段转变的 2012 年这一过渡时间点，以及新冠疫情暴发前的 2019 年这一转折时间点作为旅游产业系统发展的关键节点，对云南 16 个地州市的旅游产业系统发展水平进行测度。研究发现，云南旅游系统尚未进入衰退期，无须进入转型战略。在此基础上，针对云南旅游产业发展组态机制展开探究，以明晰发展历程中的驱动机制与限制机制，为后续云南旅游产业持续性升级和高质量发展提供相应的指导路径，并有效规避限制机制的出现。

第一节　云南旅游产业发展系统

一、旅游产业发展系统指标

在现有的旅游高质量发展和发展机制的研究中，学者们多从影响因素作为切入点探究旅游产业系统评价体系的构建。就影响区域自身旅游发展的因素来看，第三产业占 GDP 比重、旅游总人数、旅游总人次等对长三角地区的旅游综合竞争力产生影响；① 旅游交通和区位条件、住宿接待能力、旅游从业人数、旅游总收入、旅游收入占 GDP 比重等对广东地区旅游可持续性发展产生影响；② 旅游资源丰富度、造林面积、绿化覆盖率、入境旅游收入、A 级景区数量等因素均对新疆地区旅游高质量发展产生影响。③

在影响区域旅游产业发展差异化的因素中，区域经济失衡和城市旅游资源投入规模差异化是主要因素，④ 并且旅游资源、区域基础设施、服务设施、城市化、市场化和区位因素都会对旅游业的发展产生重要的影响；⑤⑥ 不同地区旅游发展的影响因素也各不相同，例如固定资产投资、环境治理投入等指标对东部地区旅游发展的影响显著，社会总抚养比对中部地区旅游发展的影响显著，交通网络密度对西部地区旅游发展的影响显著。⑦

梳理上述两类研究内容后，可将影响区域旅游产业发展的影响因素大致划分为三个层次。一是旅游产业自身发展层面，旅游产业的自身条件是旅游产业转型升级的内在强大驱动力。随着社会的发展，消费者越来越追求旅游带来的高层次满足，因此旅游产业的内在水平如层级化的旅游资源、品质化的旅游接待、合理化的产业规模是影响旅游产业自身发展的重要因素。二是外部环境保障层面，旅游产业的复合型特征使其必须与多方产业联动才能实现旅游产业内部各类要素的供给、周转、流通、创新，因此地区整体市场环境和交通设施等都会对旅游产业的健康和可持续性发展产生重要影响，

---

① 方法林，尹立杰，张郴. 城市旅游综合竞争力评价模型建构与实证研究——以长三角地区 16 个城市为例 [J]. 地域研究与开发，2013，32（01）：92 - 97.

② 张河清，何奕霏，田晓辉. 广东省县域旅游竞争力评价体系研究 [J]. 经济地理，2012，32（09）：172 - 176.

③ 杨丽，王姣姣. 新疆旅游高质量发展水平测度及障碍因素分析 [J]. 新疆农垦经济，2023（07）：74 - 83.

④ 马晓龙，保继刚. 中国主要城市旅游效率影响因素的演化 [J]. 经济地理，2009，29（07）：1203 - 1208.

⑤ 敖荣军，韦燕生. 中国区域旅游发展差异影响因素研究——来自 1990～2003 年的经验数据检验 [J]. 财经研究，2006（03）：32 - 43.

⑥ 李亮，赵磊. 中国旅游发展效率及其影响因素的实证研究——基于随机前沿分析方法（SFA）[J]. 经济管理，2013，35（02）：124 - 134.

⑦ 周强，薛海燕，马效. 旅游产业发展影响因素的区域差异研究——基于中国省际面板数据的分析 [J]. 城市发展研究，2018，25（01）：12 - 17.

是旅游产业结构布局合理化的关键保障性支撑。三是产业功能效益层面，旅游产业的复合型特征使旅游产业兼具公益性、社会性、经济性等多重特征，旅游产业在自身发展过程中所带来的系列经济效益、社会效益、生态效益则是旅游产业高质量发展和转型升级科学合理的重要体现。

因此，在借鉴现有旅游产业发展机制相关理论和文献综述的基础上，梳理影响旅游产业发展的内在因素和外在因素，结合新常态下云南旅游产业发展情况和旅游产业面临的阶段性困境以及旅游资源和交通设施之间的协调关系问题、外部市场环境改善问题、景区产业功能效益问题等，考虑评价体系建立的可行性、客观性、实用性、科学性，从产业自身发展层面、外部环境支持层面、产业功能效益层面三个方面构建新常态化下旅游产业系统评价分析框架。其中选取了4A级景区数量、限额以上住宿和餐饮业营业收入、旅游总收入、第三产业占GDP比重、机场及火车站数量、旅游外汇收入、城镇居民人均可支配收入、人均公园绿地面积等16项指标构建云南旅游产业系统评价体系（见表5-1）。

表5-1　　新常态化下云南旅游产业系统评价体系

层次	要素	指标
产业自身发展	旅游资源	4A级景区数
		世界遗产数
	旅游接待	住宿和餐饮业城镇单位就业人员数
		限额以上住宿和餐饮业营业收入
	规模结构	旅游总收入
		旅游总人次
外部环境支撑	市场环境	第三产业占GDP比重
		省内旅游市场占有率
	交通设施	机场及火车站数量
		等级公路里程数
产业功能效益	经济效益	旅游外汇收入
		人均GDP
	社会效益	博物馆数
		城镇居民人均可支配收入

续表

层次	要素	指标
产业功能效益	生态效益	自然湿地面积
		人均公园绿地面积

资料来源：李丽，徐佳. 中国文旅产业融合发展水平测度及其驱动因素分析 [J]. 统计与决策，2020（20）：49-52；袁渊，于凡. 文化资源、旅游产业和经济发展耦合协调水平评价——以50个重点旅游城市为例 [J]. 统计与决策，2024（11）：114-119；吴雪玲，田欣宁，阎晓. 临汾市城市生态文明建设与旅游产业发展耦合关系及协调发展研究 [J]. 陕西理工大学学报（自然科学版），2021（02）：79-86；陈锋仪，杨伊静. 陕西省旅游产业与区域经济耦合协调比较研究 [J]. 绿色科技，2022（19）：235-239，245.

二、评价方法与数据来源

（一）评价方法

熵权 TOPSIS 法对传统 TOPSIS 方法进行改进，基于熵权法确定指标权重，利用 TOPSIS 法逼近理想解的技术进而确定综合评价指数，并将评价对象进行排序。该方法显著优势在于根据数据本身来确定指标权重，可有效规避主观随意性，使结果更加客观。参考杨丽、王娇娇（2023）的研究方法，[①] 得到云南省 16 州市 2005 年、2012 年、2019 年 3 年的旅游产业系统发展水平，以此来分析新常态化下云南旅游产业发展的情况，具体处理步骤如下。

第一步对评价指标中的体系进行标准化处理：

$$X_{ij} = \frac{x_{ij} - \min(x_{1j}, x_{2j}, \cdots, x_{ni})}{\max(x_{1j}, x_{2j}, \cdots, x_{nj}) - \min(x_{1j}, x_{2j}, \cdots, x_{ni})} \quad 式（5-1）$$

其中，x_{ij} 和 X_{ij} 分别代表云南省第 i 个州市、第 j 个旅游产业系统评价体系指标的原始数据和标准化处理之后的数据，n 代表云南省州市的个数，m 代表评价指标的个数。原始数据在标准化处理之后，数据统一分布在 [0，1]。

第二步计算每一个指标的信息熵 E_j：

[①] 杨丽，王姣姣. 新疆旅游高质量发展水平测度及障碍因素分析 [J]. 新疆农垦经济，2023（07）：74-83.

$$E_j = \ln\frac{1}{n}\sum\left(\frac{x_{ij}}{\sum_{i=1}^{n}x_{ij}}\ln\frac{x_{ij}}{\sum_{i=1}^{n}x_{ij}}\right) \qquad 式（5-2）$$

第三步计算旅游产业转型和指标的权重 w_j：

$$w_j = \frac{1-E_j}{\sum_{j=1}^{m}(1-E_j)} \qquad 式（5-3）$$

第四步由标准化矩阵和指标权重 w_j 可得加权标准化矩阵：

$$Z_{ij} = X_{ij} \times w_{ij} \qquad 式（5-4）$$

第五步确定指标的正负理想解：

$$Q^+ = \{q_1^+, q_2^+, \cdots, q_j^+\} \qquad 式（5-5）$$

$$Q^- = \{q_1^-, q_2^-, \cdots, q_j^-\} \qquad 式（5-6）$$

其中，q_j^+ 表示第 j 项指标的最大值，q_j^- 表示第 j 项指标的最小值。

第六步计算指标与正负理想解的欧式距离和：

$$D_i^+ = \sqrt{\sum_{j=1}^{n}(z_{ij}-q_j^+)^2} \qquad 式（5-7）$$

$$D_i^- = \sqrt{\sum_{j=1}^{n}(z_{ij}-q_j^-)^2} \qquad 式（5-8）$$

第七步计算相近贴近值各州市 2005 年、2012 年、2019 年的旅游产业系统发展水平，计算公式如下：

$$C_i = \frac{D_i^-}{D_i^+ + D_i^-} \qquad 式（5-9）$$

其中，C_i 表示各州市 2005 年、2012 年、2019 年的旅游产业系统发展水平指数，C_i 的取值范围介于 0~1，C_i 值越大表示旅游产业系统发展水平越高，C_i 值越小表示旅游产业系统发展水平越低。最终，通过比较所有的 C_i 值，可以比较不同地州、不同年份旅游产业系统发展水平的动态差异化。

（二）数据来源

数据采集方式采用截面数据（cross-sectional data sets），以同一时期不同研究主体在截面上反映的同一特征变量的观测值作为测定方向。由于旅游产业在发展的不同阶段会呈现出不同的特征，为收集云南旅游产业发展历程中具有代表性和合理性的发展年份，依据前文对云南旅游产业发展四个阶段的划分，即 1978~1994 年的旅游创业阶段、1995~2005 年的支柱产业阶段、2006~2012 年的二次创业阶段、2013 年至今的旅游强省阶段。考虑旅游产业发展的阶段历程持续性和数据获取性，选取积蓄阶段向释放阶段转变的 2005 年、释放阶段向重组阶段转变的 2012 年，以及新冠疫情暴发前的 2019 年这一转折时间点作为旅游产业系统发展的关键节点，对云南 16 个地州市的旅游产业系统发展水平进行测度。为保证数据的科学性与严谨性，数据搜集的主要来源为国家统计局、国家文物局、云南省统计年鉴、云南省 16 个地州市的统计年鉴与国民经济和社会发展公报（见图 5-1）。

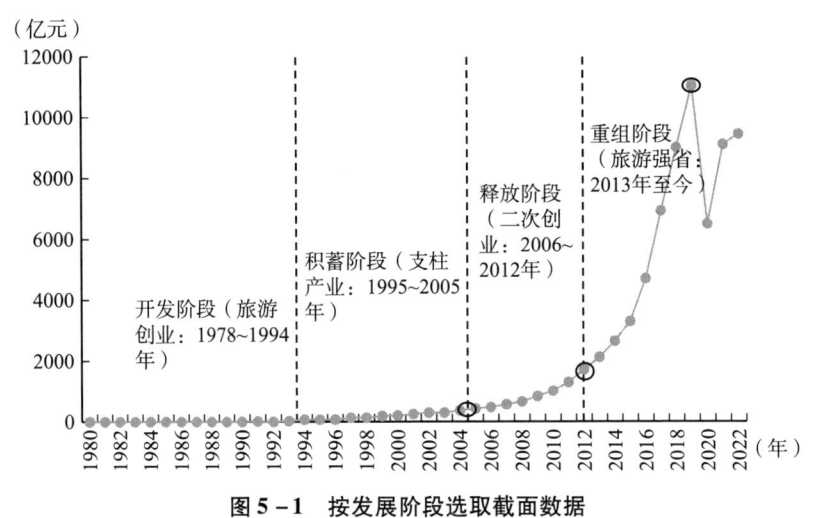

图 5-1 按发展阶段选取截面数据

资料来源：本书作者根据公开资料整理。

三、发展系统的评价分析

云南旅游系统尚未进入衰退期，无须进入转型战略。从 2013 年至今，云南旅游产业一直处在重组阶段（旅游强省阶段）。从产业生命周期理论来看，这一阶段属于典型的成熟期阶段。虽然受 2019 年末暴发的新冠疫情影响，旅游产业一度陷入急速下降趋势，但这并非进入衰退期的表现。从 2021 年、2022 年的反弹以及 2023 年疫情得到有效控制的现实情况来看，未来一段时期，云南旅游产业将延续增长趋势。因此，对云南旅游产业是否进入"转型"期，尚不能下此结论。根据上述计算方法，将2005年、2012年和2019年的云南旅游产业系统发展水平归纳为以下三点。

（一）云南旅游产业尚未进入衰退期

就云南旅游产业系统发展水平整体来看，经历了支柱产业阶段和二次创业阶段间的小幅发展再到旅游强省阶段的明显升级式发展。首先，在2005年旅游支柱产业阶段，依据云南旅游产业系统发展水平的数值的得分和集中区间，云南旅游产业系统发展整体水平都不高，升级趋势相对较弱，得分集中在0.1~0.2分，得分均值为0.16分，相比后期说明旅游产业在此阶段发展水平不高，处于建设支柱产业初期，项目开发与建设力度还不足，旅游产品尚未完全开发；其次，2012年的二次创业阶段，云南旅游产业系统发展水平得分集中在0.1~0.3分，该阶段的数值提升与发展水平变化是由于省委、省政府面对旅游产业的严峻形势，在充分学习借鉴旅游发达地区经验的基础上提出了"二次创业"的重大决策，提出了"优化结构、转型升级、提质增效"的发展要求，以此助力云南旅游产业从以传统观光型旅游为主，转向集观光型和休闲度假型、康体健身型于一体的复合型旅游发展模式，云南旅游产业在此阶段有了阶段性的进展；最后，在2013年至今的旅游强省阶段，云南旅游产业系统发展水平得分集中在0.2~0.4分，说明此时旅游产业正处于并将长期处于一个稳步上升阶段，发展幅度较为凸显，这是由于云南省大力推进旅游产品创新业态发展，逐步建立相对前期来说较为成熟、完善的旅游产业体系，使旅游产业规模不断扩大，产品业态更加丰富，政府也出台了许多政策文件加以辅助，例如出台史上最严22条措施、旅游从业人员"八不准"规定、打造"30天无理由退货"诚信品牌等，使得旅游产业升级式发展成效逐渐凸显。以上三个阶段的数据可以反映出云南省旅游发展水平在各个阶段发展历程中的明显变化。

（二）云南省各地州旅游产业发展水平成效明显

云南省16个地州市的旅游产业发展水平存在明显的区域差异性，在地域分布上中部、西部高，东部、南部低。根据表5-2的系列均值数据可以看出，云南省16个地州市的旅游产业系统发展水平得分的平均值为0.24分，其中，集中在中、西部的昆明、曲靖、玉溪、丽江、大理、迪庆6个地州市的旅游产业发展水平得分高于云南省平均水平，说明这6个地区旅游产业发展成效相对显著，这可能是由于以上地区的旅游资源相对丰富使得旅游收入对于当地GDP的贡献较大，或经济水平较为发达、交通通达性良好为旅游产业发展提供良好的外部环境，因此使其在云南旅游产业的竞争中占有较大的优势；而集中在东、南部的保山、昭通、普洱、临沧、楚雄、文山、西双版纳、德宏、怒江9个地州市的旅游产业系统发展水平得分低于云南省平均水平，说明这9个地区旅游产业发展成效相对较低，其原因可能在于这些地区对于旅游产业发展的响应程度较低，传统的旅游设施建设和旅游产品开发使其在云南旅游产业发展历程中处于劣势地位，旅游核心竞争力被经济发展较好、发展较快的地区屏蔽，旅游发展优势未充分展现。

表5-2 云南省2005年、2012年、2019年旅游产业系统发展水平　　单位：分

地州	2005年	2012年	2019年	均值
昆明	0.38	0.59	0.79	0.59
曲靖	0.23	0.29	0.36	0.29
玉溪	0.16	0.28	0.34	0.26
保山	0.07	0.12	0.22	0.14
昭通	0.10	0.12	0.21	0.14
丽江	0.33	0.39	0.47	0.39
普洱	0.14	0.17	0.25	0.19
临沧	0.07	0.11	0.19	0.12
楚雄	0.14	0.21	0.32	0.22
红河	0.11	0.19	0.41	0.24
文山	0.07	0.12	0.20	0.13
西双版纳	0.13	0.22	0.35	0.23
大理	0.18	0.26	0.40	0.28
德宏	0.11	0.12	0.27	0.17
怒江	0.18	0.19	0.22	0.20
迪庆	0.19	0.30	0.34	0.28
均值	0.16	0.23	0.33	0.24

资料来源：根据国家统计局、国家文物局、云南省统计年鉴、云南省16个地州市的统计年鉴与国民经济和社会发展公报相关数据整理。

（三）云南省各地州市旅游产业发展水平呈三类变化

将云南省各地州市的平均增长率作为旅游产业发展水平的变化幅度，通过自然断点法将云南省各地州市的旅游产业发展水平划分为高、中、低三个层次。一是昆明、丽江是相对较高发展水平的地区，昆明的均值达到59%，丽江为39%。在云南旅游产业发展水平中处于"领头羊"地位，表示其发展幅度较大，旅游发展进程迅速。二是维持中等发展水平地区较多，包括楚雄、大理、玉溪、红河、西双版纳等地，旅游产业发展幅度不明显，需要在后续的旅游产业发展过程中进一步发展提升。三是相对较低发展水平地区，分别是保山、昭通、临沧、文山，是后续旅游产业发展的重要对象。

云南省各地州市旅游产业发展水平之所以会呈现出三类变化幅度，是由于各地州市的社会经济发展状况、旅游资源禀赋、旅游服务水平与基础设施条件等存在客观基础性差异和发展历程中存在方向性差异，因此在后续的旅游产业发展过程中，各地州市之间要注重加强区域间的合作与交流，旅游发达区域可通过客源互流、线路整合、资源共享等方式带动旅游欠发达区域，在突出区域自身特色的同时，结合自身资源、文化等各种因素，打造特色旅游项目，提升自身吸引力，实现旅游区域化发展，进而推动旅游强省的发展进程。

第二节　重组阶段发展阻变效应

一、问题背景

改革开放 40 多年以来，云南省积极实施"政府主导型"发展战略，充分发挥市场主体作用，旅游产业快速完成了从"接待事业型"到"经济产业型"再到"支柱产业型"的转变。在此过程中，旅游产业不断升级发展。然而，云南旅游产业进入重组阶段（2013 年至今）以来，云南旅游产业面临旅游竞争力不断下滑、旅游负面事件顽疾久治不愈、旅游发展不平衡不充分问题较为突出等困境。负面报道对云南旅游形象造成巨大的负面影响,甚至形成"污名化"现象。[①]

受发展阻变效应影响,云南旅游产业在重组阶段陷入"阻变陷阱"。通过构建"旅游产业发展阻变模型",对旅游产业发展阻变效应的内在症结进行分析,认为云南旅游产业在强省阶段表现出传统要素阻变效应下的低水平发展模式,究其原因,是云南经济水平较低,人力资本、技术创新等要素禀赋不足,旅游产业过度依赖自然资源、文化资源等传统要素,陷入旅游产业价值链中"微笑曲线"的低附加值环节。阻变效应是旅游产业发展低效锁定的发生机制,报酬递增、学习效应、演化近视、挤出效应是旅游产业发展阻变的传导机制,在发生机制和传导机制的共同作用下,使得云南旅游产业在强省阶段困难重重(见图 5-2)。

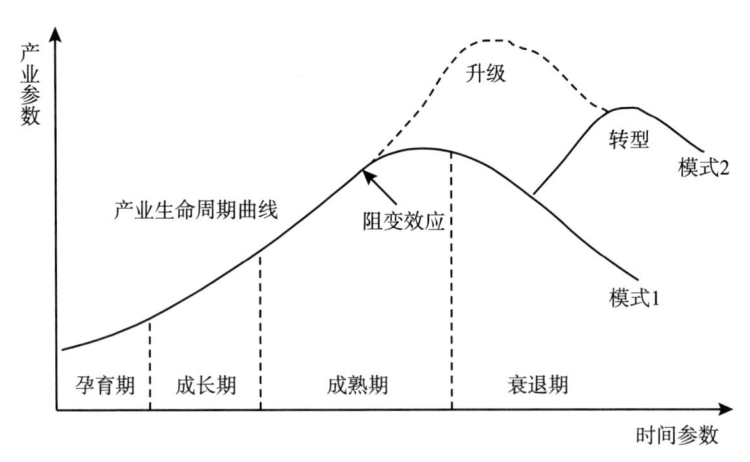

图 5-2 旅游产业发展阻变模型

二、研究设计

(一)模型构建

为了定量化呈现出资本、人力等要素对旅游产业转型的影响效应,假设生产函数为柯布-道格拉斯函数:

---

① 于春波,张文娟. 云南旅游形象污名化的根源和形成机制研究 [J]. 今传媒,2020,28 (10):138-140.

$$Y_{it} = AK_{it}^{\alpha}L_{it}^{\beta}R_{it}^{\gamma} \qquad 式（5-10）$$

式（5-10）中，Y_{it} 代表 i 地 t 年的旅游产业水平，K、L、R 与 α、β、γ 分别表示资本、劳动力与资源投入量及其产出弹性，A 表示希克斯中性技术进步的效用函数，并假设生产函数规模报酬是固定的，即 $\alpha + \beta + \gamma = 1$。$A$ 作为效率参数，取决于各种因素的共同作用，这就包括本书研究的主要解释变量交通条件（T）和经济基础（H），则有 $A = T_{it}^{\varphi} \times H_{it}^{\theta}$，将其代入并两边取对数。添加未观察到的个体固定效应 μ_i 以及随机干扰项 ε_{it}，基准计量模型设定为：

$$\ln Y_{it} = \alpha \ln K_{it} + \beta \ln L_{it} + \gamma \ln R_{it} + \varphi \ln T_{it} + \theta \ln H_{it} + \mu_i + \varepsilon_{it}$$

模型（5-1）

（二）变量描述

1. 旅游产业发展（Y）

旅游产业发展为被解释变量，用字母 Y 表示。旅游产业发展作为一个历时性的动态过程，涉及旅游产业内外部的产品更新、效率提升、结构优化等多方面，[1] 产生的是全方位、深层次的影响，而产业发展动态过程中重要的一个方面在于企业获利能力得以提高。[2] 本书采用云南省各州市旅游产业总收入来表征旅游产业发展。

2. 资本投入（K）

资本投入为解释变量，用字母 K 表示。物质资本的更新会带来产业新一轮的生产扩张和新的需求增长点。[3] 资本投入同样在旅游产业发展过程中发挥重要作用，在产业链更新、供需端对接、产品创新过程中起到基础性作用。受限于云南省关于旅游产业统计数据的不足，同时为了最大程度反映旅游产业资本要素投入情况，本书选用旅行社数量表征资本投入。

---

[1] 徐杰，魏敏，杨翼飞. 中国旅游产业升级水平的测度分析 [J]. 统计与决策，2021，37（06）：130-133.

[2] Gereffi G. International trade and industrial up-grading in the apparel commodity chain [J]. Journal of International Economics, 1999, 48 (01): 37-70.

[3] 李爱，盖骁敏. 资本深化、要素技术效率与产业升级——基于1998—2019年中国35个工业行业的实证分析 [J]. 西部论坛，2021，31（06）：34-48.

3. 人力资源（L）

人力资源为解释变量，用字母 L 表示。产业发展要求劳动者素质提升，人力资本发展应当遵循产业发展静动结合的匹配逻辑。[1] 作为服务型产业，旅游产业的发展与人力要素关联度高，劳动力素质直接影响着旅游产业发展的模式，一是就业人数充足才能保持旅游行业的基础性运行，二是就业人才充足才能保证旅游行业的可持续发展，本书采用重点服务业从业人员数表征人力要素。

4. 旅游资源（R）

旅游资源为解释变量，用字母 R 表示。旅游资源是传统旅游产业的发展基础，[2] 而旅游者参与旅游活动追求的是一种脱离惯常环境下的体验，旅游资源则最有可能是这种体验的来源，旅游产业发展要求旅游资源的配置、泛化和组合。本书中旅游资源作为一种投入要素存在，同时考虑云南省统计数据的现实局限，采用 A 级旅游景区数量来表征旅游资源要素。为了保持度量标准的一致性，对景区的等级进行折算，计算公式参考翁钢民（2016）相关研究。[3]

5. 交通条件（T）

交通条件为解释变量，用字母 T 表示。交通被认为具有"时空压缩"的效能，是串联旅游资源空间要素的关键。[4] 云南省拥有丰富的人文自然景观，旅游资源丰富，但这并不代表其旅游产业发展优势可以有效发挥出来，其受限的重要因素之一就是交通条件。本书采用云南省各州市等级公路里程数表征交通条件。

6. 经济基础（H）

经济基础为解释变量，用字母 H 表示。无论是从供给层面还是需

---

[1] 张勇，赵明霏. 产业升级与劳动者素质的匹配逻辑与协同路径 [J]. 理论月刊，2021（04）：42-49.
[2] 朱鹤，唐承财，王磊，等. 新时代的旅游资源研究：保护利用与创新发展——旅游地理青年学者笔谈 [J]. 自然资源学报，2020，35（04）：992-1016.
[3] 翁钢民，李凌雁. 中国旅游与文化产业融合发展的耦合协调度及空间相关分析 [J]. 经济地理，2016，36（01）：178-185.
[4] 王亚娟. 交通可达性与旅游资源供需耦合效率提升——以长三角为例 [J]. 商业经济研究，2022（11）：155-158.

求层面，旅游发展与地区经济水平存在密切关系。[①] 从供给层面来看，经济基础好的地区往往基础设施和服务设施水平较高，有利于旅游产业转型；从需求层面来看，本地旅游市场作为重要组成部分，旅游需求的规模与地区经济水平也具有显著正相关关系。为了考察云南省经济水平对旅游产业发展的阻变效应，本书采用固定资产投资来进行表征。

（三）数据来源与处理

本书考察区间为2009~2019年，考察对象为云南省16个州市。原始数据来源于《云南统计年鉴》（2010~2020年度）、云南省各地统计年鉴以及社会经济发展统计公报、政府官方网站，部分缺失数据采取线性模拟处理，经计算整理而得。其中，对旅游产业总收入和固定资产投资采用生产总值指数进行平减处理，指数来源于《云南统计年鉴》和云南省统计局官方网站。

三、实证研究

（一）平稳性检验

本书中面板数据反映了时间和截面上的二维信息，因此，与时间序列数据相同，面板数据也有可能存在单位根，在对面板数据回归前有必要进行平稳性检验。常用检验方法包括LLC检验、HT检验等，本书拟采用具有相同单位根过程下的LLC检验和不同单位根的IPS检验、Fisher-ADF检验、Fisher-PP检验等方法来综合分析检验结果。从单位根检验结果可以看出，除了Fisher-PP检验中的$\ln Y$、$\ln K$、$\ln R$、$\ln H$的检验结果没有拒绝原假设以外，其余检验中各变量的检验结果均为显著拒绝原假设。因此，通过综合分析，可以认为云南省各州市旅游产业发展面板数据不存在单位根，通过平稳性检验（见表5-3）。

[①] 左冰. 中国旅游经济增长因素及其贡献度分析 [J]. 商业经济与管理，2011（10）：82-90.

表 5-3　　　　　　　旅游产业发展面板数据单位根检验

变量	LLC 检验	IPS 检验	Fisher-ADF 检验	Fisher-PP 检验
$\ln Y$	-8.0620*** (0.0000)	-10.1058*** (0.0000)	87.7769*** (0.0000)	25.9071 (0.7677)
$\ln K$	-2.3511*** (0.0094)	-1.7897** (0.0368)	59.8931*** (0.0020)	28.2540 (0.6567)
$\ln L$	-12.3498*** (0.0000)	-1.6164* (0.0530)	86.1187*** (0.0000)	91.8559*** (0.0000)
$\ln R$	-6.7047*** (0.0000)	-3.4534*** (0.0003)	78.2461*** (0.0000)	33.9377 (0.3703)
$\ln T$	-5.0538*** (0.0000)	-1.8918** (0.0293)	55.0207*** (0.0069)	53.3059** (0.0104)
$\ln H$	-6.1914*** (0.0000)	-2.0695** (0.0193)	87.9685*** (0.0000)	35.2344 (0.3177)

注：括号内为检验统计量的 P 值，***、** 和 * 分别表示在 1%、5% 和 10% 水平下的显著性。

资料来源：根据《云南统计年鉴（2010~2020）》，云南省各地统计年鉴以及社会经济发展统计公报、政府官方网站相关数据整理（表 5-3 至表 5-14 同）。

（二）协整检验

本书采用 Westerlund、Pedroni、Kao、预测残差项四种检验方式，见表 5-4，所有检验结果均显著，拒绝了面板数据不协整的原假设，即认为 $\ln Y$ 和 $\ln K$、$\ln L$、$\ln R$、$\ln T$、$\ln H$ 之间存在协整关系。

表 5-4　　　　　　　旅游产业发展面板数据协整关系检验

检验方式	检验项	统计值	P 值
Westerlund	Variance ratio	3.8198	0.0001
Pedroni	Modified phillips-perron t	6.7410	0.0000
	Phillips-perron t	-6.1471	0.0000
	Augmented Dickey-Fuller t	-5.3485	0.0000

续表

检验方式	检验项	统计值	P值
Kao	Modified Dickey-Fuller t	-2.5232	0.0058
	Dickey-Fuller t	-2.4952	0.0063
	Augmented Dickey-Fuller t	-3.6809	0.0001
	Unadjusted Modified Dickey-Fuller t	-2.1874	0.0144
	Unadjusted Dickey-Fuller t	-2.3480	0.0094
预测残差项	Residual variance	-5.6220	0.0000

（三）F检验

面板数据模型包括三种类型：混合估计模型、固定效应模型和随机效应模型。为了进一步验证本书模型是否适合混合估计模型，可以采用F检验进行确定。根据F检验的基本原则，当F的统计值大于统计表中相应的临界值时，我们应该拒绝原模型属于混合回归模型的假设。由表5-5可知，检验结果显著拒绝原假设，说明本书不适合使用混合横截面模型。

表5-5　　　　　　　　　　模型F检验

检验项	统计值	标准差	P值
Cross-section F	5.13	(15, 155)	0.00

（四）豪斯曼检验

目前，对于回归模型的确定，学者多采用豪斯曼检验法，其基本假设是固定效应模型和随机效应模型的结果都是一致的，若拒绝原假设，则采用固定效应模型；若接受原假设，则采用随机效应模型。对云南省面板数据进行Hausman检验，得出表5-6的结果。根据该结果，Hausman检验统计量为36.48，并通过了1%显著水平下的检验。因此，本书拒绝原假设，表明将模型设定为个体固定效应模型是合理的。

表 5-6　　　　　　　　　　Hausman 检验

检验项	统计值	标准差	P 值
Cross-section random	36.48	5	0.00

四、结果分析

根据回归结果，考察期内研究所选取的 5 个因素中除人力资源外均对云南旅游产业发展产生显著且正向的影响，弹性系数大小排序为：资本、经济基础、交通通达度、旅游资源，表明云南旅游产业发展是资本、经济基础双导向型，是一种外延式增长模式，依赖资本等数量投入带动发展也正是云南旅游产业在强省阶段发展受阻的核心原因。

（一）资本投入是旅游产业发展的核心动力

旅游资本投入与旅游产业发展具有显著的相关关系。模型回归结果显示，弹性系数达到 0.311，是考察期内影响最大的因素。这说明，旅游资本投入是云南旅游产业转型的重要影响因子，资本驱动是云南旅游产业发展的核心动力。资本投入由第一阶段的低水平不相关关系转变为第二阶段的高水平相关关系，说明云南省资本要素对旅游产业发展作用越发增强，且对资本投入的依赖性较强。自云南省提出旅游强省战略以来，鼓励大量资本投入旅游项目建设，特别是近年来一些资金实力强的企业纷纷投资云南旅游产业。虽然资本是旅游产业发展必不可少的要素，但是要警惕发展陷入阻变效应的困境，传统的高投入、高消耗的发展模式是难以为继的。

（二）人力资源对旅游产业发展推动不足

人力资源要素与旅游产业发展之间不存在显著的相关关系。模型回归结果显示，且弹性系数仅为 0.022，是考察期内影响最小的因素。这说明，从整体考察期出发，人力资源尚未成为旅游产业发展的推动因素。人力资源由第一阶段的较低水平不相关关系转变为第二阶段的较高水平相关关系，说明云南省人力资源对旅游产业发展的推动作用逐渐显现。云南省目前在旅游人力资源方面存在几个突出问题：一是行业从业者整体素质相对不高，二是高等院校输出的高层次行业人才相对缺乏，三是行业对有关从业者监管不足导致部分不良事件发生。这些原因的存在导致了旅游从业人员整体推动产业转型乏力，没有发挥出相应功效。

（三）旅游资源对旅游产业发展产生影响

旅游资源与旅游产业发展之间具有显著的相关关系。模型回归结果显示，弹性系数为 0.157，是考察期内云南旅游产业发展重要的影响因素之一。这表明，旅游资源可以促进旅游产业发展。旅游资源由第一阶段的低水平相关关系转变为第二阶段的较低水平不相关关系，说明云南省旅游资源对旅游产业发展的驱动作用开始消退。旅游资源是旅游产业的核心要素，关系产业整体发展，云南省作为旅游大省，民族文化丰富，自然景观多样，旅游景点众多，旅游资源禀赋得天独厚，在推动旅游产业发展方面具有天然优势。可是传统粗放的旅游发展模式难以为继，过度依赖旅游资源不利于旅游产业发展，容易陷入发展乏力的困境。

（四）交通条件对旅游产业发展影响较大

交通条件与旅游发展之间存在显著的相关关系。回归结果显示，弹性系数为 0.278，是考察期内对云南旅游产业发展影响较大的因素。这表明，交通条件能够在旅游产业发展过程中发挥积极作用。回归结果显示，交通条件在第一阶段、第二阶段均对旅游产业发展有着显著作用，且弹性系数由 0.233 提高到 0.384，说明云南省交通条件对旅游产业发展的正向效应稳步增强。交通网络是旅游目的地的生命线，多样化、立体化的交通建设能够推动旅游目的地的长远发展。云南省在经济发展过程当中，大力推进基础交通建设，交通条件进一步完善的同时，也间接推动了众多旅游景点的开发，带动了众多旅游目的地发展。从现实来看，云南省交通运输发展迅速，"十三五"期间，综合交通运输发展实现了从"基本缓解"到"基本适应"的重大转变，县域高速公路新增里程 5000 千米、全省累计新建和改建农村公路 10.75 万千米、综合交通建设完成投资 1.15 万亿元，基础交通逐步完善无疑极大地对云南旅游产业发展产生影响。

（五）经济基础对旅游产业发展的影响显著

经济基础与旅游产业发展之间存在显著性相关关系（见表 5 - 7）。回归结果显示，弹性系数为 0.301，在考察期内对云南旅游产业发展影响大小仅次于资本投入要素。这说明，经济基础是旅游产业发展的关键要素，是核心动力之一。回归结果显示，经济基础同样在第一阶段、第二阶段对旅游产业发展存在显著影响，且弹性系数由 0.291 上升到 0.371，说明云南省经济基础对旅游产业发展的正向效应在考察期内始终维持在一个较高水平，且有缓步加强的趋势。经济基础相当于旅游产业的"地基"，反映其发展环境好坏，可在产业链打造、技术引入、产品创新等方面提供动力，是产业转型的重大推力。

表 5 –7　　　　　　　　　　面板数据回归结果

解释变量	模型（1）全阶段	模型（2）第一阶段	模型（3）第二阶段
$\ln K$	0.311 *** (5.65)	0.101 (4.76)	0.528 *** (4.70)
$\ln L$	0.022 (0.85)	0.030 (1.16)	0.129 * (1.70)
$\ln R$	0.157 *** (3.72)	0.106 ** (2.45)	0.051 (0.68)
$\ln T$	0.278 *** (3.71)	0.233 *** (3.42)	0.384 *** (2.83)
$\ln H$	0.301 *** (5.12)	0.291 *** (1.66)	0.371 *** (4.08)
Constant	-0.108 *** (-5.46)	-0.034 * (-1.96)	-0.410 *** (-5.03)
Observations	176	96	80
R-squared	0.92	0.86	0.80

注：括号内为 Z 值，*、**、*** 分别表示通过水平为 10%、5%、1% 的显著性检验。

五、阻变效应

根据前文分析，云南旅游产业发展具有阻滞、转变的现实表现，要素贡献分析发现其中的原因可能是对于粗放型增长模式的长期依赖。路径依赖理论认为，当前的支配制度或技术选择受历史性因素影响（可能是次优选择），一旦某种历史路径被选择，受各种内部、外部因素影响，该路径会得到不断强化从而形成阻止甚至改变。因此，有必要对阻变效应的发展机理进行分析，以便于掌握云南旅游产业发展阻变效应的症结，并有针对性地提出对策建议。

（一）要素阻止的发生机制

产业发展不能仅靠资本、资源等传统要素驱动，也需要培育并激发新的生产要素。"新""旧"要素共同作用，才能高效推动产业发展。前文研究发现，云南旅游产业发展具有传统要素阻止的特征，以下将结合路径依赖理论，对其发生机制进行探讨。

1. 旅游产业发展阻变效应

由路径依赖导致的阻变效应，将导致产业发展面临困境。本书认为，发展阻变也是旅游产业发展过程中的动态特征，反映的是一个动态过程及其演化结果之间的关系。在旅游发展初期，由于产业水平限制和规模扩张需求，资本、劳动力、资源等要素投入能够较好地带动旅游产业发展，在一定的条件下（传导机制），旅游经济依赖于该路径（无论高效或低效）。短期旅游产业水平的持续提升，使产业发展系统的阻变效应继续增强，难以突破传统要素发展模式。基于此，本书建立了旅游产业发展阻变效应模型（见图5-3）。

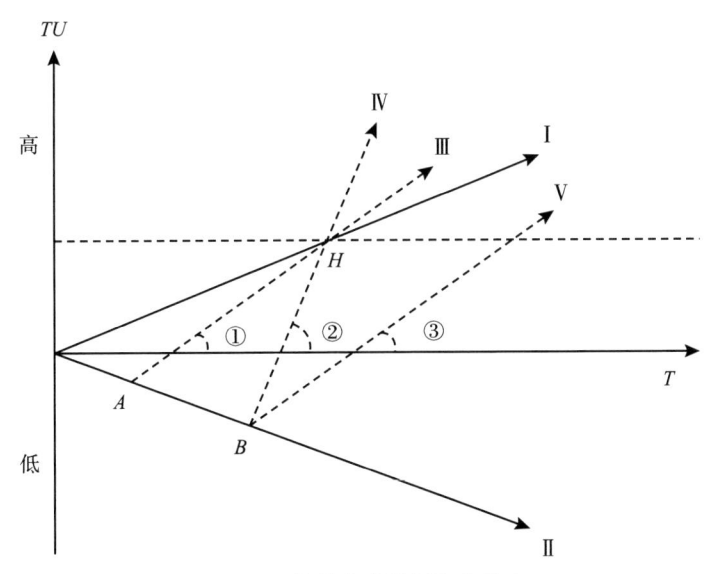

图5-3 旅游产业发展阻变效应

假设旅游产业发展水平与时间呈线性函数关系，TU 表示旅游产业发展水平，T 代表时间，路径 Ⅰ、Ⅱ、Ⅲ、Ⅳ、Ⅴ 分别代表五种演化路径。路径 Ⅰ 表示旅游产业发展保持高水平发展，而路径 Ⅱ 表示旅游产业发展陷入低水平发展。就采取路径 Ⅱ 的产业系统而言，相较于在 A 点改变路径（即选择路径 Ⅲ），在 B 点改变路径（即选择路径 Ⅳ）以达到高水平增长的目标（H 点）更为困难，因为在同样的时间条件下，需要更大的加速度（∠②>∠①）；若在 B 点选择路径 Ⅴ，即保持与路径 Ⅲ 相同的速度（∠③=∠①），则需要花费更多的时间才能达到目标（H 点）。这说明，旅游产业发展如果依赖于路径 Ⅱ，即锁定在低效状态，则产业系统路径突破时间越晚，越积重难返，旅游产业发展的难度越大。

2. 旅游产业发展阻变效应的内在症结

旅游产业发展是一个渐进的动态过程，一般呈现为由低水平向高水平缓慢爬升的态势。然而，无论是现实表现，还是实证结果，云南旅游产业都表现出传统要素发展阻变下的低水平发展模式。那么，问题的内在症结究竟是什么？本书认为，云南省对于传统要素驱动产生阻变效应，导致旅游产业发展水平低效锁定的内在症结在于经济基础薄弱。

旅游产业发展与经济基础具有高度关联性，良好的经济基础为旅游产业发展提供了各种要素支撑。徐杰、魏敏等（2021）研究发现，我国旅游产业发展表现出"东高、中平、西低"的区域不平衡现象，与区域经济基础相符合。[①] 东部地区经济发展水平较高，积累了相当的资金、人力资本、技术水平等，具备了旅游产业发展的良好基础。以云南省为代表的西部地区经济发展水平较低，要素禀赋优势主要是旅游资源丰富，在大众旅游时代的背景下，恰好与庞大的市场需求结合，形成了粗放型、资源依赖型产业发展模式。由于本地经济水平较低，人力资本、技术创新等要素禀赋不足，云南旅游产业过度依赖自然资源、文化资源等传统要素，陷入旅游产业价值链"微笑曲线"中的低附加值环节。[②]

[①] 徐杰，魏敏，杨翼飞. 中国旅游产业升级水平的测度分析［J］. 统计与决策，2021，37(06): 130-133. DOI: 10.13546/j.cnki.tjyjc.2021.06.029.

[②] 周秀芝，郑海武. "微笑曲线"启示——提升旅游产业核心竞争力分析［J］. 山西财经大学学报，2014，36 (S1): 59, 67.

（二）阻变效应的传导机制

阻变效应是旅游产业发展低效锁定的发生机制，报酬递增、学习效应、演化近视、挤出效应是旅游产业发展阻变的传导机制，在发生机制和传导机制的共同作用下，云南旅游产业在强省阶段困难重重。

1. 要素投入呈现规模报酬递增趋势

规模报酬递增是规模经济的一种特殊情况，主要反映产出数量上的变化，但是从效益角度分析，旅游经济的规模报酬递增不一定就等同于规模经济。实证研究发现，云南旅游产业的资本、人力、资源、交通、经济基础要素的弹性系数之和 1.069 > 1，因此要素投入呈现规模报酬递增趋势。旅游要素禀赋优势的存在，加上刺激政策的推动下，较低的要素进入壁垒使得大量资本、劳动力、旅游资源投入旅游产业中，旅游产业的资金密集型、劳动密集型、资源密集型特征明显。在正反馈机制的作用下，粗放型的增长路径与适应性预期匹配，阻变效应的惯性和自增强效果明显，导致粗放型增长得到支持和巩固。

2. 低效率的制度被大量效仿和广泛使用

学习效应和网络效应将使得经济系统内部已经被使用过的低效率的制度被大量效仿和广泛使用，形成强烈的阻变效应。旅游产业壁垒较低和技术成本不高的特点易吸引大批投资者"蜂拥而入"，云南省部分热门旅游资源的开发在为投资者带来可观利润之后，会进一步吸引其他投资者的进入。例如，云南省旅游特色小镇创建中就存在盲目跟风现象，未能结合自身特色进行有效开发，导致亮点不足，难以吸引游客，最终发展止步不前。

3. 经济增长缺乏持续动力

在旅游产业系统演化过程中，由于投资者或决策者目光短浅、缺乏远见，忽视经济增长中的长期要素，经济增长缺乏持续动力。增长动力缺乏的根本原因在于政府和企业对于经济增长规律的认识偏差，主要表现为只注重经济规模，不考虑经济效率。例如，云南省部分地区存在重复建设和保护不当问题，部分地区以扩大旅游产业规模为目标，没有考虑现实存在的旅游目的地屏蔽现象，盲目聚焦于已有的资源开发，对高文化价值、科考价值的深层次旅游资源开发不足，导致产业效率不高。而开发过程中的过分规模导向，又易引致规划不合理，使得旅游资源遭到人为性破坏和建设性破坏。

4. 要素挤出、产业挤出现象严重

挤出效应在经济学中被用于财政分析中，指政府支出增加所引起的私人消费或投资降低的效果。假设把经济系统看作总量一定的要素结构，如果 A 子系统占用要素过多，则将导致 B 子系统可用要素减少，这种情况就是挤出效应。从云南省旅游的外部影响分析，存在要素挤出、产业挤出等现象，例如丽江旅游产业繁荣"挤出"创新要素，过多对老经验、老方法等陈旧模式依赖，"挤出"目的地投资，导致去工业化、去农业化，带来"荷兰病"问题。在旅游经济系统内部，增长要素的挤出效应也是客观存在的。依赖于低水平的发展模式，受资本、资源等要素投入导向影响，对人力资本、技术创新等产生挤出。

5. 新路径安排的转换成本较高

转换成本概念源于管理学，指的是顾客从原来的供应商处购买产品转换到另外一家供应商时所发生的一次性成本。云南旅游产业发展中存在着较高的转换成本，阻碍了产业发展对原有路径的突破。首先，旅游经济系统内部的企业采用高效率的生产方式、生产技术和制度安排，具有高昂的再学习与转移成本。政府组织提供更高效的制度安排也存在重新学习成本，并且其预期效果不明显。其次，云南省旅游企业具有小、散、弱的天然特征，缺乏龙头型企业，受制于企业能力，无力承受新路径安排的转换成本，企业更不愿意承担变革的风险。此外，旅游产业是一个不完全市场，产权不明、市场混乱、信息不对称等现象存在，普遍模仿和知识产权保护不到位，旅游创新成本高，再加上原有路径下大量沉淀成本的存在，导致很难退出原有的开发模式。

第三节　云南旅游产业发展组态机制

一、研究假设

复杂系统理论认为系统发展的结果由多个因素互动产生，不同影响因素间的复杂组合形成系统发展的多元驱动路径;[①] 而组态理论认为,系统发展的结果是由多个因素共同产生,即系统发展存在多条组态路径。[②] 由于现实的复杂性,变量间关系难以用简单二元或多元线性关系表示,且传统线性回归过程中出现的内生性、遗漏变量等问题,[③] 因此组态理论与 QCA 方法得到广泛应用,为产业阶段非对称性关系、并发条件等复杂问题提供更精确的方法。因此,本书利用 fsQCA 模糊集定性组态分析的方法,来研究云南旅游产业发展组态机制,是一种创新尝试。

很多研究在使用 fsQCA 方法时,只关注空间角度的"一维"效应,以"截面"形式剖析现实问题,忽略了因素之间的关联性与协同性。而云南旅游产业各个发展阶段的特征和存在的问题各不相同,单一进行某一年或某一阶段的静态组态研究不能确切反映问题本质,故此,基于云南旅游产业发展的四个阶段特征,针对每个阶段进行独立的 QCA 线性计算,从而更为准确地分析云南旅游产业发展组态机制。由于旅游产业发展会受到多方面的因素影响,结合已有学者的研究理论和研究综述,并且考虑到旅游产业发展过程中涉及的多方面问题,需要从产业自身发展、外部环境支持、产业功能效益三个维度来分析旅游产业系统发展水平。基于此,本书提出以下假设。

假设 5-1（H_1）：云南旅游产业发展驱动和限制机制随着阶段特征影响会由单个前因条件决定;

假设 5-2（H_2）：云南旅游产业发展驱动和限制机制在组态路径上存在差异;

假设 5-3（H_3）：云南旅游产业发展驱动和限制机制在前因条件上存在差异;

假设 5-4（H_4）：云南旅游产业发展驱动和限制在不同阶段的前因条件构型不同。

[①] 杜运周,刘秋辰,陈凯薇. 营商环境生态、全要素生产率与城市高质量发展的多元模式——基于复杂系统观的组态分析 [J]. 管理世界,2022,38 (09):127-145.

[②] Furnari S, Crilly D, Misangyi V F, et al. Capturing Causal Complexity: Heuristics for Configurational Theorizing [J]. The Academy of Management review, 2021, 46 (04): 778-799.

[③] Douglas E J, Shepherd D A, Prentice C. Using Fuzzy-set Qualitative Comparative Analysis for a Finer-grained Understanding of Entrepreneurship [J]. Journal of Business Venturing, 2020, 35 (01): 1-17.

二、数据校准

数据校准是 fsQCA 方法的关键步骤,[1] 是指赋予案例的特定条件集合隶属度的过程,允许将案例数据校准为 0.0~1.0 的集合隶属分数,可分为直接校准法和间接校准法。直接校准法在理论和实践的基础上采用三个定性锚点即完全隶属阈值、完全不隶属阈值、交叉点进行结构化校准,然后使用 fsQCA 软件实现校准;间接校准法是先将案例划分成不同从属等级(假定隶属度),然后确定这些不同级别的初始隶属分数(基于理论与实质性知识以定性方式进行分类),然后使用定距尺度数据对这些隶属分数进行优化。在此借鉴前人的校准方法,采用直接校准法,将各因果变量的 75%、50%、25%分位值记为完全隶属点、交叉点和完全不隶属点,[2] 数据校准结果如表 5-8、表 5-9、表 5-10 所示。

表 5-8　　　　　　　　　　2005 年数据校准

变量名称	校准锚点		
	完全隶属点	交叉点	完全不隶属点
产业自身发展	0.147	0.067	0.011
外部环境支撑	0.229	0.182	0.162
产业功能效应	0.186	0.137	0.084

表 5-9　　　　　　　　　　2012 年数据校准

变量名称	校准锚点		
	完全隶属点	交叉点	完全不隶属点
产业自身发展	0.234	0.162	0.052
外部环境支撑	0.255	0.226	0.190
产业功能效应	0.365	0.227	0.171

---

[1] 杨勇,邹永广,李媛,等.疫情冲击下我国省域旅游经济韧性空间差异与组态影响研究[J].地理与地理信息科学,2022,38(05):111-120.

[2] 黄锐,谢朝武.中国赴东盟地区旅游安全事故风险因子的组态影响探测——基于 HEVP 框架的模糊集定性比较分析[J].经济地理,2021,41(07):202-212.

表 5-10　　　　　　　　　　　2019 年数据校准

变量名称	校准锚点		
	完全隶属点	交叉点	完全不隶属点
产业自身发展	0.301	0.237	0.114
外部环境支撑	0.347	0.307	0.272
产业功能效应	0.537	0.400	0.309

三、因素必要性分析

在进行条件组态充分性分析之前要对各个单因素变量进行必要性分析，即确定必要条件，一般认为当一致性的值高于 0.9 时，即可认为该条件变量是结果变量的必要条件。[①] 利用 fsQCA 软件对云南旅游产业驱动和限制发展水平进行必要性检验，可以得出（见表 5-11、表 5-12）：2019 年产业自身发展（0.9129＞0.9）是云南旅游产业高升级式发展水平的必要条件，其他条件变量的一致性的值均小于 0.9；2012 年非产业功能效应（0.9166＞0.9）是云南旅游产业限制发展水平的必要条件，其他条件变量的一致性的值均小于 0.9。这也从侧面反映出了云南旅游产业驱动和限制发展水平的路径随着阶段性的发展，可能会由某个单一前因条件单独决定，也验证了假设 H_1。

表 5-11　　　　　　云南旅游产业驱动因素必要性分析

条件变量	2005 年		2012 年		2019 年	
	一致性	覆盖度	一致性	覆盖度	一致性	覆盖度
产业自身发展	0.7233	0.7773	0.8587	0.8924	0.9129	0.8790
~产业自身发展	0.3424	0.3247	0.2911	0.2951	0.2239	0.2353
外部环境支撑	0.7407	0.7866	0.0000	0.7751	0.6592	0.6830
~外部环境支撑	0.3325	0.3187	0.3313	0.3309	0.4030	0.3932
产业功能效应	0.7308	0.7456	0.8417	0.9140	0.8271	0.8681
~产业功能效应	0.4007	0.3988	0.3630	0.3531	0.2948	0.2842

注："~"表示逻辑运算的"非"。

[①] 张明，杜运周. 组织与管理研究中 QC2A 方法的应用：定位、策略和方向 [J]. 管理学报，2019，16（09）：1312-1323.

表 5-12　　　　　　　　云南旅游产业限制因素必要性分析

条件变量	2005 年 一致性	2005 年 覆盖度	2012 年 一致性	2012 年 覆盖度	2019 年 一致性	2019 年 覆盖度
产业自身发展	0.2771	0.2933	0.2670	0.2633	0.2651	0.2527
~产业自身发展	0.7897	0.7376	0.8909	0.8568	0.8731	0.9085
外部环境支撑	0.2783	0.2912	0.2940	0.2943	0.3719	0.3814
~外部环境支撑	0.7960	0.7515	0.7754	0.7348	0.6910	0.6675
产业功能效应	0.3867	0.3886	0.2991	0.3082	0.2500	0.2598
~产业功能效应	0.7469	0.7321	0.9166	0.8460	0.8731	0.8333

注："~"表示逻辑运算的"非"。

四、组态充分性分析

利用 fsQCA 算法生成真值表以显示数据集的所有组态状态，参照相关研究建议，[1] 设置原始一致性阈值大于 0.8、PRI 一致性阈值大于 0.73，案例频数阈值为 1 进行充分性分析，进而将真值表简化为有意义的配置。通过模糊集分析可以得到复杂解、简约解和中间解，因为中间解只考虑了简单的反事实分析，纳入符合理论方向预期和经验证据的逻辑余项，合理有据、复杂度适中，因此本节将选择中间解作为解释构型的方案，并结合包括任何可以促成逻辑上更简单的解的反事实组合的简约解进一步区分必要条件和边缘条件。

Ragin 建议组态总体解的一致性应高于 0.75，[2] 按照这个标准水平整体分析表 5-13、表 5-14 所呈现的 7 种组态，可以得出：2005 年云南旅游产业高升级式发展水平组态的总体一致性为 0.438，总体覆盖度为 0.375，说明这种组态的有效性与解释程度较低，且本章第一节分析得出的 2005 年云南旅游产业系统发展水平在此阶段整体都不高，处于建

---

[1] Greckhamer T, Misangyi V F, Elms H, et al. Using qualitative comparative analysis in strategic management research: An examination of combinations of industry, corporate, and business unit effects [J]. Organizational Research Methods, 2008, 11 (04): 695-726.

[2] Ragin C C. Redesigning Social Inquiry: Fuzzy Sets and Be-yond [M]. Chicago: University of Chicago Press, 2008.

设支柱产业初期,项目开发与建设力度还不足,旅游产品尚未完全开发,故其代表性较低,之后的分析中暂不考虑这一种组态。其余5种组态的单个解和总体解的一致性水平均高于0.75,其中旅游产业高升级式发展水平的总体解的一致性最高达到了0.995,旅游产业限制发展水平的总体解的一致性最高达到了1,5种单个组态的一致性均高于0.9,这表明了这5种组态结果的有效性;同时,旅游产业驱动和限制发展水平的总体解的覆盖度均高于0.5,这说明这5种组态的解释程度良好,因此,有理由相信这5种组态路径是导致云南旅游产业驱动和限制发展水平的必要条件。

(一)云南旅游产业发展驱动机制

将云南旅游产业升级发展的3种组态路径(见表5-13)进行总结,可以划分为2种云南旅游产业升级机制:产业优化型驱动(P_2)、产业创新性驱动(P_3、P_4)。

表5-13　　　　　　　　云南旅游产业升级组态路径

条件变量	2005年	2012年	2019年	
	P_1	P_2	P_3	P_4
产业自身发展	■	■	■	■
外部环境支撑	■	—	▲	—
产业功能效应	■	■	—	▲
原始覆盖度	0.375	0.756	0.588	0.806
唯一覆盖度	0.375	0.756	0.092	0.310
一致性	0.944	0.995	0.952	0.974
总体覆盖度	0.375	0.756	0.898	
总体一致性	0.438	0.995	0.949	

注:P_1、P_2、P_3、P_4分别为路径1、路径2、路径3和路径4;■代表核心条件存在;▲代表边缘条件存在;—代表条件未显示。

1. 产业优化型驱动

路径P_2指出以产业自身发展和产业功能效应为核心条件可以充分实

现云南旅游产业升级发展水平，其典型案例地是昆明、迪庆、丽江、玉溪、德宏、临沧。一方面，这几个地州位于中西部，根据4A级景区数、世界遗产数、人均GDP等数据显示自身旅游资源丰富、地区经济水平较为发达，从而为云南旅游产业发展升级提供支撑，推动了云南旅游产业发展升级进度；另一方面，这些地州的环境建设效果显著，良好的产业功能效应辅佐强大的产业自身发展，进而实现旅游产业高水平升级式发展。

2. 产业创新型驱动

产业创新型驱动是指以产业自身发展为核心条件、分别以外部环境支撑和产业功能效应为边缘条件进行发展，从而充分实现云南旅游产业升级发展水平。路径 P_3 表明在保证产业自身发展的基础上逐渐提高外部环境的支撑力，可以有效提高旅游产业发展水平，其典型案例地为红河、楚雄、曲靖、昭通、保山，在这一路径上可以看到机场及火车站数量、等级公路里程等单一要素的效用逐渐显著，例如以楚雄州为例，2019年其机场及火车站数量为15个，处于云南省第3位，等级公路里程也达到了19163.9千米，处于云南省第5位，这些强有力的外部支撑条件辅以自身发展水平，进而实现旅游产业高升级式发展水平；路径 P_4 表明在保证产业自身发展的基础上逐渐提高产业功能效应，可以有效提高旅游产业发展水平，其典型案例地为大理、西双版纳、文山、普洱、怒江，在这一路径上可以看到旅游外汇收入、人均公园绿地面积等单一要素的效用显著，例如以西双版纳州为例，2019年旅游外汇收入达到了6.66亿美元，处于云南省第2位，人均公园绿地面积达到了13.33平方米，也处于云南省第2位，可见以产业自身发展为主，以产业功能效应为次，可以更好地实现旅游产业高升级式发展水平。

（二）云南旅游产业发展限制机制

将云南旅游产业限制发展水平的2种组态路径（见表5-14）进行总结，可以划分为2种云南旅游产业发展限制机制：服务支撑能力限制（P_5）、整合优化能力限制（P_6）。

表 5-14　　　　　云南旅游产业发展限制组态路径

条件变量	2005 年	2012 年	2019 年
	P_5	P_6	P_5
产业自身发展	⊗	⊗	⊗
外部环境支撑	⊗	⊗	⊗
产业功能效应	—	⊗	—
原始覆盖度	0.639	0.664	0.594
唯一覆盖度	0.639	0.664	0.594
一致性	0.969	1.000	0.973
总体覆盖度	0.639	0.664	0.594
总体一致性	0.969	1.000	0.973

注：P_5、P_6 分别为路径 5、路径 6；⊗代表核心条件不存在；—代表条件未显示。

服务支撑能力限制是指在产业自身发展和外部环境支撑等核心条件缺失的背景下，旅游产业基础保障能力差，且缺少外部支撑条件。例如云南省旅游负面事件影响和市场整治失效等问题，如"霸王合同""导游辱骂游客""导游赶游客下车"等一系列事件的发生，对云南旅游产业的发展带来了极大的负面影响，导致游客丧失前往云南省旅游或重游的想法。而整合优化能力限制机制是在产业自身发展、外部环境支撑为核心条件缺失的基础上，缺失了产业功能效应这一核心条件，例如旅游资源的分布不均匀，如 A 级景区聚集分布在以昆明和大理为中心的地理区位、景区门票价格管理手段在当前门票管理中阻力和难度大，并且我国各地区经济发展阶段和各级政府财政状况的不同，造成了云南省在实施成本补贴时面临范围差异化的存在。在产业自身发展较差的情况下，外部环境支撑和产业功能效应也没有得到很好的发展，3 个核心条件变量都缺失，极大地限制了云南旅游产业升级。

五、组态机制演化分析

从图 5-4 可以看出，在云南旅游产业发展的不同阶段，旅游产业驱动和限制发展水平的组态路径不同，这验证了假设 H_2 的正确性；其条件变量也存在差异，这验证了假设 H_3 的正确性；并且在不同的发展阶段条件变量的构型也不相同，这验证了假设 H_4 的正确性。

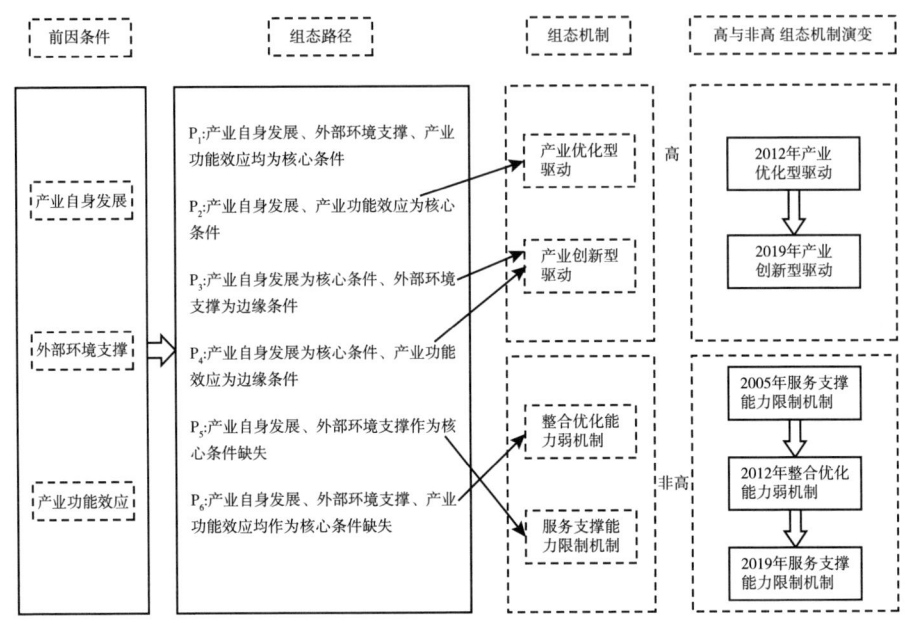

图 5-4　云南省旅游产业组态机制演变

（一）组态机制的内容分析

在不同的发展阶段，旅游产业驱动机制和限制机制在组态机制上存在差异。

1. 驱动组态机制的核心条件变化特征显著

由 2005 年建设支柱产业初期旅游产业升级水平较低、所产生组态的有效性与解释程度较低转变为 2012 年的产业自身发展和产业功能效应 2 个核心条件，再转变为 2019 年的单独以产业自身发展作为核心条件、分别以外部环境支撑和产业功能效应作为边缘条件，侧面反映出产业自身发展这一关键要素的作用逐渐显著，对于当前旅游产业高质量发展具有较大的影响。

2. 限制组态机制的核心条件长期缺失

由 2005 年的产业自身发展和外部环境支撑 2 个限制性核心条件，转变为 2012 年的产业自身发展、外部环境支撑和产业功能效应 3 个限制性核心条件，再转变为 2019 年的产业自身发展和外部环境支撑 2 个限制性核心条件，具体来看产业自身发展和外部环境支撑这两个核心条件一直都处于缺失状态，这在很大程度上阻碍了云南旅游产业的高水平升级。

（二）组态机制的演化过程

进一步梳理近 20 年来不同阶段云南旅游产业发展组态机制，可以发现云南旅游产业驱动升级机制逐渐由产业优化驱动到产业创新驱动演变，经济基础、交通条件、环境等基础要素的效用对云南旅游产业驱动发展水平的提高逐渐显著。一方面，在完善的基础设施、较发达的经济水平等硬性要素的影响下，云南旅游产业驱动发展水平达到相对高值；另一方面，当地的环境基础、人文基础等条件也为其旅游产业驱动发展水平奠定了基础。而云南旅游产业限制机制也逐渐由服务支撑能力限制转变到整合优化能力弱，再重新转变到服务支撑能力限制，这表明在云南旅游产业升级式发展过程中，随着旅游基础设施的改善、技术效率的提升、产业政策的支持等外部因素的改进，云南旅游产业的自身发展结构的升级和外部环境支撑的升级成为限制其旅游产业升级式发展水平提高的关键所在。

（三）组态机制的发展研判

1. 云南应加大旅游投资

云南省缺少旅游大项目、缺乏旅游航母企业、缺乏旅游开发资金。云南省委书记陈豪指出，全国 111 家旅游类上市公司中云南仅有 2 家，中国百强旅行社和旅游集团中云南无一家入围。上海建迪士尼，山东建海泉湾、方特欢乐世界，仅方特新建的 19 个项目总投资就达 1100 亿元，大项目对拉动经济的作用是非常明显的。但是，云南旅游项目投资低于全国大部分地区，排名第 20 位。西部大开发战略促使陕西、四川、重庆旅游投入加大，但云南已落后于部分西部地区。云南旅游资源丰富但旅游投资及开发效率明显低于东部地区，表明云南旅游产业结构升级相对滞后，已成为其发展的瓶颈。审视中国旅游产业现阶段的发展，可以发现增长因素已不仅仅在于资源和劳动力，云南省若想使旅游产业成为国民经济的战略性支柱和人民群众满意的现代服务业，就必须充分意识到资本投入和技术进步的重要作用。

2. 云南应提升中心城市地位

昆明市作为云南乃至西南地区的中心城市，由于高端旅游供给不足、基础设施配套不足、综合消费平台不足等问题，当前昆明已经从全省的旅游目的地，沦落为旅游过境地。许多游客到春城昆明后直接前往大理、丽江、西双版纳和腾冲等地，昆明旅游总收入仅为成都的35%，甚至不足贵阳的七成。昆明具有气候宜人、历史文化底蕴浓厚、滇池湖光山色、沿边开放都市四大有利条件，但是开发力度不够，特色挖掘不显著。虽然昆明很多旅游资源有很好的品牌基础，例如"春城"品牌形象、滇池大观楼、云南陆军讲武堂、金殿等，但在历史文化品牌与旅游产业的结合上却没有找到很好的结合点。昆明的主要景区景点缺少震撼力，城市旅游目的地尚未形成。成都的旅游产业过去不如昆明，现在却走在了昆明前面，其中一个重要原因就是成都城乡旅游互动发展搞得比昆明好，成都在城市旅游与乡村旅游的互动发展方面所取得的成就值得借鉴。昆明市在大型旅游吸引物建设上一直缺乏突破。

3. 云南应提高旅游产品层次

云南旅游产业的有效供给和高端供给严重不足，旅游和相关基础设施配套建设不完备，传统观光旅游产品比重较高，休闲度假等新业态新产品还较为缺乏。这主要是由于云南全省还未完全跳出传统资源开发和运作模式，高品质旅游娱乐活动较为匮乏，旅游商品种类偏少，观光旅游产品占主导的格局还未发生根本性转变，基本还停留在靠门票、靠资源吃饭的层次，转型升级步伐缓慢，旅游综合效益不高。昆明、大理、丽江、西双版纳、腾冲等旅游热点地区，传统景区日益老化，新产品、新业态开发不足。许多资源富集的旅游区基础设施、公共设施、配套服务缺位，致使备受游客青睐的民间兴建的特色客栈、餐馆、民宿等因为缺乏政府建设的排污设施、环保设施、安全设施等，在开发建设后面临停业、取消、整顿等。旅游开发建设缓慢，配套设施不够完善，区域旅游发展不平衡，旅游供给能力不足。

4. 云南应深度挖掘文化

云南的民族文化、历史文化、边地文化、古道文化、抗战文化、宗教文化、生态文化、农耕文化等，在全国、全世界都独具一格，极具魅力。但是，云南省的旅游产品文化内涵体现不够，民俗风情庸俗化导致文化的"原真性"丧失，对富有文化内涵的旅游产品的肤浅解读，导致开发出的旅游产品文化内涵体现不够。云南文化的特色和魅力在于其地域性、民族性、多元性、开放性、包容性，在于其和而不同、和衷共济，在于其各美其美、美人之美、美美与共。云南省委书记陈豪指出，云南急需锻造"大而强、精而优、特而魅"的文化旅游竞争力。随着现代信息化技术的发展，"文化+互联网+旅游"推动旅游发展模式的变革，文化旅游、智慧旅游成为旅游发展不可回避的新浪潮。云南民族歌舞独具特色，《云南印象》《印象丽江》《傣秀》等旅游演艺产品全国知名。然而许多民族歌舞仍有待挖掘。

5. 云南应吸引经营人才

云南旅游缺乏高端管理运营人才，普通从业人员素质偏低，行业管理人员专业化水平低。旅游人才平均素质不高与专业化程度低，许多高A级旅游景区、知名品牌酒店，特别是规划设计、咨询管理、经营管理、文化娱乐等人才严重短缺，高层次旅游人才和富有经验的从业人员青黄不接现象突出。现代科技在旅游产业中的运用有待进一步提升和整合，旅游信息化投入不足、发展质量不高和不配套的矛盾较为明显，缺少全省的统一平台和规范指导。云南省一些地区单体资源很好，但如果没有大旅游目的地的影响力，很难成大势。基于此，整合优化全省旅游资源，突破区域分割、行业壁垒的限制，推动资金、资源、人才、技术等生产要素集聚在旅游优势区域、优势景区和优势景点，助力分散的景区景点和旅游资源串联成线、连成片，形成集群性发展的旅游目的地。

本 章 小 结

当前形势下云南旅游产业要实现高质量发展目标，应当厘清资本、资源等传统要素在旅游系统中的功能定位，加强培育并激发新的生产要素，让"新""旧"要素形成合力，高效推动产业升级。通过对云南旅游产业发展系统进行综合评估分析，发现当前云南旅游系统尚未进入衰退期，无须进入转型战略，但受升级阻变效应影响，云南旅游产业在重组阶段陷入"阻变陷阱"。从阻变效应来看，在其发生机制方面，由于过度依赖自然资源、文化资源等传统要素，云南旅游产业系统路径被锁定在低效状态，经济基础薄弱是其升级阻变效应的内在症结；在传导机制方面，要素（资本、人力、资源、交通、经济基础等）投入呈现规模报酬递增趋势、低效率的制度被大量效仿和广泛使用、经济增长缺乏持续动力等构成传导机制，产生强烈的阻变效应。从云南旅游产业升级组态充分性来看，云南旅游产业升级机制主要包括产业优化型驱动与产业创新性驱动两种组态路径；而服务支撑能力限制与整合优化能力限制两种组态路径是云南旅游产业发展的核心限制机制。云南应尽快建立以加强旅游投资、提升中心城市地位、提高旅游产品层次、深度挖掘文化、吸引经营人才为核心的组织机制。

第六章

云南旅游产业形象感知差异分析

自20世纪80年代以来，云南省针对旅游市场需求，结合自身旅游资源特色与优势，在不同时期推出了具有针对性的旅游目的地宣传内容。本章通过对不同阶段网络语义的研究，选取马蜂窝和携程网站上有关云南旅游的游记，借助爬虫工具、内容分析法以及IPA分析法，从时空维度探究了云南旅游目的地形象感知的演化过程。通过对云南各州市ASA定位分析发现，处在竞争优势区的昆明、丽江和大理，是关注度较高、旅游发展较为成熟的地区；处在竞争机会区的红河、迪庆、曲靖、玉溪，虽然关注度较低，但未来将成为云南省新崛起的旅游目的地；处在修补区的西双版纳和保山、腾冲等地，网络关注度较高但游客的体验较差满意度较低。通过对当前阶段网络语义的分析，研究结论印证了在旅游强省阶段游客对"有一种叫云南的生活"的旅游感知形象。

第一节 旅游感知研究设计

一、云南旅游形象感知

自20世纪80年代以来，在国内旅游产业起步的同时，云南的旅游产业也因其独特的资源优势而快速崛起。但是由于云南省地理位置相对偏僻，经济发展又较为落后，旅游交通不便，云南省旅游的国内外知名度小，影响力弱，吸引国内外游客较少。因此，云南旅游产业发展的重要任务之一就是提高云南的知名度，推出具有吸引力的云南旅游目的地形象，吸引更多的海内外游客。

（一）初期形象——"神奇迷人彩云南"

20世纪八九十年代，我国的旅游产业开始发展，云南省依托高山大川、独具特色的自然资源，推出了"神奇迷人彩云南"的旅游目的地形象。这一阶段主要突出自身的神奇自然景观、神秘边陲文化、迷人民族风情等资源优势，推出了一系列以观光旅游为主的民族特色、边境风情特色鲜明的旅游产品，满足了游客观赏独特自然景观的需求，吸引了一大批海内外游客。

（二）中期形象——"永远的香格里拉"

在20世纪90年代中后期，云南旅游产业发展迈上了新的台阶，进入支柱产业阶段。伴随着工业化和城市化进程的加快，人民群众的生活节奏加快、生活压力激增，更多的游客在出游时开始追求舒适宜人的自然环境、放松身心的愉悦体验。在这一时期云南省政府将香格里拉作为宣传重点，打造了"永远的香格里拉"的旅游目的地形象。借助"永远香格里拉"这一旅游目的地形象，云南省的国内外旅游知名度迅速提升，极大地突出了云南省的旅游资源特色，加之1999年世界园艺博览会在昆明的召开，这一主题形象迅速享誉全球，大批海内外旅游者慕名而至。

（三）近期形象——"七彩云南，旅游天堂"

到了21世纪，随着国内经济社会的发展，人民生活状况改善，开始逐渐追求更高层次的旅游消费产品，休闲度假和健康养生开始成为人们新兴的旅游需求。云南省也及时顺应需求的变化，将云南省旅游目的地资源进行整合，着力打造推出了"七彩云南，旅游天堂"的旅游目的地形象，重点强调休闲度假和健康养生旅游项目的建设，并结合原有的气候资源、民族文化资源优势，优化云南省旅游设施和旅游服务供给质量，为游客提供更高质量的旅游产品。

二、数据来源

（一）网络游记采集

本书以云南省16个地州市（包括昆明市、曲靖市、玉溪市、昭通市、丽江市、普洱市、保山市、临沧市、楚雄州、红河州、迪庆州、文山州、西双版纳州、大理州、德宏州、怒江州）为研究对象。当前的旅游社交媒体平台包括携程网（Ctrip）、同程旅行、飞猪、马蜂窝、驴妈妈、途牛（Tuniu）、去哪儿（Qunar）、艺龙（eLong）、穷游（Qyer）、要出发等，其中携程和马蜂窝率先开通游记功能，因此在这两个网站上发布的游记远远超过了其他旅游网站，能获取更大的样本框，游记发布数量相对较多、游记信息较为完整，故研究选择携程网和马蜂窝作为采集对象，借助爬虫工具采集游记信息。本书以"云南"为关键词，选取马蜂窝上有关云南旅游的游记，时间从2010~2023年。由于马蜂窝在2012年前发布的游记数量较少，本书选取携程网上发布的2001~2012年云南省16个地州市的游记作为补充。

为保证游记质量，在获取的游记文本数据中按照以下原则进行筛选。[①] 第一，剔除不完整游记。内容完整的游记应包括行程线路介绍、景点风貌描述、个人观感分享三方面内容。第二，剔除广告游记与主管部门游记。剔除当地酒店、餐厅、景点、导游等发布的以招揽消费者为目的的游记。剔除当地文旅局发布的景点介绍、旅游贴士、节日庆典介绍等信息。第三，剔除代表性低的游记。为了保证游记的真实性、可靠性以及游记的代表性、影响性，仅保留游记阅读量高于1000或点赞数与回复数超过30的游记。第四，剔除重复游记、诗歌散文游记、归并连载游记。剔除因携程网激励制度造成的个人发布内容雷同游记、归并按照行程或出行天数发布的连载游记、剔除诗歌、散文等形式的游记。

参考前期划分的云南旅游发展阶段，将采集到的游记按照时间阶段划

---

① Barich H, Kolter P. A framework for marketing image management [J]. Solan management review, 1991, 32 (02): 94.

分，获得筛选处理后的游记支柱产业阶段2000~2005年55篇、二次创业阶段2006~2012年196篇、旅游强省阶段2013~2019年213篇，2020~2023年7月443篇，共计907篇（见表6-1）。

表6-1　　　　　　　　　网络游记采集情况

发展阶段	发布时间	游记（篇）
支柱产业阶段	2000~2005年	55
二次创业阶段	2006~2012年	196
旅游强省阶段	2013~2019年	213
	2020年至2023年7月	443

资料来源：作者根据携程网（Ctrip）和马蜂窝数据整理绘制（表6-1、表6-3至表6-6同）。

携程网网站创建于1999年，最早能搜集到的有关云南旅游的游记时间为2000年，因此1978~1994年的旅游创业阶段在此不作分析。

（二）前期处理

ROST CM6软件具有自动分词处理、中英文词频分析、社会网络分析和语义分析等多种文本分析功能。其下载量超过10万次，使用ROST CM软件作为研究工具的核心级文章超40篇，尤以旅游领域为甚。[1] 本书使用ROST CM6作为文本处理软件，使用其分词与词频统计功能制作高频词汇表，使用其社会网络和网络语义分析功能制作网络语义图。

为保证文本质量，在获取的有效游记与旅游投射形象文本中按照以下原则进行处理。

第一，合并、替换近义词与同义词。将语义相同的词语进行合并处理，统一地名、景点名称。如"翁丁村"和"翁丁寨"合并为"翁丁村"，"高反"和"高原反应"合并为"高原反应"，"云大"和"云南大学"合并为"云南大学"，"版纳"和"西双版纳"合并为"西双版纳"等。

第二，建立自定义词典。建立包括地名、景区景点名、少数民

---

[1] 王维晴.基于网络文本分析的旅游目的地形象感知研究［D］.南昌：江西财经大学，2019.

族词汇、食品名等专有名词的自定义词表，避免如"土司""树包塔""秋那桶""腊排骨""金马碧鸡坊""松赞林寺"等词语被拆分为单个字词。

第三，建立词汇筛选表。筛除游记中无意义的代词、副词、助词、动词、连词、量词、英文单词、拟声词、语气词、表情符号、标点符号等，如"来""下午""一路""一片""当地""到达""人们"等。

第四，建立高频词汇表。在进行如上处理后，将 ROST CM6 分词所得结果进行词频统计，得到云南省旅游目的地历时演化的高频词汇表。

三、内容分析

（一）旅游目的地形象类目构建

本书选择内容分析法对采集到的与云南相关的网络游记进行分析。内容分析法是将研究者本人作为研究工具，对搜集到的资料进行归纳分析并梳理研究框架，最终形成研究解释的过程。[①] 内容分析法的第一步是划分类目，要保证各类目定义清晰、覆盖全面、相互排斥、可信度高。在相对成熟的研究领域，类目构建可采用已有的类别体系。本书的内容分析类目建立参考大量以内容分析法研究旅游目的地形象的文献，在采用已有类别体系的基础上，将云南省实际情况纳入考量，并把云南省旅游目的地形象归为 5 个一级类目和 18 个二级类目如表 6-2 所示。

对云南省旅游目的地形象的分析中，在对采集到的网络游记文本内容进行描述性分析的同时，利用 ROST CM6 软件对相关内容出现的词频进行统计分析，从云南省的旅游吸引物、基础设施、社会环境、情感态度、位置区划等角度着手，考察以云南省作为旅游目的地的形象感知，并通过纵向比较分析云南省的整体旅游目的地形象的历史演变。

---

① 陈向明. 质的研究方法与社会科学研究 [M]. 北京：教育科学出版社，2000.

表6-2　　　　　　　云南省旅游目的地形象类目构建

一级类目	二级类目	一级类目	二级类目
旅游吸引物	自然景观	社会环境	服务质量
	人文景观		价格水平
	特色美食		居民态度
	民族历史文化		气候地形
基础设施	旅游设施	情感态度	整体氛围
	住宿设施		积极态度
	旅游交通		中性态度
	旅游消费		消极态度
位置区划	地理位置		
	行政区划		

（二）旅游目的地感知形象演变

大量已有研究证明UGC即用户生成内容的词频分布符合长尾理论，而网络游记属于UGC，表明高频词可以有效反映游记的重要信息，因此提取高频词已成为网络游记文本分析的主要手段。[①] 大多数学者仅通过高频词对旅游目的地的形象现状进行分析，但也有部分学者通过提取高频词，从时空演变维度上探究旅游目的地形象的演化情况。[②]

本书的主要目的也是通过提取高频词，从时空维度探究云南省旅游目的地形象的历时性演变。首先，借助ROST CM6进行高频词的统计分析，筛选出排名在前300的词汇作为高频词。其次，借助已构建完成的云南省旅游目的地形象类目将高频词进行归类匹配。同时依据前期云南省旅游发展阶段历程划分，将采集到的云南旅游相关的网络游记进行阶

[①] 徐菲菲，刺利青，Ye Feng. 基于网络数据文本分析的目的地形象维度分异研究——以南京为例 [J]. 资源科学，2018，40（07）：1483-1493.

[②] 程德年，周永博，魏向东. 旅游目的地意象固化与更新的动力机制研究——以苏州为例 [J]. 旅游学刊，2017，32（02）：42-52.

段划分，分析各个年份不同维度权重及高频词分布情况，具体分析各个不同的阶段云南省旅游发展的具体特征。最后，从整体视角回顾云南旅游形象的历时性演变特征。

四、关注度-满意度分析

（一）IPA分析模型

IPA分析法即重要性-绩效表现分析法，经常被应用于交通、住宿、酒店、餐饮等服务业领域。本书在参照前人研究的基础上[1][2]，尝试构建了"关注度-满意度"分析模型（见图6-1、图6-2），用来对旅游目的地的关注情况和游客满意情况进行分析。具体的评价步骤如下：首先，通过公式计算确定关注度和满意度的具体取值范围。其次，将相关数据导入SPSS分析软件，计算得出关注度与满意度的平均值，以这两个值作为标准划分出"关注度-满意度"图示的四个象限区域。最后，以SPSS软件绘制出各旅游目的地数值分布的散点图，确定其在四象限中的位置。

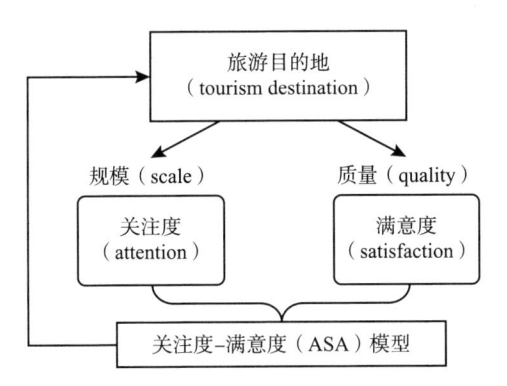

图6-1　旅游目的地评价模型研究框架

---

[1] 戴光全，肖璐. 基于区域联系和IPA的节事游客地方认同空间特征——以2011西安世界园艺博览会为例［J］. 人文地理，2012，27（04）：115-124.

[2] Ivan K, Michaei H. Importance-performance analysis in tourism: a framework for researchers ［J］. Tourism management，2015，48（01）：242-267.

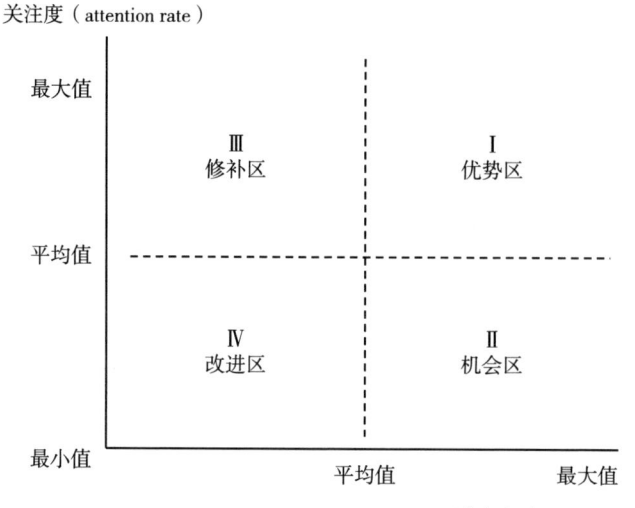

图6-2 关注度-满意度分析（ASA）模型

（二）网络关注度

当前旅游目的地网络关注度的评价测算主流方法有两种：一种是直接采用百度指数或者谷歌指数来反映用户对目的地的关注程度；另一种则是采用网络游记数据或者是目的地景区的游客评论数据来表征旅游目的地网络关注度。本书选择后一种方法即旅游目的地景区的评论数量，评论数量越多则该目的地的网络旅游关注度越高。

$$A_i = \frac{X_i}{\sum X_i} \times 100 \qquad 式（6-1）$$

其中，X_i为i目的地景区评论数。

（三）网络满意度

当前测算网络满意度的方法主要是通过对抓取到的网络文本中的自然语言表达进行情感、语义分析处理，借助情感分析软件 ROST EA 对采集到的旅游目的地景区评论文本中的正面情感表达数量和负面情感表达数量进行计量统计分析。

$$S_i = \frac{P_i}{P_i + N_i} \times 100 \qquad 式（6-2）$$

P_i 为 i 景区网络评价中的正面情感表达数，N_i 为 i 景区网络评价中的负面情感表达数。

第二节 旅游感知综合评价

一、高频词的演变

（一）不同阶段的网络语义

游客出游时刻都离不开地理位置因素，不论是旅游目的地所处的行政区划位置，还是游览时目的地所处具体位置。在前 300 位高频词汇中，位置、海拔、山顶、方向等关于地理位置的词几乎在每篇游记中都被提及。可见地理位置因素影响着游客出游的全过程。地理位置偏僻难以找寻会给游客出游带来不好的体验，如游记样本中提到"我们住的地方离古城新大门不远，店家教我们到古城中心的方向。出发前，定位了目的地的位置，就顺着方向去了。谁知道扑了个空，在地图上显示的位置怎么找也找不着，问了周围的人，每个人指的方位都不太相同。高德、百度、马蜂窝地图都研究过后，饥肠辘辘的我们还没有找到正确的位置"。

旅游的本质是人们因自身、商务或职业需求而到达自己常驻地以外的地方的一种社会经济文化的现象。离开惯常居住环境使得游客们到达自己常驻地以外的地方时，不可避免地需要关注地理位置因素，尤其是游客在前往景区景点、住宿酒店的过程中。

在各阶段行政区划排名前 10 位的高频词汇（见表 6-3）中，支柱产业阶段涉及相关的词汇有丽江、香格里拉、大理、昆明、上海、广州、西藏、北京、迪庆、深圳。其中丽江、香格里拉、大理、昆明、迪庆是这一阶段云南省相对热门的旅游目的地，而上海、广州、北京、深圳这些发达城市是游客的主要来源地，西藏则可能是与香格里拉相关的游客计划中的下一个旅游去处。结合语义网络图（见图 6-3）来看，支柱产业阶段，云南省主要旅游目的地以丽江和香格里拉为绝对中心，而其他地州市还尚未能够形成吸引游客的目的地。

表6-3　　　　　　　　　各阶段行政区划高频词　　　　　　　　单位：次

支柱产业	二次创业	旅游创业 (2013~2019年)	旅游创业 (2020~2023年)
丽江 (567)	丽江 (2297)	大理 (6067)	大理 (2094)
香格里拉 (185)	昆明 (762)	丽江 (3524)	丽江 (1526)
大理 (162)	大理 (640)	昆明 (2142)	昆明 (1412)
昆明 (141)	北京 (179)	西双版纳 (416)	西双版纳 (922)
上海 (50)	香格里拉 (138)	成都 (358)	芒市 (448)
广州 (38)	西双版纳 (130)	北京 (305)	景洪 (220)
西藏 (35)	成都 (111)	怒江 (196)	红河 (182)
北京 (27)	上海 (86)	上海 (140)	瑞丽 (149)
迪庆 (27)	景洪 (71)	西藏 (130)	缅甸 (141)
深圳 (13)	怒江 (68)	迪庆 (98)	玉溪 (137)

注：括号中数字为高频词出现次数。

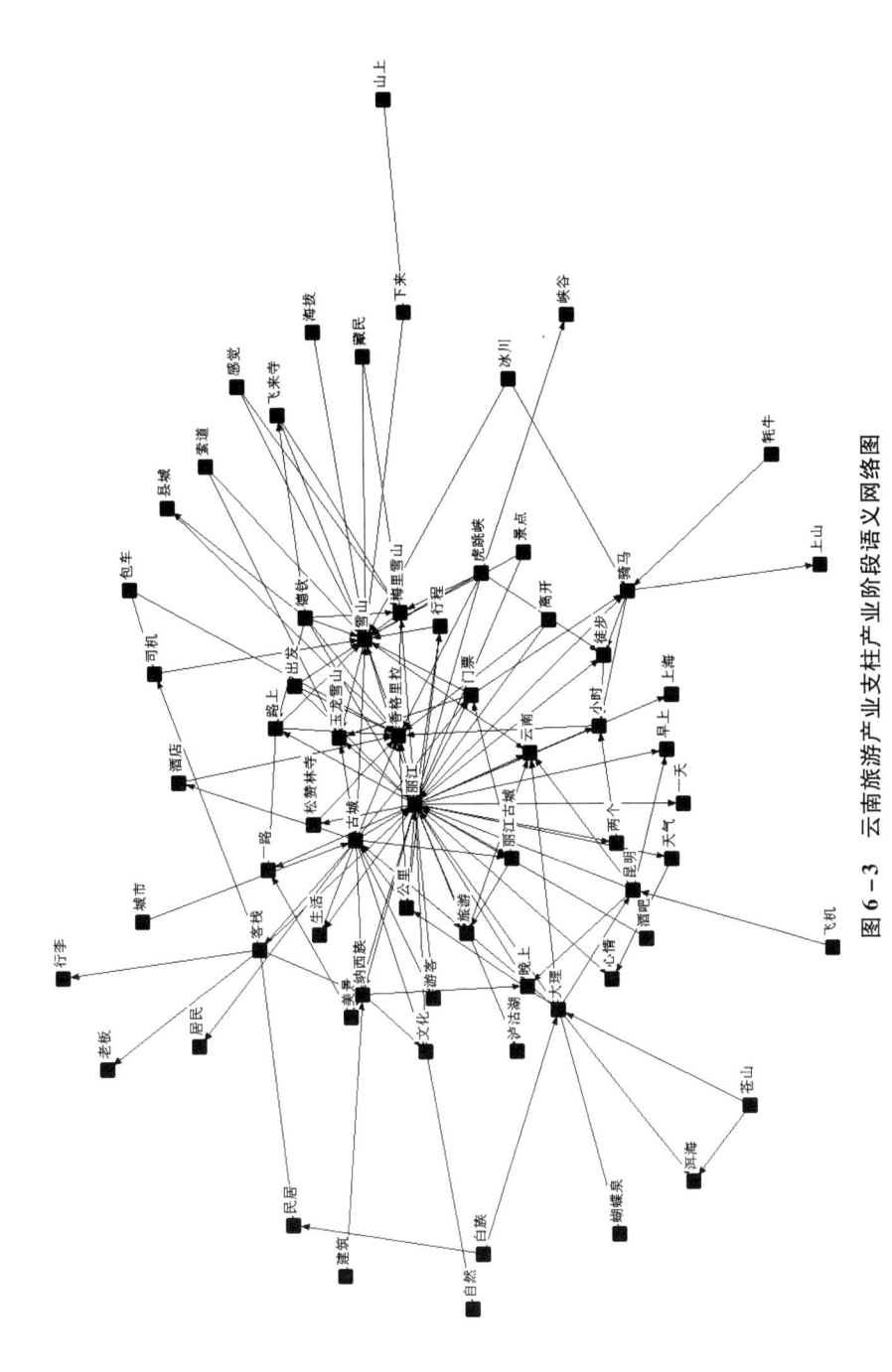

图 6-3　云南旅游产业支柱产业阶段语义网络图

资料来源：根据携程网（Ctrip）和马蜂窝数据整理绘制（图 6-3 至图 6-7 同）。

二次创业阶段涉及的词汇有丽江、昆明、大理、北京、香格里拉、西双版纳、成都、上海、景洪、怒江。其中丽江、昆明、大理、香格里拉、西双版纳、景洪、怒江是这一阶段云南省相对热门的旅游目的地，而北京、成都、上海是游客的主要来源地。结合语义网络图（见图6-4）来看，丽江、昆明、大理成为这一阶段云南省的一级旅游目的地中心，而香格里拉逐渐式微，成为二级旅游目的地中心。

旅游创业阶段2013~2019年涉及的词汇有大理、丽江、昆明、西双版纳、成都、北京、怒江、上海、西藏、迪庆。结合语义网络图（见图6-5）来看，大理开始超越丽江、昆明，成为云南省更为热门的旅游目的地。

旅游创业阶段2020~2023年涉及的行政区划相关词汇有大理、丽江、昆明、西双版纳、芒市、景洪、红河、瑞丽、玉溪等。结合语义网络图（见图6-6）来看，这一阶段西双版纳逐渐开始成为云南省较为热门的旅游目的地，其中缅甸是与之相关的词汇。并且这一阶段云南省的旅游热点目的地呈现分散且全面发展的趋势，芒市、红河、瑞丽、玉溪在前三个阶段的高频词中都没有出现，而疫后游客的出游增加、消费习惯发生变化，给这些旅游目的地带来新的变化和发展机遇。

（二）旅游吸引物高频词

通过对各阶段云南省旅游网络游记中提及的旅游自然景观吸引物进行统计，得出支柱产业阶段频率排在前10位的自然吸引物为虎跳峡、梅里雪山、峡谷、玉龙雪山、泸沽湖、苍山、洱海、碧塔海、金沙江、明永冰川。排在前10位的人文吸引物为纳西族、酒吧、松赞林寺、飞来寺、民居、四方街、佛寺、束河古镇、木府、大理古城。这些吸引物基本全部集中于香格里拉、丽江和大理。

二次创业阶段频率排在前10位的自然吸引物为泸沽湖、虎跳峡、玉龙雪山、拉市海、洱海、梅里雪山、神瀑、石林、峡谷、卡瓦格博峰。排在前10位的人文吸引物为酒吧、双廊、束河古镇、四方街、木府、松赞林寺、飞来寺、表演、喜洲古镇、佛寺。这些吸引物集中于丽江、大理和香格里拉。

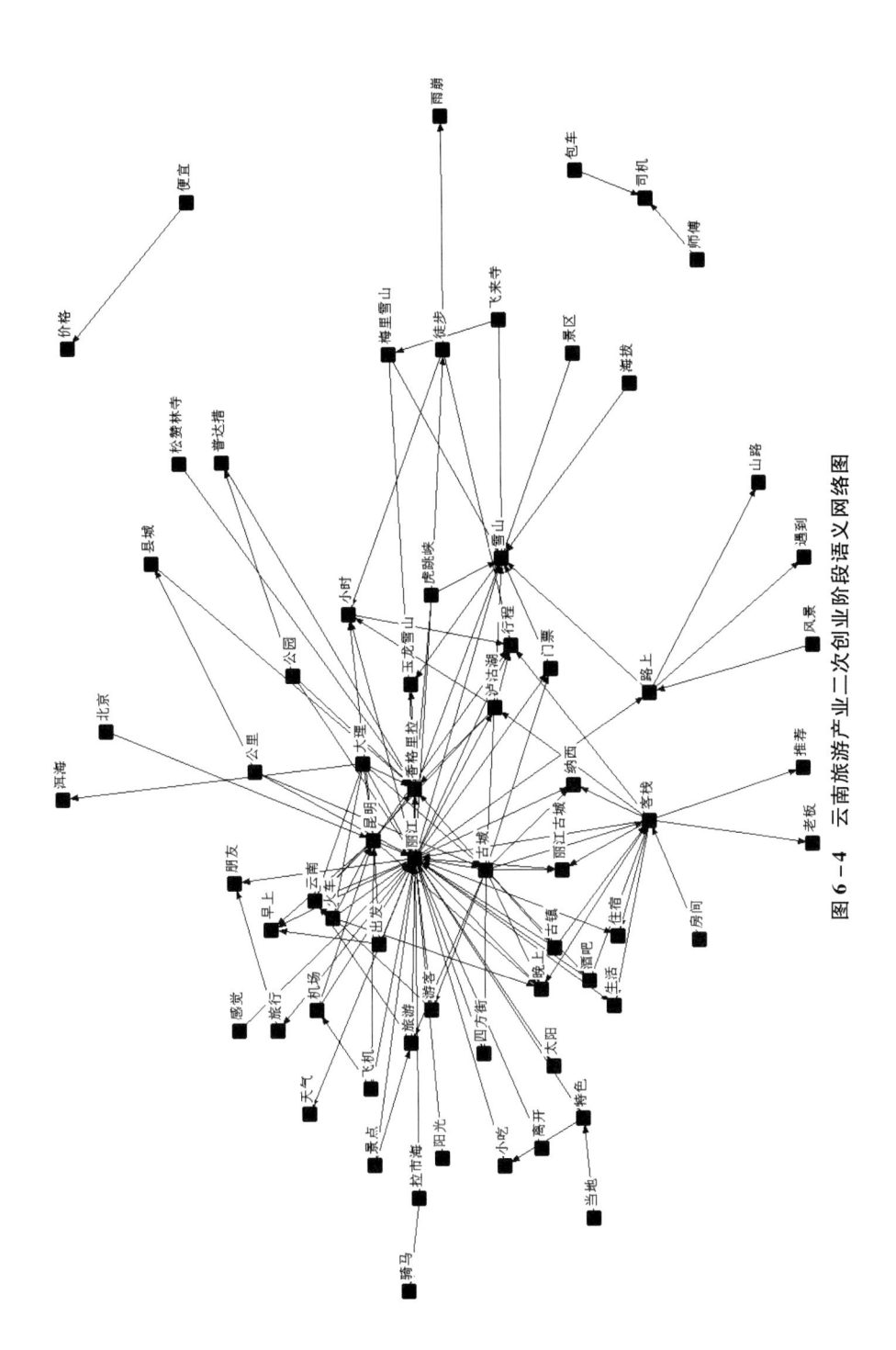

第六章 云南旅游产业形象感知差异分析 | 141

图6-4 云南旅游产业二次创业阶段语义网络图

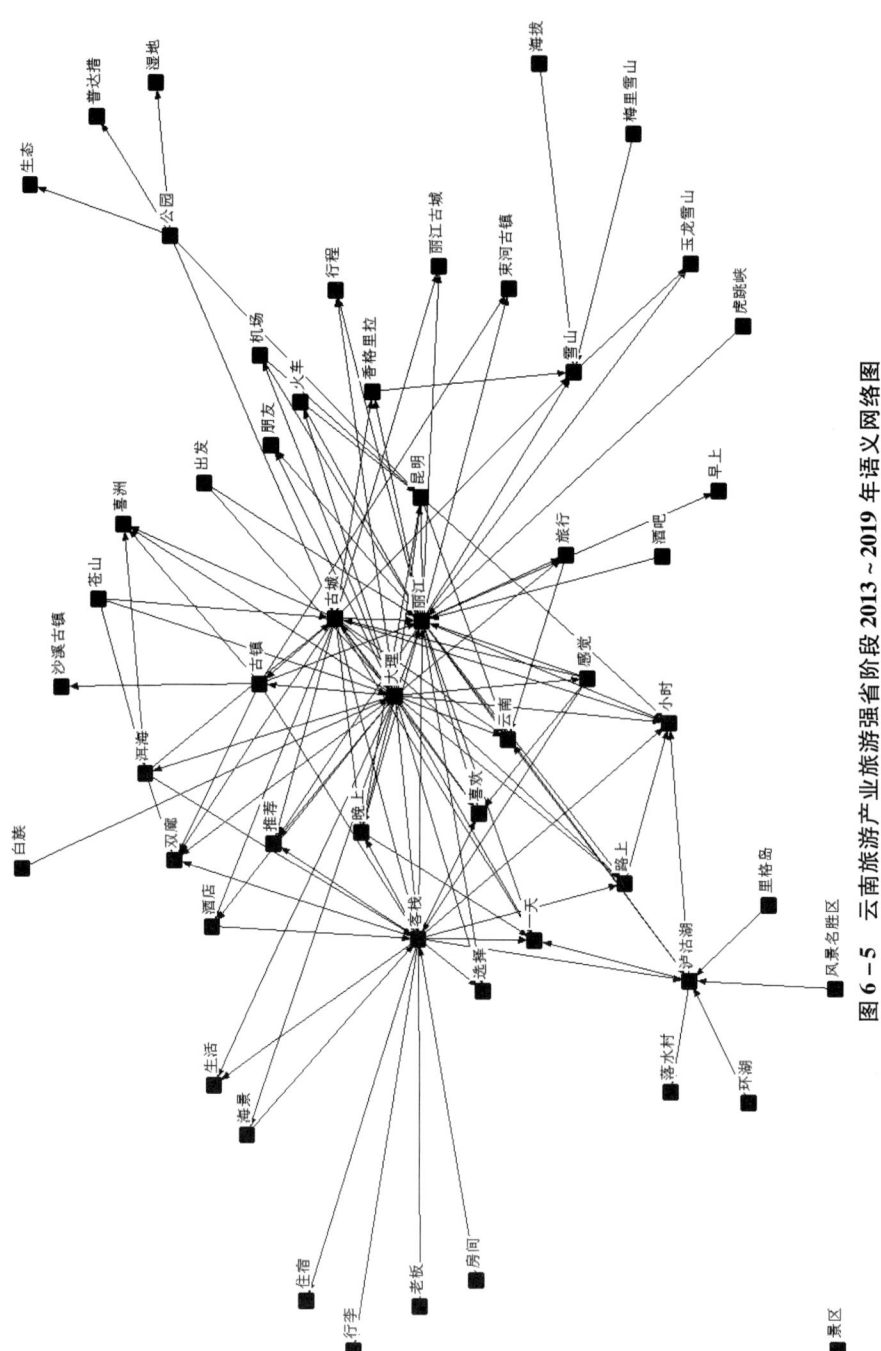

图 6-5 云南旅游产业旅游强省阶段 2013~2019 年语义网络图

第六章 云南旅游产业形象感知差异分析 | 143

图 6-6 云南旅游产业旅游强省阶段 2020 年至今语义网络图

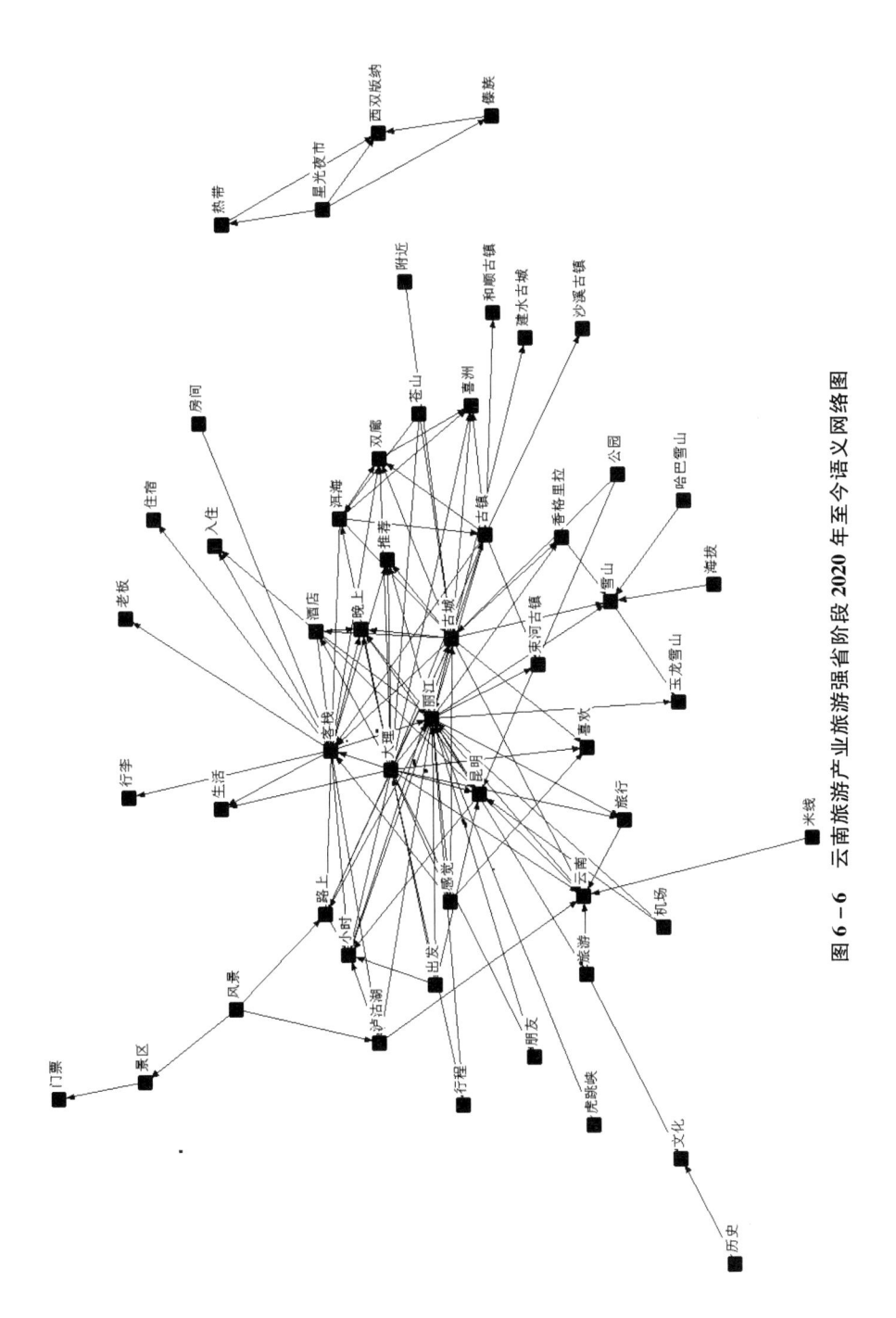

旅游创业阶段 2013～2019 年频率排在前 10 位的自然吸引物为泸沽湖、洱海、雨崩、苍山、玉龙雪山、草海、虎跳峡、普者黑、红嘴鸥、梅里雪山。排在前 10 位的人文吸引物为双廊、喜洲古镇、大理古城、束河古镇、沙溪古镇、建水古城、飞来寺、博物馆、和顺古镇、松赞林寺。这些吸引物的分布逐渐分散，包括前两阶段的丽江、大理、香格里拉，也包括这一阶段逐渐兴起的昆明、文山、红河、腾冲。

旅游创业阶段 2020～2023 年频率排在前 10 位的自然吸引物为洱海、玉龙雪山、泸沽湖、元阳梯田、虎跳峡、普者黑、蓝月谷、哈巴雪山、曼听公园、中国科学院西双版纳热带植物园。排在前 10 位的人文吸引物为建水古城、喜洲古镇、双廊、沙溪古镇、束河古镇、告庄西双景、博物馆、勐焕大金塔、星光夜市、松赞林寺。这一阶段的吸引物分布于大理、丽江、香格里拉、红河、文山，以及以独特的民族风情和异域特色在疫后迅速兴起的西双版纳和德宏（见表 6-4）。

表 6-4　各阶段自然吸引物和人文吸引物高频词　　单位：次

支柱产业		二次创业		旅游创业 （2013～2019 年）		旅游创业 （2020～2023 年）	
自然	人文	自然	人文	自然	人文	自然	人文
虎跳峡 (187)	酒吧 (75)	泸沽湖 (704)	酒吧 (311)	泸沽湖 (3412)	双廊 (2815)	洱海 (751)	建水古城 (609)
梅里雪山 (155)	松赞林寺 (67)	虎跳峡 (476)	双廊 (293)	洱海 (2720)	喜洲古镇 (1697)	玉龙雪山 (506)	喜洲古镇 (496)
峡谷 (79)	古建筑 (65)	玉龙雪山 (252)	束河古镇 (283)	雨崩 (823)	大理古城 (1282)	泸沽湖 (471)	双廊 (383)
玉龙雪山 (74)	飞来寺 (49)	拉市海 (223)	四方街 (226)	苍山 (716)	束河古镇 (973)	元阳梯田 (400)	沙溪古镇 (328)
泸沽湖 (63)	民居 (46)	洱海 (196)	木府 (172)	玉龙雪山 (670)	沙溪古镇 (511)	虎跳峡 (307)	束河古镇 (290)
苍山 (56)	四方街 (37)	梅里雪山 (171)	松赞林寺 (159)	草海 (459)	建水古城 (456)	普者黑 (297)	告庄西双景 (283)
洱海 (55)	佛寺 (31)	神瀑 (157)	飞来寺 (150)	虎跳峡 (451)	飞来寺 (320)	蓝月谷 (296)	博物馆 (274)

续表

支柱产业		二次创业		旅游创业（2013~2019年）		旅游创业（2020~2023年）	
自然	人文	自然	人文	自然	人文	自然	人文
碧塔海（51）	束河古镇（28）	石林（135）	表演（79）	普者黑（442）	博物馆（317）	哈巴雪山（290）	勐焕大金塔（264）
金沙江（42）	木府（22）	峡谷（123）	喜洲古镇（37）	红嘴鸥（425）	和顺古镇（292）	曼听公园（272）	星光夜市（234）
明永冰川（36）	大理古城（21）	卡瓦博格（108）	佛寺（30）	梅里雪山（331）	松赞林寺（290）	西双版纳热带植物园（268）	松赞林寺（225）

注：括号中的数字为高频词出现次数。

在这些游记样本中涉及的特色美食吸引物有咖啡、腊排骨火锅、米线、菌子、洋芋、饵块、乳扇、土鸡、豆腐、粑粑、鲜花饼、火腿、酥油茶、青稞酒、香蕉、芒果，以及与美食相关的早餐、晚餐、农贸市场等词汇。支柱产业阶段词频最高的美食吸引物是咖啡，二次创业阶段最高的是腊排骨火锅，而后两个阶段词频最高的都是米线。在2020年后，农贸市场作为与美食相关的词汇被提及并且频率较高，如"东华市场是当地比较大的农贸市场，里面蔬果多种多样，我们边走边拍边试吃，买了一堆芒果、蓝莓和李子，水果很甜很好吃，芒果是近几年吃过最好吃的芒果，没有之一"，体现出体会当地人的日常生活也逐渐成为吸引游客的重要吸引物。总体而言，除咖啡、腊排骨火锅、米线这三者外，其他美食吸引物被提到的频次较少，不属于吸引旅游者前来旅游的主要吸引物。

在这些游记样本中涉及的民族历史文化吸引物有纳西族、藏族、白族、喇嘛、摩梭人、走婚、佛教、土司、东巴文化、傣族、阿诗玛、翁丁佤寨、造纸、紫陶、泼水节、滇西抗战纪念馆、哈尼族、碧色寨、彝族、茶马古道、民族服饰等。前两个阶段词频最高的民族历史文化吸引物是纳西族，而后两个阶段词频最高的分别是走婚和傣族。独具特色的少数民族特色文化和习俗成为云南省重要的旅游吸引物，但除少数民族文化外的其他手工艺品文化、抗战文化仍待开放，尚未成为有力的旅游吸引物，而且传统文化与现代文化的结合相对缺乏。

（三）基础设施

旅游设施主要是指旅游目的地的休息设施、标识标牌以及景区的配套设施。在各阶段前300位的高频词汇中涉及的相关词汇比较少，包括索道、景区、栈道、公园、观景台、广场、码头、度假村、生态廊道等。而景区相关的基础设施是被提及最多的，如索道、栈道、观景台、生态廊道等。在多篇游记中都有游客描述借助这些基础设施能更好地游览观赏风景，如"从海拔3000米爬升到海拔4500米，坐在索道中看着山两侧的树木匆匆而过，看着索道入口房屋越来越小，再看到远处的山和平地出现在眼帘。我的心情既兴奋又紧张，生怕自己半路出现高原反应，头疼缺氧。""洱海精华就是生态廊道，廊道上任何位置都是绝佳观景点。"索道和生态廊道的基础设施为游客的游览观光提供便利，极大地影响了旅游者的旅游体验，大多数游客都非常在意旅游目的地的旅游设施。

从游记样本中可以看出，住宿也是游客最为关心的问题之一，在各阶段排在前300的高频词中与住宿相关的词汇有客栈、酒店、住宿、房间、宾馆、青年旅舍、帐篷，其中客栈和酒店的词频最高，这反映了旅游者在云南旅游时大多数人选择住客栈和酒店。在旅游强省阶段的2013~2019年，部分青年游客开始把青年旅舍作为住宿选择；在旅游强省阶段的2020~2023年，疫情影响下，周边游和露营成为新兴的旅游方式，帐篷作为一种住宿方式成为游客的新选择。

旅游交通可以划分为省外交通、省内各地州市间的交通、市内交通和景区内部的交通。在各阶段前300位词频中提到的飞机或机场、火车或火车站、大巴或客运站是游客来云南省以及在云南省各地市州之间的主要交通方式。而包车、租车、打车、公交车、出租车、网约车、高速这些词汇涉及的主要是游客在市内的交通及景点与景点之间的交通方式。骑马、徒步、骡子、骑行、电瓶车这些词汇涉及的主要是游客在景点内的交通方式。景点与景点间及景点内部交通设施和服务的完善可以极大提升游客的旅游体验，如"如果嫌麻烦可以选择包车或者拼车，景洪市区拼车包车十分方便，包车一天大概150~200元。""喜洲古镇比较好逛，电瓶车可以开进古镇里,也能开到麦田边。"

在获取的网络游记数据中,各阶段前300位词频中与旅游消费相关的词汇只有门票、售票、票价、通票4个。门票、售票、票价、通票这几个词汇反映出当前云南省的旅游消费依旧以"门票经济"为主,其他附加的旅游商品消费不足。

(四)社会环境

在网络游记中与价格水平相关的词汇有"便宜",比如"走婚桥下……就漂亮许多,草海上坐船挺便宜";与居民态度相关的词汇有"热情",比如"晚上热情的当地导游又安排我们去吃烤全羊";与气候地形有关的词汇有"舒适""防晒""泥石流",比如"相比北京三四十度的高温,这里十几到二十几度的气温十分舒适""洱海环行一定要注意防晒、注意安全""虎跳峡七八月容易发生泥石流、塌方、滚石等,想去徒步最好避开";与整体氛围相关的词汇有"美好""商业化",比如"上帝给洱海披上了美丽的嫁纱,寄予了美好和希望""晚上在古城随意逛了一会,感觉各地的古城都差不多,商业化非常浓,和厦门的曾厝垵差不多"。总体而言,游客对当地旅游的价格水平、居民态度、气候地形和整体氛围的评价以积极评价为主,在网络游记中较少体现出云南旅游乱象的问题,这表明旅游乱象问题是发生频率较低但一旦发生对游客评价影响较大的问题。

(五)情感态度

首先将获取的各阶段云南旅游网络游记文本中的表达情绪的词汇进行提取,将"情绪词汇_分词.txt"文档导入 ROST EA 软件后,点击"分析"即可得出积极、中性和消极情感分析分布表,如表6-5所示。

表6-5　　　　　　各阶段情感评价统计

阶段	情绪	数量(个)	比重(%)
支柱产业	积极情感	16200	65.22
	中性情感	2844	11.45
	消极情感	5795	23.33

续表

阶段	情绪	数量（个）	比重（%）
二次创业	积极情感	60352	67.62
	中性情感	10338	11.58
	消极情感	18570	20.80
旅游强省 （2013~2019年）	积极情感	23484	75.00
	中性情感	3538	11.30
	消极情感	4290	13.70
旅游强省 （2020~2023年）	积极情感	27173	70.87
	中性情感	4405	11.49
	消极情感	6763	17.64

运用了 ROST CM6 软件分析得到的旅游者对云南省的旅游情感评价中，支柱产业阶段积极情感占比 65.22%，中性情感占比 11.45%，消极情感占比 23.33%；二次创业阶段积极情感占比 67.62%，中性情感占比 11.58%，消极情感占比 20.80%；旅游强省阶段的 2013~2019 年，积极情感占比 75.00%，中性情感占比 11.30%，消极情感占比 13.70%；旅游强省阶段的 2020~2023 年，积极情感占比 70.87%，中性情感占比 11.49%，消极情感占比 17.64%。根据上述结果可见，各阶段游客对云南省旅游的情感评价中积极情感表达占比均在 60% 以上，而消极情感和中性情感的表达占比较小。并且从支柱产业阶段到二次创业阶段再到旅游强省阶段的 2013~2019 年，积极情感的占比不断升高，消极情感的占比不断下降。表明政府采取的一系列旅游建设和治理措施取得了一定的成效。但在疫情之后的 2020~2023 年，积极情感略有下降，消极情感有所上升，政府又面临着新的挑战。

研究结论印证了游客对"有一种叫云南的生活"的旅游感知形象。在游记中表达积极情感的有诸如"古城好安逸！一个人溜达在古城中，没有喧闹""腾冲给我们的第一印象就是一座很安静、优美的城市"；表达消极情感的有诸如"徒步过程太辛苦，每天回到酒店只想舒舒服服睡觉""门票极其昂贵，一个人要 140 元，将近故宫门票的三倍"。这表明目的地的整体氛围是游客做出积极情感表达的重要方面，而门票价格过高和旅行过程中的辛苦则可能使游客做出消极的情感表达。

二、ASA 定位分析

（一）关注度和满意度

旅游目的地景点的评价数能够直接体现旅游目的地网络关注度，本书基于景区景点的评论数据，对云南省16个地州市旅游目的地网络关注度的具体分布特征和差异情况进行实证分析。通过携程网站采集云南省16个地市州的景点有效评论，对评论数进行统计分析可以发现旅游目的地网络关注度数据呈现出较为分散的特征，极化特征明显，表现出明显的"长尾现象"，极少数地州市网络关注度高，大多数地州市的网络关注度属于较低水平。网络评论数最多的昆明是网络评论数最少的临沧的86倍，排在尾部的8个地州市的有效评论数之和仅占总体有效评论数的10.32%。说明游客主要集中于昆明、丽江、大理、西双版纳这些少数热门旅游目的地。

而在旅游目的地网络满意度方面，通过计算分析景区景点评论中的正面情绪词汇和负面情绪词汇，发现16个地州市的游客评论中正面情绪表达数都远大于负面情绪表达数，旅游目的地的总体网络满意度均值为70.93%。其中玉溪的网络满意度最高，而怒江的网络满意度最低（见表6-6）。

表6-6　　云南省16个地州市网络关注度和满意度得分

地州市	网络评论数（条）	网络关注度（%）	网络满意度（%）
昆明	44768	20.76	75.72
丽江	39753	18.44	75.08
大理	35361	16.40	72.55
西双版纳	23190	10.76	70.90
保山	14188	6.58	69.83
迪庆	12207	5.66	73.66
德宏	12119	5.62	70.75
红河	11745	5.45	71.03

续表

地州市	网络评论数（条）	网络关注度（%）	网络满意度（%）
普洱	5268	2.44	68.03
曲靖	5264	2.44	75.77
文山	3746	1.74	69.07
楚雄	2904	1.35	67.00
玉溪	2443	1.13	75.89
昭通	1400	0.65	69.63
怒江	722	0.33	63.04
临沧	516	0.24	66.99

（二）ASA 定位分析

将测算出的网络关注度和网络满意度数据导入 SPSS 软件，计算得出云南省 16 个地州市网络关注度平均值为 6.25，而网络满意度的平均值为 70.93%，在"关注度 - 满意度"分析图中找到两者平均数的交叉点 (70.93，6.25)。根据该交叉点以及关注度和满意度的取值范围将 ASA 图分为四象限，根据各地州市的网络关注度和网络满意度的具体取值绘制出散点图，逐一定位 16 个地州市在四象限中的具体位置，结果如图 6 - 7 所示。

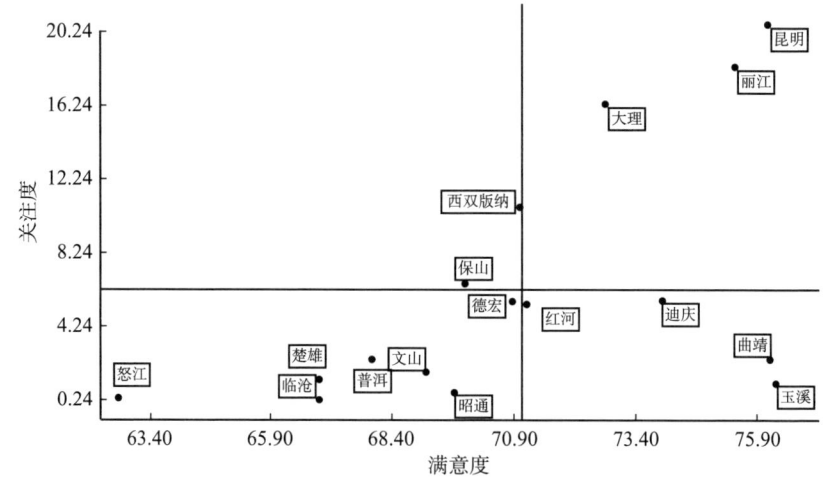

图 6 - 7 云南省 16 个地州市 ASA 分析图

处于第Ⅰ象限竞争优势区的地州市有3个，包括昆明、丽江和大理，在云南省16个地州市的竞争群中，这3个地州市的网络关注度和满意度分值都较高，处于竞争优势地位；处于第Ⅱ象限竞争机会区的地州市有4个，包括红河、迪庆、曲靖、玉溪，尽管4个地州市的网络关注度不够，但其网络满意度却相对较高，是云南省未来旅游发展的潜力区；西双版纳和保山位于第Ⅲ象限修补区，这2个地州市虽然网络旅游关注度较高但满意度得分较低；德宏、文山、昭通、普洱、楚雄、临沧和怒江这7个地州市位于第Ⅳ象限重点改进区，在云南省16个地州市的旅游竞争中，这些地州市的关注度和满意度均表现较差，处于不利位置。

第三节　云南旅游形象提升方向

一、云南旅游形象提升的必要性

（一）明确处于不同象限的发展定位

通过对旅游目的地景区景点的评论文本进行关注度和满意度分析，通过绘制"关注度-满意度"四象限分析图，形象直观地展示出云南省16个地州市的关注度和满意度分布特征和差异情况，能够使16个地州市清楚了解本区域旅游在整个云南省发展情况，明确自身旅游发展定位。为帮助云南省16个地州市进一步提高自身的旅游网络关注度和网络满意度，推动旅游产业发展，本书整合前文网络关注度及满意度分布特征、游记文本情感特征和ASA定位分析结果，构建适合云南省16个地州市的游客关注度与满意度优化路径。

位于重点改进区的地州市的旅游发展在整个云南省来说处在劣势地位，当地政府对旅游产业发展的扶持力度有限，急需云南省政府和旅游相关部门进行统一的领导规划，提供有力的政策扶持，完善当地的旅游基础设施建设，改善整体旅游环境，逐步提升游客的旅游满意度和关注度。对于位于改进区的地州市来说，改进路径应该为优先提升游客满意度，其次是扩大影响提高关注度，在四象限中表示即"改进区"→"机会区"→"优势区"。

（二）结合升级组态机制着重改进

结合云南旅游产业在发展升级过程中的阶段性特征和转型过程中涌现出的市场整治效果不佳、旅游负面事件屡禁不止、资源空间分布不均、景区门票价格困境等问题，在今后旅游产业升级式发展中可结合升级组态机制进行着重改进。

1. 明确旅游景区收费模式的发展方向

有必要结合经济基础、政策环境和制度条件，以及考虑广大人民群众的利益和社会公共事业的同步发展，在时间和空间上寻找一种渐进型的升级模式，借鉴产业创新型机制，在保证产业自身发展持续健康发展的前提下，加大外部环境和产业功能效应的提升，做到3个核心条件变量相互促进、协调发展，发挥最大效应，大力推动云南旅游产业的发展升级。

2. 加强外部环境支撑和产业功能效应

需要建立一个完善的区域交通网络，加强旅游交通网络对旅游资源空间布局以及系列产业的辐射带动作用，糅合旅游资源和交通网络两类资源，提升协调程度，进一步实现区域内旅游交通空间与现实资源空间的良性高效互动，避免整合优化能力弱机制的出现，要兼顾3个核心变量，先加快提升产业自身发展这一重要条件，再逐步加强外部环境支撑和产业功能效应。

3. 大力发展云南省各地州市自身的旅游

要借鉴以产业自身发展和产业功能效应为核心条件的路径 P_2，重点发挥产业优化型驱动机制的最大效应，避免服务支撑能力限制机制，加强旅游产业管理治理机制，减少旅游负面事件的发生，营造健康的旅游市场环境，在文旅融合的大背景下，大力发展云南省各地州市自身的旅游，将丰富的文化底蕴与时尚化审美相融合，通过创新和表达，使之更贴近现代生活，从而吸引大量的游客。

二、云南旅游形象提升的方向

（一）修补区：关注度较高，满意度不足

位于修补区的西双版纳和保山腾冲，在云南省16个地州市中，属于

当前游客选择的热门旅游目的地。西双版纳和保山腾冲的网络关注度较高，有一定的网络热度，但是游客的体验较差，满意度得分较低。这是因为西双版纳和保山腾冲的旅游发展较早，许多地方与昆明、丽江、大理的发展相比存在较大差异。这两个地州市目前的主要任务应当是补齐满意度的短板，着重关注游客给出的负面评价，强化对游客评价较低的低质量景区的管理。

由于西双版纳和保山腾冲的旅游多以旅游购物为主，如翡翠、玉石等，旅游强迫购物、回扣返佣等现象较为突出，较容易成为投诉点和关注点。因此，首先应加强对旅游购物场所的管理，优化旅游景区、会议会展、休闲度假等业态的创新。其次，应加强对景区旅游客流的监控，加强对景区景点内的旅游商品和服务的价格管理，明确控制景区景点的门票价格。最后，这两地应重视加强对旅游服务从业人员的培训，提升旅游服务质量，避免因服务失误给游客留下负面印象。

对于修补区的西双版纳和保山，可以针对服务支撑能力限制机制带来的弊端并与 ASA 分析进行改进提升，在完善旅游基础设施和旅游交通设施的同时，提高旅游目的地的服务质量以提高游客的满意度，并且还应加强景区景点的管理，对景区景点内的商品价格和服务质量进行严格的把控，对于旅游服务人员的服务质量也应该提高，可以对他们进行专业的培训，以避免因服务出现失误而给游客造成不好的影响，从而降低游客对旅游目的地的满意度。

（二）优势区：关注度较高，满意度较高

处在竞争优势区的昆明、丽江和大理，在云南省 16 个地州市中属于开发时间较久、关注度较高、旅游发展较为成熟的地区，虽在 16 个地州市中处于相对优势地位，但仍存在着旅游产品老化、旅游产业链较短等问题，不应满足于现状而止步不前。应该在现有优势基础上，着力开发打造新的旅游产品、延长旅游产业链，摒弃"门票经济"的传统观念，提升旅游产品的附加值，随着游客消费水平的提高，增加高端旅游产品的供给量。

保持优势区旅游产业升级态势。针对已经成为竞争优势区的昆明、丽江和大理，可以根据产业优化型驱动机制的指导作用并与 ASA 分析相结合,继续利用自身丰富的旅游资源、独特的区位、较为发达的经济水平等基础优势,着力打造开发新型旅游产品,提高旅游产品的附加值,延长旅游产业链,摒弃传统的旅游观念,以大众旅游、观光旅游持续向游客提供高质量的旅游产品。

(三)改进区:关注度较低,满意度较低

云南省目前仍有 7 个地州市处于改进区,包括德宏、文山、昭通、普洱、楚雄、临沧和怒江,这说明当前云南省的旅游产业发展十分不均衡。这 7 个地州市的共同特点是经济基础相对较为薄弱,在整个云南省属于经济发展最为落后的几个地区,旅游发展较晚。由于经济基础薄弱,这 7 个地州市的旅游基础设施建设情况较差,政府财政支持有限的同时又难以获得外部投资的资金注入,旅游产业的发展严重受限于经济发展水平,即使具有丰富的旅游资源也很难转化为经济效益。交通设施不完善,地理位置相对偏远,与周边地州市未能形成旅游环线等,严重阻碍了客流导入。云南省政府应对有价值的旅游资源进行统一开发和规划,制定旅游发展扶持政策,扶持培育好当地的旅游重点企业。

针对整合优化能力弱机制带来的弊端并与 ASA 分析进行改进提升,由于这些地区经济发展水平不高、旅游产业发展起步较晚,并且区位条件也不太好,处于较偏远的地区,因此对于这些地区,云南省政府应该对有旅游价值的资源进行统一开发和规划,并在前期加大财政支持,以改善这些地区的旅游基础设施和交通设施,在逐步开发高价值的旅游资源,提高游客关注度,使这些旅游资源转化为当地的经济效益之后,再逐步提高游客满意度并与周边地州市形成旅游环线。

(四)机会区:关注度较低,满意度较高

作为处在竞争机会区的红河、迪庆、曲靖、玉溪,未来将成为云南省新崛起的旅游目的地,虽然当前关注度较低,但是能够为游客提供满意度较高的旅游产品。下一步应着力于扩大影响力,提升关注度。由于旅游目的地吸引力大小符合"二八定律",即有 20% 的核心旅游景点吸引了绝大多数游客的到来,80% 的在线旅游评论也都集中于此。旅游现实情况也表明,只有高级别的旅游资源才能吸引绝大多数的旅游者,才能成为旅游目

的地崛起的重要支撑基础。所以处在机会区的这 4 个地区要想提升自身的旅游关注度，应重点关注高级别旅游吸引物的打造，着力扩大核心旅游景点的影响力。因此在资源有限的情况下，集中力量提升高级别旅游吸引物质量，更能突出目的地核心优势，在短时间内扩大旅游目的地的影响力。

针对竞争机会区的红河、曲靖、玉溪和迪庆，可以根据产业创新型驱动机制的指导作用并与 ASA 分析结合，在保证可以为游客提供高质量旅游产品的基础上，应重点关注高级别旅游吸引物的打造，加大旅游产业与多方产业联动的效应以及在发展过程中带来的一系列的效益，着力扩大核心旅游景点的影响力。

本 章 小 结

通过梳理云南旅游形象发展历程发现，自改革开放以来，云南省旅游目的地形象经历了由初期的"神奇迷人彩云南"，到中期的"永远的香格里拉"，再到近期着力打造推出的"七彩云南，旅游天堂"的演变历程。对游客感知进行综合评价发现，昆明、丽江和大理 3 个市州属于竞争优势区，应着力打造开发新型旅游产品，提高旅游产品的附加值，延长旅游产业链。红河、迪庆、曲靖、玉溪这 4 个地州市处于竞争机会区，是云南省未来旅游发展的潜力区，应在保证可以为游客提供高质量旅游产品的基础上，重点打造高级别旅游吸引物，着力扩大核心旅游景点的影响力。西双版纳和保山则位于修补区，应在完善旅游基础设施和旅游交通设施的同时，提高旅游目的地的服务质量以提高游客的满意度，对景区景点内的商品价格和服务质量进行严格的把控。德宏、文山、昭通、普洱、楚雄、临沧和怒江这 7 个地州市属于重点改进区，应大力建设旅游基础设施尤其是交通设施，逐步开发高价值的旅游资源，提高游客关注度，在旅游资源转化为当地的经济效益之后，再逐步提高满意度并与周边地州市形成旅游环线。

第七章

云南旅游产业发展系统构建

根据适应性循环理论，云南旅游产业在重组阶段需要突破阻变效应的限制，实现产业系统在特定时空尺度上的适应性循环。该循环需要拥有潜力、连通度和恢复力三个维度的属性。据此，本书构建了"旅游产业发展系统"框架，作为突破云南旅游产业发展困境的政策依据。该系统由战略维度、资源配置维度、市场需求维度和政策体系维度构成。战略维度代表对云南旅游产业发展阶段的认知及战略选择，是明确发展方向和布局的依据；潜力释放代表云南旅游产业需要围绕系统所积累的生态、经济、社会和人文等方面的资源，依托变化与革新的可能性，优化空间布局、释放增长潜力；连通度代表云南旅游系统内部不同成分间的关系和互动程度，即系统的内部联系性，由市场需求维度构成；恢复力代表云南旅游政策体系的适应能力，强调云南旅游系统在干扰下仍维持现有状态而不转入另一状态的能力，由政策体系维度构成。

第一节 战略布局维度

一、明确旅游战略导向

（一）借势"一带一路"实施旅游强省战略

国家深入实施"一带一路"倡议，使云南省的外部发展得到了更深层次的支持。同时，通过提升基础建设的质量与效率，充分利用其丰富的旅游资源来吸引更多的游客，并利用增加旅游流量等措施使得旅游市场获得了巨大的商业机会。在深入推进西部大开发的过程中，大力发展旅游产业成为一项关键任务，加快西部地区包括旅游在内的特色优势产业的发展，具有极其重要的意义。中央政府持续推进西部大开发策略，并加大对西部地区旅游产业的支援力度，包括在政策、产业成长、环境保护、资金筹措和项目建设等领域。"一带一路"建设与云南省旅游强省建设阶段相吻合，这将为云南旅游强省建设提供更为有利的宏观环境。

（二）依托地缘优势实施国际化发展战略

中国旅游产业的国际化首先表现为沿海和沿边地区旅游产业的国际化，云南是中国旅游国际化的重要沿边地区。伴随着中国—东盟自贸区的建设进展，云南省有望充分享受加入东南亚旅游网络的好时机及有利环境，这将进一步扩大其国际旅游业务的发展领域。在此背景下，云南省应充分发挥其位于东南亚、南亚和我国内陆省份三方交会处的地理位置优势，积极作为引领者、驱动因素和先行行业，同时兼顾国内外两个市场，有效运用全球和本土两类资源，全力实现与世界市场的对接，加快国际化的步伐，以获取更为宽广的国际发展舞台。

（三）借助旅游产业基础实施精品化发展战略

在未来，云南将以打造优质旅游目的地为主导，重点发展优质旅游产品，并以建设优质旅游企业为中心，通过国际化、标准化和特色化的方式，推进实施云南旅游的高质量发展策略。以优秀旅游城市、旅游强县和旅游特色村镇为内容，打造和推出云南精品旅游目的地形象，构建城市、县、镇、村旅游目的地品牌体系。利用云南的自然景观和民族风俗资源，增加科技成分，积极推出多种优质旅游产品和路线，涵盖生态游览、民族文化研究、休闲度假、健身运动、展会商务、科学考察探索、国际旅行以及自驾游。着力培育建成要素门类齐全、规模等级丰富的品牌旅游企业（集团）体系，打造综合型旅游龙头企业、综合型品牌旅游企业、专业型品牌旅游企业和特色型品牌旅游企业等。

二、优化旅游空间布局

根据云南省经济发展、城镇建设及交通规划布局情况,云南省旅游空间布局由突出"点－面"结构("一心、五地、六区")向突出"片—廊"结构调整,对全省旅游空间结构进行优化,形成"一心六区九廊"的旅游发展空间格局。

(一)建立"一个中心"发展极

依据中央赋予云南作为"面向南亚及东南亚地区辐射中心"的功能定位,构建由昆明市主导的辐射中心是实现这一目标的关键支持因素。为了招徕中转旅客和过境游客,昆明应积极推动城际旅游的发展,同时建立城市休闲商业区域、城市观光路线、特有购物街道、滇式餐饮步行街以及城市文化设施等,以此来塑造昆明城市的旅游吸引体系。唯有提升昆明的城市旅游魅力,才有可能使其发展为全球性的旅游枢纽,进而将其打造成知名的国际旅游胜地,并且进一步发展成连接我国西南部与南亚、东南亚地区的旅游聚集点。党中央和国务院对于大型健康行业的发展给予了极高的关注度,并将"健康中国"纳入国家的总体规划之中,使得这个新兴的健康领域逐渐展现出广泛的市场潜力和巨大的发展空间。

作为云南省的省府城市,昆明有着优越的地理位置与环境条件,如宜人的天气、多元的文化和丰富的历史遗产资源。同时,它也是全国重要的商务旅行活动目的地。在将昆明市打造成为面向西南开放的区域性国际城市的目标指导下,不断提升其国际化水平,并在全省旅游产业发展中扮演龙头的角色。此举意在把昆明市建设成为区域性国际旅游热点和中国通往西南地区的区域性国际旅游中转中心。

(二)建设"六大旅游区",拓展发展空间

全省以旅游资源禀赋、交通区位条件为基础,分区开发旅游特色产品、塑造区域旅游特色形象,形成六大旅游功能区功能互补、协调统一的发展格局。

1. 滇中大昆明国际旅游区

此区范围包括昆明市、玉溪市和楚雄州以及曲靖市的麒麟区、马龙区、沾益区、富源县。该区拥有滇中良好的区位条件和旅游资源优势，拥有"昆明世博新区""玉溪抚仙湖-星云湖"两个旅游产业综合改革试点区。以发展传统旅游形式，如观光旅游、民族风情旅游、乡村旅游等为主要内容；同时，通过自驾车、城际列车等交通方式，支撑休闲度假、商务会展、康体娱乐等休闲旅游产品的发展。此外，还致力于推动旅游新产品和新业态的发展，如高尔夫球场、旅游综合体和旅游主题公园。在未来，该地区将整合来自各个州市郊县的旅游资源，致力于将滇中大昆明国际旅游区发展成为中国面向西南开放的休闲度假和会展的国际旅游胜地，并成为连接云南与海内外客源市场、面向东南亚和南亚的国内外旅游节点。

2. 滇西北香格里拉生态旅游区

此区范围涵盖大理州、丽江市、迪庆州和怒江州等地州。此区域包含"香格里拉生态旅游景区"，其拥有丰富的世界级旅游资源与完善的基础设施，这使之成为理想的目的地；同时，它还包括两个著名的品牌："香格里拉"和"梦幻丽江"；此外，"大理苍洱旅游综合改革试验区"也位于其中。这里还被誉为世界上最美的风景之一，拥有"三江并流"和"丽江古城"。努力发展以悠久的历史背景为特色的城市景观及其独特的民俗风貌为主导的高质量生态环境文旅产品。随着时间的推移，"滇西北香格里拉生态旅游区"已逐渐演变为了融合自然资源与人文元素于一体的中国顶级且享誉世界的全景式环保度假胜地，也是云南省通往四川省或西藏的主要交通枢纽站。

3. 滇西南澜沧江-湄公河国际旅游区

此区涵盖西双版纳州、普洱市和临沧市。与国家发展改革委共同支持建立大湄公河国际旅游区，并在相关"桥梁"政策优惠下开发适合热带雨林、民族传统和边境旅游等旅游产品。该地区将重点发展生态旅游、国际旅游、民族风情旅游、休闲度假旅游和康体养生旅游。通过打造"大湄公河黄金四角跨境旅游区"，建立并推出澜沧江-湄公河水上旅游和陆上黄金跨境旅游线路"一周游四国"，努力将滇西南澜沧江-湄公河国际旅游区发展成为澜沧江-湄公河国际旅游区。致力于把云南省的澜沧江-湄公河国际旅游区打造成为东南亚大湄公河次区域的主要国际旅游地，同时也将景洪市塑造成为云南省向东南亚输送重要国际旅游资源的枢纽。

4. 滇东南喀斯特山水文化旅游区

红河州、文山州以及曲靖市的陆良县、师宗县和罗平县都是滇东南喀斯特山水文化旅游区的一部分。借助"泛珠三角"项目的区域旅游合作机遇，该区域已形成了罗平油菜花、元阳梯田、陆良彩沙林、丘北普者黑等旅游品牌，具有喀斯特地貌水体、田园观光农业景观、中原文化与边疆少数民族文化融合等特色。专注于开发民族传统、历史文化以及喀斯特地貌旅游产品，同时推动越南边境旅游产品的开发。同时支持生态体验、休闲度假和康体娱乐等旅游产品的开发。随着"元江－红河跨境旅游区"的建立和"滇黔""滇桂"自驾车无障碍旅游区的建设，滇东南喀斯特文化旅游区将成为中国喀斯特文化旅游区、云南省通往越南的重要门户和连接"泛珠三角"旅游区的纽带。

5. 滇西火山热海边境旅游区

此区覆盖保山市和德宏州。该区域具有火山温泉优势、民族风情优势、边关文化优势和边境区位优势，拥有腾冲市综合改革试验区和瑞丽沿边开发开放试验区两个试验区。创建滇西－缅北跨国旅行区域，主要致力于推广健康旅行的核心元素，如温泉SPA与自然之旅。同时，推出具有民族传统文化及边界文化的独特体验，包括宝石购买和跨国游等主题的产品。旨在使滇西地区发展成全球著名的度假胜地和边境旅游中心，并让其作为云南向东南亚和南亚展示的主要旅游出入口。此外，把腾冲火山热海、瑞丽边境和宝石购物旅游地打造成国内外的知名旅游目的地。

6. 滇东北红土高原旅游区

该区包括昭通市、宣威市和曲靖市会泽县。该区域具有红高原革命遗址、水电设施、温泉瀑布等旅游资源优势，主要旅游资源为红高原旅游资源和生态文化资源。该区重点发展生态旅游和文化旅游，配套发展旅游地产、旅游科考、休闲度假、文化体验等旅游产品。重点推进竹梯河大峡谷（昆水黄金旅游线）、金沙江大峡谷（高峡平湖休闲度假旅游线）、镇雄（雄）—彝良（凉）—威信（新）三条红色旅游线路，将昭通昭阳地区打造成川、渝、黔旅游集散地，将云南省东北部红色旅游区开发成云南省又一旅游新区。

（三）推动"九大旅游走廊"均衡发展

依据"内联外通、产业集聚、市场交叉、双向流动"的原则，借助连接国内外的主要道路网络，推动周边城市、景点及旅游基础设施的发展，逐步培育和构建旅游产品内容丰富、旅游产业发达、公共服务体系健全的九条旅游经济走廊。

1. 昆河旅游经济走廊

昆河旅游走廊以昆明—河口—越南河内高速公路和中越铁路走廊为依托，包括昆明、红河两个省辖市高速公路沿线及相关区域的公路交通，并与越南老街、安沛、河内等连接起来，形成一条连接中越两国的国际旅游走廊。

2. 昆曼旅游经济走廊

随着中老国际铁路的开通，昆明旅游经济走廊将依托昆曼公路和中老泰铁路通道，将昆明市、玉溪市、普洱市和西双版纳州4个市州高速公路沿线及相关地区的公路运输纳入其中，并与境外的会晒、琅勃拉邦、清莱和曼谷相连，形成连接中国、老挝和泰国的国际旅游通道。

3. 昆仰旅游经济走廊

借助昆明、瑞丽至缅甸公路和中缅铁路大通道，云南省公路沿线及与之相连的昆明、楚雄、大理、保山、德宏五州市和国境线外的曼德勒、仰光等地区，形成了连接中缅两国的国际旅游经济走廊。

4. 昆加旅游经济走廊

基于昆明经保山至腾冲途经缅甸的南亚公路和经缅甸至南亚的铁路通道，包括昆明、楚雄、大理、保山四个公路沿线乡镇及相关地区，以及境外的密支那、加尔各答等地区，形成连接中、缅、印三国的国际旅游经济走廊。

5. 滇桂旅游经济走廊

依托昆广高速公路（国道G80）和滇广铁路通道，云南省包括昆明、红河、文山三个沿线州市及相关地区，并连接百色、南宁、北部湾等州市和地区，形成连接云南、广西和北部湾的国家级旅游经济走廊。

6. 滇黔旅游经济走廊

包括以杭瑞高速（国道 G56）和贵昆铁路通道为依托，沿昆明、曲靖及省内相关地区，并连接省外六盘水、黔江等地的公路交通，形成连接云南、贵州，并延伸至"泛珠三角"地区的国家级旅游经济走廊。

7. 滇川旅游经济走廊

基于京昆高速路（国道 G5）与成昆铁路的支撑，涵盖了云南省内的昆明市、楚雄州、丽江市及其周边区域的道路运输网络，同时还联通着四川省境内的攀枝花、西昌等地，并向全国范围延伸至云南、四川两地，覆盖华中、华北、西北等主要区域，构成了一条集聚旅游产业发展的经济带。

8. 滇渝旅游经济走廊

依托重庆至昆明公路（国高 G85）和渝昆铁路通道，省内涉及昆明、曲靖、昭通三市道路交通沿线及相关地区，省外连接宜宾、重庆等市，形成连接云南、重庆，辐射长江中下游地区的国内旅游经济走廊。

9. 滇藏旅游经济走廊

依托昆明至大理至丽江公路（国高 G5611）和滇藏铁路通道，省内涉及昆明、楚雄、大理、丽江、迪庆 5 个州市道路交通沿线及相关地区，省外连接芒康、林芝、拉萨等市，形成连接云南、西藏，辐射大香格里拉旅游圈的国内旅游经济走廊。

三、推动文旅融合发展

（一）旅游与城镇建设融合发展

根据城市围绕旅游景点开发、景点依托城市深化发展的原则，让景区融合到城市中去，使城市转变为景区，同时需要考虑到城市核心区域、重要旅游目的地及周边地区的建设。通过充分利用旅游产业对于城市和社区进步的影响力，寻找一条能够实现城市增长和旅游产业发展互补共生、互相支持的路径。打造一连串既适合居住又适宜观赏、游玩且商业繁荣的独特旅游小镇。

（二）旅游与文化建设融合发展

充分运用文化作为旅游核心与旅游作为文化载体的重要功能，借助云南丰厚的历史、地理及民族文化资产，增强其影响力，并将这些文化要素贯穿旅游产业发展全过程，使饮食、住宿、交通、观光、购物、娱乐等方面都成为旅游活动的组成部分，从而打造出一批富有吸引力和知名度的文化旅游商品和服务模式。

（三）旅游与产业建设融合发展

把生态环境维护与农民收益相联系，以实现旅游、农业及自然环境间的和谐共生，并进一步强化旅游与制造、加工、电力、运动、医疗等相关行业的紧密协作，积极推动农业观光、工厂参观、健身之旅、私人医疗机构旅行的发展，以此来推进旅游行业与金融、保险、通信、邮政等服务领域的深度整合。

（四）旅游与乡村建设融合发展

在新农村的构建过程中，推进对具有独特旅游特质村庄的提升与改建工作，以创建一系列被认定为全国性的少数民族旅游胜地及达到中国高级别的乡村旅游景点。此外，通过发展庄园经济并建立农业庄园来加速这些优质的环境中充满个性和特点、具备完善设施且拥有高度旅游品质的旅游庄园的发展进程。最后，采用农家乐的提升方式，去创造那些等级更高的乡村庭院旅游产品。

（五）旅游与生态建设融合发展

致力于实现"美丽云南"的目标，对于任何有可能导致严重的环境损害的项目都必须果断地拒绝。用科学的方法来控制游客数量，以此确保自然风景区的环境及游客们的感受品质。同时，我们将继续大力发展国家级公园和生态旅游示范区的发展，并努力推广旅游循环经济试验区项目。此外，进一步优化旅游产业与环保之间的协调关系，支持生态旅游景点和绿色酒店获得认证，并且激励旅游公司节能减排。

四、深化体制机制改革

（一）创新管理体制机制

旅游住宿、旅游景区和度假区、旅游零售、旅游演艺等领域的企业，应将更多的精力放在消费端的产品质量和服务效率上，而不是政府关系和媒体关注上。提升行政部门的职责转换，增强其在法规监督、政策引导、计划调节、财务控制、商业操控及公共服务等方面的作用，降低对旅行公司运营行为的影响。依据"由政府领导、以公司为主体、通过行业推动、受市场驱使"的标准，建立适应旅游产业发展规则、有效且实际的管理结构与运作模式。

（二）推进改革试点工作

以改革试点的方式推动传统旅游产品转型，让人民群众有得游、游得起、游得舒心、玩得放心，在旅游中领略自然之美、领悟文化之美，不断提升人民群众的旅游获得感和满意度，是国家战略的方向，也是国有旅游企业职责所在。创新国有旅游企业的投资和融资机制，创建多样化的旅游投资和融资平台；促进资产重组和资源整合，根据现代旅游行业发展模式创建企业孵化器机制，培养龙头企业集团；发展旅游循环经济，探寻将旅游发展与生态环境保护和旅游资源全面循环利用结合的新路子；研究乡村旅游发展模式和商业形式，建立促进城市和农村协调发展、旅游和新农村建设相互影响和利益分配的机制。

（三）推动生产要素流动

遵循国际和国内的"双资源、双市场"战略，主动推行更具包容性和人道主义的旅游出入境政策，全面提升资金、人力、治理及科技等旅游生产要素；同时，改善透明度、公正性、规则性的市场准入体系，放松对于云南省旅游产业中外资股份、经营领域等方面的约束，进一步健全相关服务设施，以促进外地旅游项目从规划到审批再到管理的全过程顺利推进，从而吸引更多的海外旅行团组和知名品牌入驻云南。

（四）深化国际国内合作

充分利用云南优越的地域环境条件，持续深化国内外旅游互动协作，以提高云南旅游产业对外的开放程度。主要致力于推动与中国—东盟自贸区的旅游联系，加大对大湄公河地区及孟中印缅经济圈的旅游协同力度，建立起一整套区域性的国际旅游交融与协作体系，遵循资源共用、游客互相推介、资讯交换、要素流通以及互利双赢的基本原则。此外，还要继续强化与"泛珠三角"地带的旅游联合，并积极推进川滇藏高原上的"大香格里拉"自然景区的旅游联合工作。

（五）大力开拓客源市场

把重点放在塑造新的云南省的旅行印象上，大力倡导旅游作为一种生活的方式、学习的途径及发展的路径；同时要紧紧抓住"有种叫作云南的生活"这个核心信息来开展营销活动，并协调各省份之间的合作关系以便更好地推动地区间的联合广告与产品的开发工作，实现资源互补的效果最大化。以增加旅游市场规模和提高境外游客及外省游客在云南旅游市场的占比为目标，采取多元化的旅游营销策略。进一步塑造"七彩云南，旅游天堂"的旅游目的地形象，持续强化与扩大传统客源市场的同时，努力开拓新的客源市场；同时也要悉心培养潜在客源市场，有条理且系统化地推进出入境旅游市场的建设工作。

第二节　资源配置维度

一、注重点线面结合

（一）力抓昆明龙头

依托文创、大健康产业，将昆明打造成为云南、南亚和东南亚旅游集散中心。建设昆明大健康产业试验区，子项目包括医养小镇、温泉小镇、大健康中心等新项目；建设"七彩云南"文化演艺主题公园，"七彩云南、旅游天堂"品牌形象已经深入人心；参与昆明城市旅游提升改造（PPP模式）工程，包括昆明城区highline铁路公园景观带、公共基础设施建设、昆明老街等项目；开工建设一批医疗健康旅游项目，打造以治疗、康复、保健等为重点，以休闲度假为补充的"养体养心"医疗健康旅游产品，建设国际著名、国内一流的医疗健康旅游目的地。

昆明市素有"春城"之称，是中国对东南亚、南亚开放的门户，具有得天独厚的生态、资源和地理优势，为发展大健康产业提供了得天独厚的条件。大力发展大健康产业，建设中国健康名城，有助于昆明更好地把自己的优势和"健康中国"的战略有机地结合起来，为昆明的发展探索出一条新的发展道路。开工建设一批养老保健、医疗保健等旅游项目，力争将其打造成云南文旅产业的新品牌、新亮点。与此同时，华侨城可以依托自身文化演艺产业的优势，再造一个大型精品旅游演艺区，为云南文化旅游再添精品，同时借助"一带一路"和"孟中印缅经济走廊"等战略机遇，加强文化交流，实施"走出去"战略。

（二）打通沿边通道

积极发展边境旅游、跨境旅游项目建设，将云南建设成为中国通向亚欧大陆的旅游目的地、游客集散地。在沿边地区重点打造国内外知名的特色小镇和民族村寨；开展三大跨境旅游合作区建设，包括中缅边境（瑞丽）、中老边境（磨憨）、中越边境（河口）；打造史迪威公路旅游线、驼峰航线低空飞行旅游项目、松山战役遗址旅游项目、高黎贡山生态旅游项目等；重建南方古丝绸之路旅游线；参与滇越铁路历史文化旅游线路开发。

云南省需要主动融入"一带一路"倡议，打通云南通往老挝、缅甸、泰国的边境旅游通道，联通南亚东南亚区域。建议华侨城参与建设腾冲、瑞丽、西双版纳、河口等沿边小镇，推动旅游产业和沿边城市建设融合发展。华侨城可率先倡导打造"国际无障碍旅游区"，建设边境贸易街、沿边交通基础设施、口岸设施、配套服务设施、跨国购物店、跨国酒店等。例如，腾冲－密支那－瑞丽旅游区被认为是全球旅游资源最为丰富的地区之一。为充分利用其旅游资源，我们提倡由相关政府部门主导并联合其他相关部门，构建一条从腾冲到猴桥再到密支那至瓦城最后到达瑞丽的旅游循环路线，同时设立多条"口岸—口岸"的旅游路径。

（三）建设生态旅游区

大力发展农庄旅游、养生旅游，将云南打造成国内外著名的文化生态旅游目的地。在普洱、西双版纳、腾冲等地开发农庄旅游、养生旅游项目，打造生态旅游主品牌；重点开发建设金沙江大峡谷、澜沧江大峡谷、怒江大峡谷和独龙江国家公园等新兴生态旅游区，充分发挥"三江并流"世界自然遗产的品牌效应；开展对交通基础设施、旅游公共服务设施和国家公园、旅游景区、旅游城镇、旅游特色村等重大重点项目建设；开展推进大香格里拉生态旅游区建设发展，进一步做精滇西北香格里拉生态旅游区。

习近平同志指出："绿水青山就是金山银山。"这句话在云南的旅游开发中尤显重要。我们应持续推动以国家公园、国家生态旅游示范区、生态湿地、国家森林公园和自然保护区等为代表的旅游发展和建设模式，不断提升资源和环境的节约和利用水平，开发一批生态旅游产品，积极探索建立旅游开发与生态保护的互动运行机制，实现旅游的生态效益、经济效益和社会效益。

（四）文化赋能旅游经济

打造文化旅游精品名牌新产品，重塑"七彩云南、旅游天堂"品牌形象。建设文化旅游产业示范园、主题文化游乐园、红色文化旅游区，着力打造旅游节庆品牌，培育特色节庆活动等旅游产品；立足"文化+旅游+城镇化"战略，结合云南传统村落和民族村寨特色，可通过深挖各村寨文化特色，打造多个民俗文化和历史文化特色小镇。充分发挥云南民族历史文化优势，推进旅游与文化建设深度融合。在抓住建设滇中城市经济圈的重大战略机遇的同时，依托滇中国际旅游城市圈和不断改善的交通条件，使区域内丰富的旅游资源、独特的地理位置和强大的经济基础可以得到充分的发挥。华侨城很早就开始发展旅游文化演艺市场，从1991年的《艺术大游行》到2008年的《金面王朝》和《千古风流》再到2010年的《天禅》，截至目前累计推出的中大型演艺60余台。云南民族歌舞独具特色，《云南印象》《印象丽江》《傣秀》等旅游演艺产品全国知名，然而云南少数民族众多，许多民族歌舞仍有待挖掘，华侨城可以依托自身文化演艺产业的优势，再造一个大型精品旅游演艺，为云南文化旅游再添精品，同时借助"一带一路"和"孟中印缅经济走廊"等战略机遇，加强文化交流，实施"走出去"战略。

（五）突出旅居生活

打造高端休闲疗养和康体养生旅游产品，建设提升"滇派温泉"、休闲养生度假区，投资开发昆明大峡谷温泉产业园，对滇西旅游黄金线路上的洱源温泉旅游度假区进行整体打造，打造腾冲、高黎贡山养生温泉旅游项目。

云南是全国温泉资源最丰富的地区之一，约有 1240 处天然露泉，占全国总数 1/3 左右。目前，云南温泉旅游已步入产业化阶段，是集温泉休闲、度假、保健、疗养、观光、娱乐于一体的综合性温泉休闲度假目的地。华侨城可以利用云南省资源优势大力培育昆明安宁－富民温泉群、腾冲－龙陵温泉群、红河弥勒温泉群、昭通水富温泉群、大理洱源温泉群等温泉群，并且重点推动安宁温泉养生度假区、阳宗海柏联温泉度假区、腾冲热海温泉旅游区、水富西部大峡谷温泉度假区、洱源大理地热国、弥勒湖泉温泉康养旅游区等多个温泉养生度假区的建设和提升，并以此为契机。以温泉养生度假区作为突破口，将温泉旅游产品开发向主题化、体验性、综合性方向发展，打造云南温泉旅游 5.0 产品，再创云南温泉旅游新亮点，进而推动云南省传统温泉休闲度假旅游产品向高端休闲疗养和康体养生方向转型发展。

二、优化空间布局

（一）滇中昆明——面向南亚和东南亚旅游集散中心

打造面向南亚东南亚国家、连接国内周边省区市的区域性国际旅游目的地和旅游辐射中心。充分发挥昆明舒适宜人的"春城"气候、高原湖泊群、历史文化名城和我国面向南亚东南亚开放的中心城市、国际大通道交通枢纽等比较优势，以建设区域性国际旅游城市为目标，加快城市基础设施建设，增强城市旅游综合功能，大力推进旅游型城市综合体项目的建设，进一步提升昆明乃至滇中的旅游综合实力；努力把昆明建成国内外知名的国际旅游目的地和区域性国际旅游城市，面向南亚东南亚旅游辐射中心城市和滇中国际旅游城市圈的核心区。

（二）滇西北昆大丽——文化生态旅游经济带

打造文化生态旅游精品品牌和国内外著名的文化生态旅游新高地。进一步巩固提升丽江古城世界文化遗产旅游地、大理苍洱旅游区、香格里拉普达措国家公园等国内外知名旅游区，充分发挥"三江并流"世界自然遗产的品牌效应，重点开发建设金沙江大峡谷、澜沧江大峡谷、怒江大峡谷和独龙江国家公园等新兴旅游集聚区。加快交通基础设施、旅游公共服务设施和国家公园、旅游景区、旅游城镇、旅游特色村等重大重点项目建设。加强与四川、西藏的区域旅游合作，积极推进大香格里拉生态旅游区建设发展，进一步做精滇西北文化生态旅游经济带，着力打造成国内外著名的文化生态旅游经济带。

（三）滇南昆玉红——旅游文化产业经济带

打造成云南旅游产业转型升级的重要引擎地、产业融合发展的示范区。抓住建设滇中城市经济圈的重大战略机遇，以滇中国际旅游城市圈和快速改善的交通条件为依托，充分发挥区域内丰富的旅游资源、独特的区位和雄厚的经济基础，以培育打造石林、元阳哈尼梯田和澄江古生物化石群等世界遗产旅游地、滇池和阳宗海国家旅游度假区、抚仙湖康体休闲度假区、建水文化生态旅游区等旅游集聚区为重点，进一步提升交通基础设施，创新旅游产品和业态，加快旅游重大重点项目建设，带动滇中、滇东南旅游片区发展，为云南省经济社会发展作出更大贡献。

（四）滇西昆腾瑞——沿边跨境旅游经济带

打造成以面向南亚为重点的区域性国际旅游区和旅游集散地。抓住国家推动沿边开放、共建"一带一路"、加快澜沧江-湄公河次区域合作以及孟中印缅、中国-中南半岛经济走廊建设等重要机遇，依托瑞丽开发开放试验区、保山腾冲边境经济合作区、临沧世界微电影基地、泛亚铁路、杭瑞高速公路以及芒市、保山、腾冲、沧源机场等项目，积极推进一系列边境跨境旅游合作区、边境旅游试验区与旅游重点项目的建设，致力于打造沿边跨境旅游经济带，建立连接南亚东南亚的区域国际旅游圈，进一步提升云南省旅游国际化发展水平，为扩大沿边开放和促进地区经济发展作出积极贡献。

三、增强县域经济发展能力

以旅游产业发展为龙头，以城市商业设施建设为重点，以城市个性特色建设为方向，打造系列旅游目的地。根据全省旅游产业发展基础，以吸引物要素、交通条件、旅游设施、便利性服务等为条件，打造重点旅游目的地，即云南省的八大旅游经济强县（市、区）。

（一）玉龙县

玉龙县是丽江市下辖县之一，早在 2008 年便入选了首批"中国旅游强县"，如今取得了包括世界文化遗产、世界自然遗产、世界记忆遗产、中国旅游强县、国家 5A 级旅游区、国家地质公园、国家红色经典旅游景区、国家爱国主义教育基地、云南省旅游小镇、云南省旅游特色村 10 个品牌。玉龙县旅游资源丰富密集，具备丰富的自然和人文旅游资源。玉龙县具备许多著名自然景观和人文景观，如玉龙雪山、老君山、长江第一湾和虎跳峡等自然景观，以及东巴文化、白沙古街、白沙壁画、玉水寨和纳西古乐等人文景观，这些景点都各具特色，吸引了许多游客。除此之外，这里的野生动植物资源也非常丰富多样，如滇金丝猴、中华秋沙鸭、南方红豆杉和滇山茶等。玉龙县已经形成"两山、一带、一江、一文化"的旅游发展格局，集休闲旅游、文化旅游、生态旅游、乡村旅游、红色旅游互动发展的产品体系，旅游经济发展水平成绩突出。

（二）石林彝族自治县

石林彝族自治县是昆明市下辖的远郊县，目前拥有两大世界品牌，五大中国品牌，即世界自然遗产、世界地质公园、国家级风景名胜区、国家 5A 级旅游景区、国家地质公园、国家非物质文化遗产地、全国文明风景旅游区示范点。石林近年来累计投入近 10 亿元完善旅游基础设施和配套服务设施，形成了系统科学的发展思路、务实创新的管理模式。其中，石林风景区先后通过了 2000 年 ISO 9001 质量管理体系认证、1996 年 ISO 14001 环境管理体系认证、2001 年 GB/T 28001 职业健康安全管理体系认证，并连续三年接受国际认可中心的监督审核，使石林管理迈向了与国际接轨的"科学化、规范化、程序化、制度化"发展阶段。

（三）安宁市

安宁市是昆明市代管的县级市，地理位置优越，是昆明通往滇西 8 个地州，并经畹町直接与缅甸相连的交通重镇。安宁历史上就是著名的温泉疗养区，其温泉"天下第一汤"自东汉以来就被发现和开发利用；明代大旅行家徐霞客称"此水实为第一，不可不饮"；前国家副主席董必武题诗道"莫夸六国黄金印，来试三迤碧玉泉"；著名诗人郭沫若更是对温泉留下了好评"千树红云迎客履，一池碧玉涤风尘"。以温泉旅游为主导，安宁市开发建设了金方日式森林温泉、温泉心景度假村、温泉小镇、豪生温泉度假酒店、欧罗巴乡村庄园、瑞源生态休闲园等，形成了温泉小镇、温泉景区、温泉酒店、休闲农庄、餐饮娱乐等完整的旅游产业体系，成为昆明城区近郊主要的休闲、观光、度假旅游地。

（四）罗平县

罗平县是曲靖市下辖的县之一，近年来随着旅游产业蓬勃发展，获得过多项殊荣，相继入选"中国优秀旅游名县""中国文化旅游大县""中国县域旅游品牌百强县（区）""中国旅游百强县"。罗平县旅游资源丰富且独具特色，形成了油菜花海、金鸡峰丛、九龙瀑布、多依河风光、鲁布革电站、牛街螺丝田、鲁布革国家森林公园等旅游景区。罗平县的旅游节庆独具特色，以峰丛峰林为背景，以万亩油菜花为主题，以景区游览、歌舞表演、摄影比赛等为内容的罗平油菜花节已成为中国最知名的地方旅游节庆。万亩油菜花海被上海大世界基尼斯总部授予"世界最大的自然天成花园（油菜种植园）"称号，被国家旅游局评为"首批全国农业旅游示范点"，鲁布革电站被评为"首批全国工业旅游示范点"，罗平金鸡峰林被中国地理学会评为"中国最美的峰林"。

（五）弥勒市

弥勒市是红河哈尼族彝族自治州下辖的县级市，拥有"蔗糖之乡"

"烤烟之乡""高原葡萄之乡""阿细跳月之乡"等多种美誉。弥勒市历史文化资源丰富，曾出过明末兵部尚书杨绳武、清末巨商王炽、著名数学家熊庆来、抗日名将张冲等，昆明大观楼长联作者孙髯翁也长眠于此。弥勒彝族文化深厚灿烂，以阿细跳月、阿细祭火、阿哲大跳、阿细先基、彝文白马经书等为代表，积淀了深厚的彝族文化底蕴。全国唯一以佛命名的弥勒市，以及以弥勒寺、慈云洞、地藏寺、禹门寺为代表的古迹禅寺，形成以弥勒佛为代表的佛文化旅游。目前，弥勒市开发建设了湖泉生态园、红河卷烟厂、云南红酒庄、锦屏山风景区、庆来公园、可邑民族文化生态村等一批旅游度假区、工农业示范区、风景名胜区等，形成集休闲度假、工农业观光、民族文化旅游、佛文化旅游于一体的旅游发展格局。

（六）洱源县

洱源县是大理白族自治州下辖县之一，位于洱海之源，地理位置优越，因自然资源丰富，有"温泉之乡""高原水乡""鱼米之乡""梅子之乡""乳牛之乡""兰花之乡"等多种美称。洱源县自然风光旖旎，风景名胜众多，包括西湖、茈碧湖、海西海、鸟吊山等景区景点。西湖水乡湖中有村，村中有湖，柳岸芦湾，烟渚渔歌，于2009年被国家林业局批准为国家湿地公园。洱源的历史文化积淀深厚，民族文化绚丽多彩。唐初浪穹诏主丰时设治颖州巷、筑凤凰台、凿白沙井，南诏统一六诏时白洁夫人率兵抗敌，明将傅友德与元右臣普颜笃大战佛光寨，明建文皇帝避难眠龙洞、躬耕石龙寺，等等，都留下许许多多的传说和遗迹。洱源各族人民勤劳智慧、能歌善舞，是"神话王国"和"天女撒歌的地方"，是著名的"白族唢呐之乡"。当前，以温泉旅游为特色，在不断推进旅游发展过程中，旅游产业正逐渐成为洱源县域支柱产业之一。

（七）腾冲市

腾冲市为由保山市代管的县级市，素有"极边第一城"之称，是古西南丝绸之路的要道、著名的侨乡、著名的翡翠集散地、省级历史文化名城。依托丰富的生态资源、地质资源、人文资源，腾冲市形成了集生态文化、地质文化、翡翠文化、丝路文化、抗战文化、乡村文化为主题的旅游发展格局，成为一座火山与温泉并存的生态休闲度假城市。腾冲市拥有和顺古镇、热海风景区、火山国家地质公园、北海湿地保护区、来凤山国家级森林公园等一批国家级旅游景区，并以大型原创旅游歌舞晚会《梦幻腾冲》为亮点，建设"国内一流、世界知名"的生态休闲康体旅游目的地，打造腾冲"健康之旅，和谐之旅"，凸显"世界腾冲，天下和顺"的旅游品牌形象。"十二五"期间，腾冲市旅游经济继续快速发展，五年来共接待游客2893万人次，是"十一五"的1.9倍；旅游收入从20.1亿元增至66亿元，年均增长率26.8%。

（八）香格里拉市

香格里拉市是迪庆藏族自治州下辖市及首府所在地，拥有中国第一个国家公园——普达措，以"香格里拉"品牌享誉世界，是众多海内外旅游者向往的旅游胜地，现已成为全国八大黄金旅游热线之一，也是自驾车旅游者首选目的地。香格里拉市的旅游资源非常壮观，境内雪山耸峙，草原广袤，河谷深切，海拔在4000米以上的雪山有470座，著名的有梅里雪山、巴拉更宗雪山、浪都雪山、哈巴雪山等。当前，香格里拉市以打造世界旅游精品为目标，投资开发建设虎跳峡、松赞林寺、碧塔海、属都湖、独克宗古城等一批旅游景区，形成完整的旅游接待体系，旅游产业成为该县域经济的龙头产业。已经成功打造的著名景区有梅里雪山景区、普达措国家公园、虎跳峡景区、松赞林寺景区、蓝月山谷景区、大峡谷巴拉格宗景区、霞给藏族文化生态村、纳帕海景区、天生桥景区、迪庆州博物馆、藏经堂景区、民族服饰展演中心、香格里拉高山植物园、香格里拉茶马古道金色大厅等，全市旅游经济继续保持快速发展势头。

第三节 市场需求维度

一、高质量旅游目的地建设

（一）营造和谐旅游环境

"人山人海吃红利、圈山圈水收门票"的大众旅游初级阶段已经过去，分众需求、多元供给、即时生产的新兴业态正在成为新时期旅游发展的新力量。应尊重市场需求，进一步加强文明旅游、和平旅游及诚信旅游的引导和教育，引导旅游从业人员形成爱岗敬业、诚实守信、明礼守法的良好氛围；引导和帮助旅游地居民树立旅游发展意识，积极参与和支持旅游发展，增强对旅游发展的认同感和自豪感，自觉为旅游者提供友好、热情的帮助和服务；积极引导旅游者文明出行、健康旅游和理性消费以及尊重自然、与人为善和友好交往，着力构建和谐的旅游关系，营造和谐的旅游环境。

（二）推进法规标准建设

贯彻实施《中华人民共和国旅游法》，制定完善配套法规和标准；加快制定一批涵盖旅游产业各要素、旅游公共服务、旅游安全等领域的云南旅游服务质量标准，形成以通用基础标准、产业运营标准、公共设施标准、接待服务标准、监督管理标准为构架的云南旅游标准体系；加大旅游标准的贯彻执行力度，推动旅游标准的合同化管理。支持各地根据旅游产业发展需求，合理规划、有序建设旅游咨询中心、旅游集散中心、旅游厕所、旅游风景道、旅游交通标识标牌、智慧旅游公共服务平台等旅游公共设施。推动打造一批旅游公路、国内水路客运旅游精品航线，完善旅游航线网络、旅游列车线路、自驾车旅游服务体系。

（三）加大市场监管力度

发挥旅游市场综合监管机制作用，合力规范旅游市场秩序。以规范市场秩序和提升服务质量为目标，通过进一步完善旅游市场准入与退出机制，不断创新监管工作机制，建立旅游经营者诚信等级认定、信用监督和行业失信惩戒制度，建立旅游服务质量舆情监测、引导和处置系统等多种有效手段，进一步加强旅游市场的监管力度，在全省范围内逐步形成良好的旅游市场秩序。采用云计算、大数据、人工智能等新技术加强市场动态监测和数据科学治理，持续推进旅游行政审批"一网通办"。引导支持旅游企业整合公共、行业、市场等多方信息，探索推出以信用为基础的便捷消费产品和服务，提升服务质量，优化消费体验。

（四）提升公共服务能力

以国家推进基本公共服务均等化为契机，按照文化和旅游部和省政府关于加快建设旅游公共服务设施的要求，以旅游服务配套穿针引线，探索构建主客共享的无障碍、人性化旅游服务体系，继续推进游客服务中心、游客休息站点、旅游厕所、自驾车（房车）露营地、停车场及旅游公共标识等公共服务设施建设。以中老国际铁路开通为契机，积极宣传云南旅游的香格里拉、户外天堂和生活方式，围绕"坐着火车游云南"为主题，提高入境游客使用境外银行卡及各类电子支付方式便捷程度以及外币兑换便利性。

（五）加快旅游人才队伍建设

全力推进"旅游人才强国"策略，并为旅游人才团队的发展设定长远的目标。同时，加强对旅游人才的教育投入，优化旅游教育的综合实力。构建全面且有效的旅游职业资质、职称及专业技术等级系统，以提升专业人士的专业性和职业素质。通过国家与云南省的人才分配方案，吸引关键性的高层次旅游人才加入旅游行业。改善旅游人才评估标准和人员流转流程，创建"云南旅游人才信息库"。此外，还要鼓励和促进旅游科研机构和旅游策划公司的发展，重点开展旅游的基础科学理论及其实际运用方面的研究工作。通过旅游科研和应用研究，促进学术成果转化，进一步促进旅游产业的科学发展。

（六）加快信息技术推广应用

以"旅游+""互联网+"为指导，推动"旅游+互联网"一体化发展，通过积极利用互联网，促进云南旅游产业的发展方式、转变发展模式、提升管理效率、提升服务品质，让创新的动力得到进一步的提升。以建设中国—南亚—东南亚旅游大数据中心、智慧旅游营销系统、智慧旅游服务体系等为建设重点。

二、高质量的消费体验

（一）加大政府引导资金投入

各级政府和财政部门要积极筹措资金，对旅游建设发展给予引导性支持；重点旅游州（市）、县（市）要按照本地旅游发展的实际需求，依据所在地的经济发展水平，逐年设立一笔旅游发展专项基金，重点用于旅游基础设施和公共服务设施建设、旅游市场宣传推广、旅游人才培训等方面；对于各种类型的旅游发展专用资金使用需要更严格的规定，并对其实施效益评价，以便更好地为政府投入指引方向，同时鼓励私营企业和个人也能够积极地加入旅游事业。

（二）强化金融支持旅游力度

金融机构要加大对旅游产业发展的支持力度，包括指导各大国营或民营银行为其提供额外的贷款援助，以便资助关键性的旅游项目；鼓励建立以政府出资为主，社会资本参与，专业机构管理为主体的旅游产业发展基金和股权投资基金；支持和引导有条件的旅游企业发行各类企业债券；鼓励省内上市挂牌和综合实力强的大中型企业跨地域、跨行业进行股权投资，大力开展并购和重组工作；支持旅游项目建设运用PPP模式，鼓励推广众筹方式，吸引更多的民间资本参与旅游开发建设。

（三）保障旅游建设用地供给

按照《关于支持旅游产业发展用地政策的意见》的要求，结合云南旅游产业发展实际，制定细化全省旅游建设用地的具体实施办法；在全省国土利用规划和城乡规划中统筹安排用地指标，在年度土地供应计划中明确旅游产业发展用地规模，加大对旅游产业重大重点项目的用地支持；此外，还须探索新的旅游领域内的土地运用方法，扩展与旅游相关的土地范围，鼓励公司或个人通过现有的房屋和土地资产来推动旅游事业的发展。鼓励开发利用地下、空中资源的旅游产业项目，增加土地利用率。

（四）给予旅游企业优惠政策

充分用好现行的财税政策，对符合国家和云南省出台的有关税收优惠政策的旅游企业，可按有关规定在税收上给予优惠，并依法给予相应的减免。执行与工业公司相同的水电燃气费用；对于星级酒店以及经过评估达到标准的经济型酒店和特色民宿旅馆，其有线电视安装费和有线电视收看维护费，将根据实际安装终端数量的70%来计算。

（五）实行宽松对外开放政策

进一步简化入境旅游手续，鼓励跨境旅游发展，对新开辟的国际及港澳台航线客运航班、机场所在地省和州（市）财政应给予适当补贴。对新开通国际和港澳台航线的旅客和货物，以及对国际（地区）航空公司在云南航线上的新航线，在起飞和降落费用等方面给予一定的优惠；对新进入云南航空市场的国际（地区）航空公司，在起降费方面给予奖励。对于通过云南国家级口岸进口的境外展品，通过"绿色"通道，延长通关时间，实行统一担保，在会展地海关集中查验、检验检疫口岸和现场监管相结合，为其提供通关便利。

（六）出台旅游惠民便民措施

贯彻实施《国民休闲旅游纲要（2013—2020年）》有关完善国民旅游休闲公共服务等方面的要求，针对交通设施、景区游览、旅游厕所、信息服务、医疗救助等，为游客提供更多的优惠政策；按照风景名胜区的性质和等级，制定一套科学、合理的门票价格和运营机制，并逐步拓展其优惠幅度；发行旅游一卡通并逐步完善它的功能，让持卡人在吃、住、行、游、购、娱等方面的消费都可以通过一卡通支付，并获得不同程度的优惠；组建并逐步完善旅游志愿者服务队伍，在全省范围内营造"人人愿为、人人能为、时时可为"的旅游志愿者发展环境。

三、提升企业经营效率

（一）壮大旅游企业

以发展壮大旅游企业为目标，坚持统筹协调、分类指导和市场化运作等基本原则，围绕旅游产业要素，打造一批在国内外具有一定影响力和知名度的旅游企业，全面提升全省旅游企业的核心竞争力。

1. 培育壮大10家全面的大型旅游公司

要鼓励大型国有企业和有实力的民企依托自身行业资源优势和人才优势，整合内部资源，延伸产业链条，优化资产结构，扩大投资规模，实现全产业链经营。在全省范围内重点打造 10 家左右具有较强横向、纵向跨界整合能力的大型旅游企业集团。

2. 培育做优 100 家区域性骨干旅游企业

支持有实力的要素旅游企业创新商业经营模式，增强技术创新能力，在全省逐步培育 100 家左右整体竞争优势明显、行业内竞争力较强的旅游骨干企业，尤其是旅行社、精品度假酒店、旅游景区、旅游交通运输、旅游商品产销、旅游餐饮、旅游娱乐等企业。

3. 培育做精 1000 家特色中小型旅游企业

以新技术引进、新业态培育、乡村旅游建设等为重点，通过众创众筹等比较灵活的投融资渠道，鼓励众多旅游创业者发展创客街区，开设众创空间，实施众筹项目，在全省分类培育 1000 家左右具有竞争力和发展特色的成长型旅游中小企业。

（二）促进产业链升级

1. 基地型旅游向产业链旅游升级

供给侧解决的是"卖什么"的问题，需求侧解决的是"买什么"的问题。企业要开发的不仅是一个景区、一个乐园、一个度假区，企业要掌控的是游客到来至离开的整个消费环节，哪个环节是看点、哪个环节是亮点、哪个环节是卖点，就是企业所追求的盈利点。没有看点、亮点和卖点，就没有盈利点，这是一般人看得到的，因此，企业成功的关键就在于找到那个一般人看不到的盈利点，并将其打造成为产业链。

2. 政府主导旅游向企业运作旅游转型

社会的活力来自企业的强大，社会的稳定来自政府的公正，社会的幸福来自百姓的满足。企业的强大是最基本的动力源，云南省旅游发展需要大企业的运作、大企业的谋划、大企业的突破、大企业的格局，旅游企业强大才是云南旅游强大之本，才是市场活跃的关键。

3. 项目带动型旅游向运营管理型旅游转型

大项目、高投入、集中开发固然是快速发展之路，但是在资源圈定、土地价格、项目储备等条件都已具备的基础上，向整合资源、盘活资产、聚焦目标的运营管理方向发展，向建立产业链、强化经营管理、追求经营目标等方向发力。建立以世博园为核心依托的产业集群、以元阳梯田为依托的产业集群等，通过产业整合提高经营效率，围绕目标组织产业要素，瞄准目标开展经营活动。

4. 地产盈利型旅游向优质盈利型旅游转型

华侨城之前的产业链中，房地产是盈利的核心支撑，产业形态清晰、资金来源明确、回报周期可控、经营手段简洁。但是以房地产为盈利支撑的模式已被各方全面掌握，土地价格、购买潜力、规制要求、利润空间等都已大大压缩。产业链的背后还有什么增长点，旅游全要素整合中还有什么盈利点，资金回笼途径中还有什么空间等问题，需要进行认真思考和深度挖掘。毕竟主题公园＋地产、遗址保护＋地产，都是以观光旅游为主导、以房产购买为基础的。还有什么是最创新、最有效、最快捷的方式？云南旅游需要创新，华侨城也需要创新，并在全球范围内寻找样本。

（三）促进运营商转型升级

1. 建立旅游流控制系统——掌控旅游产业链

控制景区资源犹如控制电站，控制产业链犹如掌控电网，电网才是盈利的直接来源和主渠道。华侨城集团在云南省已经控制了部分资源景区，但是未能控制产业链，未建立游客从进入到离开的旅游流掌控系统。反倒是旅行社做得最好，部分房地产商购买旅行社等就是最好的例证。因此，需要建立以旅行社为龙头的旅游流量控制系统。

2. 建立吸引物承载系统——控制旅游景区群

旅游者毕竟是冲着吸引物来的，但是吸引物的内涵与外延已发生重要改变。吸引物不仅是提供游览观赏的对象，更重要的是提供感受体验的场景。因此，需要掌控的不仅是物质性的景区载体，而是物质载体承载的生活方式和新奇体验。大理双廊走红、丽江旅游魅力不减、普者黑迅速蹿红等，表明有故事的吸引物才是游客感兴趣的景区。因此，经营景区故事才是使景区具有魅力的王道。

3. 建立游客集散站点系统——控制系列酒店

酒店连锁经营、品牌延伸经营、饭店集团化经营等，最值得借鉴。例如，虽然非洲的基础设施落后、社区贫穷混乱、突发事件不断等，但仍然能够提供高质量的旅游体验，关键就在于企业建立汽车公司（丰田、路虎改装游猎汽车）、连锁酒店系列（MARINA 度假酒店等）、国家公园体系（自然保护区）等游客集散体系，确保游客在肯尼亚、坦桑尼亚等国的旅游体验质量，而且价格不菲。

4. 建立旅游电子商务系统——控制线上经营渠道

电子商务已成为景区推广、线路推荐、酒店销售、支付结算、游客评价等综合性生产工具，线上与线下互动已成为时代的趋势与潮流，建立强大的电子商务平台，形成虚拟世界与实体世界的互动，已经无法逆转与避免。

第四节 政策体系维度

一、融入国家战略与政策

（一）主动融入"一带一路"倡议

2015 年国务院办公厅颁布了《关于支持沿边重点地区开发开放若干政策措施的意见》，充分肯定了开发开放跨境旅游合作区和边境旅游试验区的战略意义与地位。经过几年的探索，跨境旅游合作取得了一定进展，其战略定位和强带动性日益受到重视。在"一带一路"倡议背景下，云南需要深化跨境旅游合作，不断寻求突破边境障碍的合作方式和创新业态。

1. 向纵深拓展跨境旅游活动

无论是在国内还是在国外，国际跨境旅游线路和产品都具有一定的复杂性。跨境旅游线路产品，需要在相邻国家之间通过共同的旅游线路建设建立起边境社区交往通道，使边境地区克服通道障碍，获得共同发展。与此同时，跨境旅游合作因其独特的生态保护性、文化差异性和交通便利性成为吸引各国游客关注的对象。因此，在我国跨境旅游活动基础上，可以尝试继续深化跨境旅游在线路、服务设施等方面的建设，使跨境旅游活动向纵深方向拓展。

2. 推行"中国－东盟"单一签证

我国与周边国家深化跨境旅游合作，可通过建设无障碍旅游区的方式，提高边境通行便利程度。我国边境旅游异地办证业务近年来虽然逐步恢复，但手续仍烦琐，在自驾车出境方面，因涉及双方的政策、文化等问题，同样存在诸多不便。中国可联合东盟各国，推行类似欧洲国家的申根签证的"中国－东盟"单一签证，建立一个与欧盟相似的亚洲单一市场，一旦持有单一签证，无须办理新签证，即可入境中国和东盟任意国家，这将为来自世界各地的游客们提供极大的便利，促进区域经济一体化。

3. 以开发开放方式促进边境安全管理

安全保障是边境旅游和跨境旅游合作的重中之重，从国际经验来看，开放、发展的边界有助于边境安全管理。虽然国际跨境游道在边境安全管理方面面临着一些威胁，如来自俄罗斯和其他东欧国家的跨境犯罪方面的威胁、来自非洲和中东的非法移民方面的威胁等，但是开放型边界比起封闭型边界来说，在帮助边境社区发展，促进就业和经济发展等方面产生的贡献不容忽视。相较于欧洲开放的边境安全管理思维，我国的边境安全管理以防范和封闭为主。我国一些边境省份虽然制定了边境旅游安全管理的政策和措施，但由于缺乏边境旅游影响干预机制，边境旅游安全问题一直困扰当地的旅游发展。例如，云南省到目前为止只发布实施了《边境旅游暂行管理办法》，由于缺乏权威机构进行统一管理，一些边境地区的非法活动没能得到有效控制。因此，我国沿边地区的开发开放，需要建立新的、开放的、发展的思维，将沿边地区的旅游发展与地区合作相结合，以积极的态度，将边境管理注入发展、开放的新思维。

（二）旅游带动"乡村振兴"政策

1. 完善乡村文旅公共服务设施

以绿色化、差异化、生态化发展为目标，以优化结构、转型升级、提质增效为主线，以文化引领、乡村创新、融合发展为动力，以加快重大旅游项目建设为突破口，创新旅游业态、创新联动机制、创新营销模式，完善旅游基础设施，深化旅游对外开放，健全乡村旅游公共服务体系，规范旅游市场秩序，充分发挥市场在配置资源中的决定性作用，提升乡村旅游服务水平、整体品质和乡村旅游产业综合效益，形成"共建共享美好生活、共建共享基础设施、共建共享公共服务、共建共享生态环境"的乡村旅游发展大格局。

2. 推动乡村"旅游+"融合工程

推动"旅游+"多产业融合发展，引导社会资本以租赁、承包、联营、股份合作等多种形式投资开发乡村旅游项目，兴办各种旅游开发性企业和实体，推进旅游与农业、水利、工业、林业、文化、交通、体育、康养、养老等多产业融合发展，深度开发森林康养、户外运动等体验性文化旅游活动。加快成立一批旅游专业合作社，支持村级集体经济组织兴办旅游公司、旅游农场，大力发展"公司+农户""专业合作社+农户"、综合开发、整村推进等乡村旅游开发建设经营模式。

3. 打造乡村旅游品牌

整合民俗文化旅游资源，打造特色鲜明的乡村民俗文化旅游品牌，将文化软实力转变为旅游产业发展的硬支撑（如用行政手段，可要求所有的行政事业单位工作人员在民族节庆日必须着民族服饰），以此提升乡村旅游发展必需的民族节庆文化氛围，拓展民俗文化旅游新业态。

（三）旅游促进RCEP建设政策

1. 拓展邻国入境旅游市场

加强与周边国家的跨境旅游合作，为入境旅游消费者营造良好的旅游环境。近年来，边境地区作为与周边国家开放合作的前沿地带，积极响应国家政策，发挥区位优势，边境旅游便成为重要抓手，在促进经济发展、睦邻友好、边民和睦中发挥着重大作用。然而，云南与邻国在跨境旅游合作中仍存在诸多障碍和瓶颈，如边境口岸通关便利程度不高、边境旅游资源开发不足等。因此，云南可以在简化口岸通关手续、提供更好签证服务的同时，积极发展中老、中缅、中越边境旅游，加强边境口岸软硬设施建设，促进邻国入境旅游市场蓬勃发展。

2. 培育竞争力强的跨国旅游企业

具有世界竞争力的旅游跨国公司，正是云南所欠缺的，因此，云南应培育竞争力强的跨国旅游企业,在国际竞争中站稳脚跟并逐渐形成中国旅游竞争优势。RCEP 中有关旅游服务贸易的条款在一定程度上削弱了东道国竞争的不确定性,RCEP 已明确提出并制定竞争和争端解决政策,保障各成员国在其他成员国的合法利益,为解决争端提供有效、高效和透明的规则与程序,这些都为云南培养跨国旅游企业提供了保障。云南旅游企业可在旅游资源丰富、入境旅游人次较多的 RCEP 国家设立分公司,聘请新型高端旅游人才开发高质量、特色鲜明的旅游产品,将云南的比较优势与周边国家的优质资源充分结合,以此增强旅游企业的竞争力。

3. 推动旅游产业向国际化方向发展

随着 RCEP 实施带来的旅游企业增加,以及成员国旅游企业"走进来",一体化旅游大市场即将形成。而在面临市场主体数量庞大、市场形态复杂的大市场中,政府管理会陷于疲于奔命、捉襟见肘的窘境。此时,旅游企业便扮演着重要角色。旅游企业在经营模式上,要善于引进与借鉴国外经营方式,开发国际化旅游产品,因地制宜形成具有中国特色的国际化经营模式。在产品创新上,开发高层次、体验性强的旅游产品,形成企业的核心竞争力,以满足国际旅游者的多样化旅游需求。

二、完善旅游市场政策

(一)加强旅游市场促进政策

市场促进政策旨在提高目的地社会关注度、刺激旅游消费需求。对于当前处于机会区的四个市州:红河、迪庆、曲靖、玉溪,要使之朝着优势区改进,需要制定相关政策加以鼓励和推动。一方面,可围绕旅游市场营销与推广发力,为其提供旅游宣传促销经费保障,通过各种渠道推广旅游市场,加强对旅游市场的宣传和推广,利用新媒体、社交媒体等渠道进行营销,提高旅游市场的知名度和影响力。另一方面,可围绕促进旅游市场流动出台相关倾斜政策,可以建立旅游市场流动基地,提供场地和服务支持。政府推动旅游市场流动,同时鼓励旅游企业参与旅游市场流动,提高旅游市场的活力和竞争力。

（二）强化市场保障政策

旅游市场保障政策旨在保障旅游市场秩序与旅游形象。近年来，云南多次成为舆论焦点，舆情信息监管不足，新闻媒体对云南旅游市场不时有负面报道，不仅严重影响了旅游市场秩序，同时国际旅游形象也受到影响，旅游开放稳定性有所下降，极大地限制了云南旅游的持续发展。基于此，政府应加强舆情信息监管，强化旅游市场保障。第一，制定突发旅游安全事件应急预案，构建包含省级、市级、县级以及旅游企事业单位等多层级的应急组织指挥体系，并明确其各层级组织的职责，进行分级应对与协调。第二，加强舆情监测和分析，及时收集和监测互联网、媒体等渠道上的舆情信息，进行舆情分析和评估，及时了解社会关注的热点和问题。第三，积极回应和引导舆情，在出现负面报道时，根据舆情态势，制定相应的舆论回应和引导策略，及时发布信息、回应疑虑、解答问题，引导舆论走向。第四，还应及时发布舆情信息，如官方信息和政策解读等，提供及时、准确的信息，增强政府对公众的透明度和沟通效果。此外，还应加强对正面事件的报道和宣传，引导大众对目的地形象的改观，帮助树立新的良好形象。

三、改进旅游产业政策

（一）注重顶层设计与地方政策的衔接性

首先，云南旅游产业必须从国家或者省级层面进行顶层设计，制定长远的发展计划，并围绕这个目标，健全相关的政策支持体系。其次，要充分发挥省域政策的衔接功能，要密切结合云南省的实际，将国家政策贯彻到全省，明确省域发展目标并细化上级政策；同时，要加强对各地市政策执行情况的督导，指导各市根据各自的实际，进一步完善政策实施方案，逐渐建立起以中央政策为导向，以地方为支撑的政策体系。当下，云南省旅游产业发展水平地区差异悬殊，滇西北及昆明发展相对成熟，滇西南的怒江、保山、临沧等相对滞后。对此，各地政府要根据当地实际情况，结合当地市场需要，制定更切合实际的旅游政策。例如，在旅游景区门票定价管理方面。对于那些二消产品的投入与效益转化已完全实现、新产品能够持续推出的景区，政府应鼓励引导其坚持落实减免门票；而对于那些面临基本运营资金不足等现实问题的景区，政府可给予一定的资金补偿，结合景区自身资源特色及市场需求，合理制定景区门票价格。

（二）坚持政府主导的旅游基建政策导向

旅游产业的发展潜力和可持续发展程度与旅游基础设施建设状况有着密切的关系。因此，对于仍处于改进区的 7 个市州（包括德宏、文山、昭通、普洱、楚雄、临沧和怒江），首先，政府应出台财政政策，不断地投入旅游基础设施建设，设立专项基金，在财政、税收等方面给予支持，鼓励社会各方参与到旅游基础设施建设中来，从而为游客提供舒适的旅游环境，使旅游资源转化能力和投资水平能够与旅游市场发展的需求相匹配，提高区域旅游满意度。此外，构建"快旅慢游"交通网络。打破交通发展和景区资源空间协调困境同样需要政府在基础设施建设上持续发力。如多 A 级旅游景区开发、各类景区同交通等基础发展性设施建设的匹配度、省域内的交通建设等，为此，政府可着力从以多 A 级旅游景区开发为代表的点状政策、以将各类景区串联起来的交通线路为代表的线状政策以及以省域内的交通网络建设为代表的面状政策等三个层次进行完善。以推进旅游交通空间与各类资源空间的协调水平。

（三）以产业创新促进产业升级的产业政策

1. 科技赋能企业创新升级

旅游企业需要进行创新和升级，提供差异化、个性化的产品和服务、加强数字化能力、发展线上业务、提供虚拟旅游体验、通过在线预订、导览、推广等方式，提高用户体验和参与度等，都迫切需要旅游企业增加技术投入，提高创新能力。因此，政府有关部门首先应坚持贯彻落实创新驱动发展战略，出台旅游产业发展的科技赋能计划，包括对表现突出的科技工作者进行奖励等，进一步助推科学技术进步与自主创新，为创新驱动旅游产业发展创造有利的政策环境，夯实科技赋能旅游产业的基础。

2. 推广云上旅游和数字化服务

旅游产业的运营主体要迅速转换思维，顺应新潮流，注重"数智"等技术手段在其日常运营和管理决策中的运用，加速数字化转型，全面增加对旅游技术的投资，通过科技投入提高效益。科学技术的应用能力与创新水平在旅游产业的可持续发展和产业增长方式的转变过程中逐渐占据核心地位。特别是在"疫后"，催生了一系列适应新形势和需求的旅游新兴形态和业态，云上旅游和数字化服务得到了推动和发展，给旅游产业带来了新的增长点。旅游产业需要适应新形势，调整产业结构，发展符合市场需求的新业态。

3. 推动旅游产业的可持续发展

旅游研究机构和高等旅游院校要注重对高科技在旅游产业中的运用进行研究，研发出一批具有较高实用价值的旅游科技运用工程，培养出一大批具有较高技能的现代旅游企业运营管理的专业人才。此外，加强旅游企业之间的合作，推动产业链的协同发展。鼓励旅游企业之间的创新合作，共同开发新产品和新业态。同时，加强与相关政府部门和行业组织的合作，共同制定政策和标准，推动旅游产业的可持续发展。

本 章 小 结

云南应打破旅游产业发展困境，构建包含战略维度、资源配置维度、市场需求维度和政策体系维度在内的"旅游产业发展系统"框架，将其作为政策依据。在战略布局方面，首先，应借势"一带一路"实施旅游强省战略，依托地缘优势实施国际化发展战略；其次，有必要对全省旅游空间布局进行优化，向突出"片－廊"结构调整，形成"一心六区九廊"的旅游发展空间布局；再次，应深入推进文旅融合发展，包括旅游与城市建设、旅游与文化建设、旅游与产业建设、旅游与乡村建设以及旅游与生态建设等的融合发展；最后，还应通过创新管理体制机制、推进改革试点工作等来深化体制机制改革。在资源配置方面，一是要注重点线面的结合，力抓昆明龙头、打通沿边通道、建设生态旅游区；二是需优化空间布局，将昆明打造成为面向南亚和东南亚旅游的集散中心，将滇西北（昆大丽）建设成为文化生态旅游新高地；三是有必要推动县域经济发展，打造八大旅游经济强县（市、区）。在市场需求上，一方面要强化高质量目的地建设，营造和谐旅游环境、推进法规标准建设、加大市场监管力度；另一方面应提供高质量的消费体验，包括加大政府引导资金投入、强化金融支持旅游力度、保障旅游建设用地供给等；此外，还需提升企业经营效率，如发展壮大旅游企业、促进产业链升级与促进运营商升级等。在政策体系方面，第一，融入国家战略政策，如主动融入"一带一路"发展、深入实践旅游带动乡村振兴、实施旅游促进 RCEP 建设等；第二，完善旅游市场政策，可从加强旅游市场促进政策、强化市场保障政策等方面着手；第三，有必要改进旅游产业政策，做到注重顶层设计与地方政策的衔接性、坚持政府主导的旅游基建政策导向、实施以产业创新促进产业升级的产业政策。

第八章

研究结论与展望

第一节 研究结论

一、理论研究结论

(一) 我国旅游产业已进入国家战略阶段

新时代背景下，旅游业高质量发展成为旅游业发展的必然要求。随着旅游业进入高质量发展阶段，旅游发展的本质也逐渐从总量规模扩张转向质量效益提升，由资源要素型增长转向管理创新、技术进步的提质增效转变。由于旅游业高质量发展与旅游经济增长在发展目标、发展内涵、发展路径上都存在着较大差异，因此，本书将旅游产业发展阶段作为研究的内在逻辑起点，依托产业生命周期理论对阶段属性进行界定，从而确立"成长期"需要发展，"成熟期"需要升级，"衰退期"才需要转型的理论逻辑。旅游业高质量发展是旅游经济发展模式、发展效率、发展结构等多方面的综合和统一，本章将增强旅游系统作为促进旅游产业高质量发展的

"手段"予以考量，是对新时代旅游产业高质量发展的学理解析。

（二）云南旅游产业尚未进入衰退期

本章将产业生命周期理论引入旅游产业转型升级分析，明确云南旅游产业发展阶段特征。按照产业生命周期理论，处于成长期阶段的产业路径选择应以"发展"为主导战略；处于成熟期阶段的产业路径选择应以"升级"为主导战略；处于衰退期阶段的产业路径选择应以"转型"为主导战略。结合适应性循环理论，研究发现云南旅游产业尚未进入衰退期。云南旅游产业所处的强省建设阶段，主要表现在多核心联动发展、政府重拳出击推进"旅游革命"、网络关注度持续上升等，与此同时，云南旅游产业需要面对"一部手机游云南"成效难定、"二十二条"治理褒贬不一、旅游产品开发深度不足、云南旅游发展面临新的挑战等问题。

（三）云南旅游产业在强省阶段陷入阻变效应

阻变效应是旅游产业发展低效锁定的发生机制，旅游产业发展阻变传导机制包括：要素投入呈现规模报酬递增趋势，低效率的制度被大量模仿和广泛采用，经济增长缺乏持续动力，要素挤出、产业挤出现象严重，新路径安排的转换成本较高。在发生机制和传导机制的共同作用下，云南旅游产业在强省阶段困难重重。云南旅游产业驱动发展机制逐渐由产业优化驱动到产业创新驱动演变，经济基础、交通条件、环境等基础要素的效用对云南旅游产业驱动发展水平的提高逐渐显著。在此基础上，云南旅游产业升级需要明晰升级发展历程中的驱动机制与限制机制，为云南旅游产业持续性升级和高质量发展提供相应的指导路径，并有效规避限制机制的出现。

（四）云南旅游产业四维度发展系统构建

从战略布局、资源配置、市场需求、政策体系四个维度，结合组态机制理论，构建云南旅游产业系统升级。该系统由战略布局维度、资源配置维度、市场需求维度和政策体系维度构成。战略布局维度代表对云南旅游产业发展阶段的认知及战略选择，是明确发展方向和布局的依据，由战略布局维度构成；潜力释放代表云南旅游产业需要围绕系统所积累的生态、经济、社会和人文等方面的资源，依托变化与革新的可能性，优化空间布局、释放增长潜力，由资源配置维度构成；连通度表示云南旅游系统内部不同成分间的相互关系和互动程度，即系统的内部联系性，由市场需求维度构成；恢复力代表云南旅游政策体系的适应能力，强调云南旅游系统在干扰下仍维持现有状态而不转入另一状态的能力，由政策体系维度构成。

二、实证研究结论

（一）重组阶段面临的现实问题错综复杂

对云南旅游产业强省阶段的现实困境进行分析，从旅游负面事件、旅游市场整治、旅游资源分布、景区管理困境等问题切入，对云南旅游产业发展的现实困境进行分析。在旅游负面事件影响方面，存在的主要问题包括旅游负面事件报道产生"污名化"影响、对国内旅游人次影响较为突出；在旅游市场整治方面存在的主要问题和难点较为突出，集中体现在舆情信息监管不足、市场干预过度带来的旅游负面事件屡禁不止、旅游消费增长乏力、景区企业创新不足等方面；在旅游供给方面，存在旅游资源分布空间不平衡、旅游交通空间集散功能不足等问题；在景区管理方面，存在新兴业态创新不足、门票经济难以为继、文化内涵不够突出、行政区域单打独斗、政企不分、机制不顺等问题。

（二）云南各地州旅游产业的发展水平存在差异

采用熵权TOPSIS、利用fsQCA模糊集定性组态及面板数据回归法等方法进行研究，并结合面板数据回归分析结果，对云南旅游产业发展系统进行评估，分析云南旅游产业发展组态的驱动机制和限制机制。将云南省各地州市的平均增长率作为旅游产业发展水平的变化幅度，通过自然断点法将云南省各地州市的旅游产业发展水平划分为高、中、低三个层次。一是昆明、丽江等发展水平相对较高的地区，在云南旅游产业中处于"领头羊"地位，其发展水平较高，旅游发展进程迅速。二是维持中等发展水平地区较多，包括楚雄、大理、玉溪、红河、西双版纳等地，旅游产业发展幅度不明显，需要在旅游产业发展过程中进一步提升。三是相对较低发展水平地区，分别是保山、昭通、临沧、文山，是旅游产业发展的重要地区。

（三）云南各地州的网络关注度和满意度存在差异

通过 IPA 分析构建云南旅游目的地评价的"关注度－满意度"分析模型，对云南旅游信息感知差异进行分析。网络关注度研究发现，关注度较高的地区主要集中于昆明、丽江、大理、西双版纳这些少数热门旅游目的地。网络满意度研究发现，云南 16 个地州市的游客评论中正面情绪表达数都远大于负面情绪表达数，旅游目的地的总体网络满意度均值为 70.93％。其中，玉溪的网络满意度最高，而怒江的网络满意度最低。结合"关注度－满意度"ASA 定位分析，昆明、丽江和大理处于优势区（关注度较高，满意度较高），红河、迪庆、曲靖、玉溪处于机会区（关注度较低，满意度较高），西双版纳和保山位于修补区（关注度较高，满意度不足），德宏、文山、昭通、普洱、楚雄、临沧和怒江这 7 个地州市位于改进区（关注度较低，满意度较低）。研究认为，云南旅游目的地的发展对策，应当采取"分类施策"而不是"一刀切"的治理政策。

第二节　决 策 报 告

一、推动云南旅游业高质量发展的对策建议[*]

习近平同志对旅游工作作出重要指示，"各地区各部门要切实增强工作责任感使命感，分工协作、狠抓落实，推动旅游业高质量发展行稳致远。"当前，云南旅游业在旅游市场供给、产业提质增效、新质旅游生产力赋能、旅游信息化建设等方面存在不足，与旅游强省赋能旅游强国建设目标还有一定差距。建议云南省在旅游强国建设目标下，全力推进旅游业高质量发展。

---

[*] 本报告刊登于云南省哲学社会科学《成果要报》2024 年第 18 期。

（一）云南省旅游业高质量发展面临的主要问题

1. 旅游市场供给差异导致旅游发展不平衡不充分

云南省 16 个地州市的旅游市场供给存在较大的地区差异，整体上表现为优势、潜力、增长、不足四种区域类型。昆明、大理、丽江旅游资源丰富、市场供给充分，为旅游发展优势区；红河、迪庆、曲靖、玉溪等地州市发展空间较大，为旅游发展潜力区；西双版纳、保山、腾冲虽具备一定发展基础，但旅游市场供给不足，为旅游发展增长区；德宏、文山、昭通、普洱、楚雄、临沧和怒江等地州市旅游资源开发和旅游产品挖掘不足，为旅游发展不足区。处于旅游发展优势区的地州市是云南省旅游业高质量发展的"金字招牌"，处于旅游发展潜力区、增长不足区的地州市是云南省旅游发展的"价值洼地"，应成为旅游强省建设目标下的重点发展区域。云南省旅游业最大的魅力在于具有较为突出的差异化特征。自然景观的多样性、民族文化的丰富性、气候类型的复杂性，"多"是云南最大的特质，"多样性"是云南最大的吸引力。因此，抓住"多样性"才能抓住云南旅游的"水龙头"。

2. 旅游市场整治措施存在"矫枉过正"的现象

一方面，云南省在旅游信息化服务方面仍有待提升。尽管在推进智慧旅游和数字化建设方面取得了一定的成果，但在技术应用和创新方面仍存在不足。目前"一部手机游云南"也面临使用率不高、覆盖面不广、影响力不足等问题。需要正视的是，"一机游" app 更像是旅游问题处理平台，而不是"旅游综合服务平台"。此外，一些景区的信息化服务设施不完善，如电子导览、在线预订、移动支付等功能不够普及和便捷，同时，旅游信息的整合和共享程度较低，游客难以获取全面、准确、及时的旅游信息。部分旅游企业对于数字化技术的应用也存在局限性，未能充分利用大数据、云计算、人工智能等新技术提升服务水平和运营效率。另一方面，虽然云南省加大了旅游市场整治力度，出台"二十二条"等多项法规，但"旅游乱象"仍然屡禁不止。客观来看，云南省制定的一系列市场整治政策是否存在政策力度偏大、市场干预过大、治理幅度过宽的问题，亟须进行科学评估。

3. 旅游业发展的质量和效率还有较大提升空间

自2000年至今，云南省旅游业一直处于转型升级过程之中，但20多年都未完成转型升级，一定程度上说明不是转型升级的问题。通过对云南省旅游业发展历程及特征进行分析，可发现当前云南省旅游业处于强省建设阶段，尚未进入衰退期，并不需要进入转型战略。旅游强省建设阶段的典型特征是"政府主导模式"。政府主导的相关行为及效应必然渗透于产业发展所需的资本、劳动、土地等要素，政府行为可以克服旅游市场的公共物品、外部效应、信息不对称等问题。但是，地方政府行为不当，旅游业发展也会受到负面影响。例如，市场整治、景区资源、门票管理等政策制定不灵活、政府规制的内在矛盾等因素可导致旅游供求失衡、资源浪费、企业效益下降、垄断经营和不公平竞争等不良后果，进而制约了产业发展的质量和效率。地方政府有必要进一步审视自身行为与市场经济规律之间的关系，科学把握政府与市场的边界，厘清政府行为对旅游业发展的影响关系，充分发挥市场经济、民营企业的作用，为旅游业提质增效提供政策保障。

（二）云南省旅游业高质量发展的对策建议

1. 优化旅游市场供给促进旅游业均衡发展

据云南省各州市经济发展、城镇建设及交通规划布局情况，旅游空间布局应由突出"点－面"结构向突出"片－廊"结构调整，对全省旅游空间布局进行优化，形成"一心六区九廊"的旅游发展空间格局。一是建议确立"一个中心"发展极。依据中央赋予云南作为"面向南亚及东南亚地区辐射中心"的功能定位，构建由昆明市主导的辐射核心，是实现这一目标的关键支持因素。二是建议建设"六大旅游区"发展空间。形成由滇中大昆明国际旅游区、滇西北香格里拉生态旅游区、滇西南澜沧江－湄公河国际旅游区、滇东南喀斯特山水文化旅游区、滇西火山热海边境旅游区、滇东北红土高原旅游区组成的六大旅游功能区功能互补、协调统一的发展格局。三是建议推动"九大旅游走廊"均衡发展。依据"内联外通、产业集聚、市场交叉、双向流动"的原则，推动昆河旅游经济走廊、昆曼旅游经济走廊、昆仰旅游经济走廊、昆加旅游经济走廊、滇桂旅游经济走廊、滇黔旅游经济走廊、滇川旅游经济走廊、滇渝旅游经济走廊、滇藏旅游经济走廊均衡发展。

2. 优化政府政策释放市场潜能

一是建议持续重视和加强宏观环境建设，进一步改善旅游产业的政治、经济、服务业、生态、基础设施、社会文化等环境，为旅游产业发展提供良好的宏观环境，通过对正面形象的宣传报道和服务质量提升促进旅游形象塑造。二是建议针对二十二条新规存在执行力度过大的问题，建议适度调整行业治理规定，发挥市场主体参与旅游发展的动能。立足时代发展背景和产业实际，优化政策法规及执行力度，将政策法规转化为旅游发展生产力。三是建议推动以"三权分立"为国企改革方向，对重点国有景区进行混合所有制改革。国有企业在行政权、所有权和经营权上的过度集中，是产生许多管理矛盾的主要原因。

3. 调整供给侧形态建立旅游高质量供给体系

一是建议持续调整和优化旅游产品结构。在旅游产品方面，以"生态优先、产业叠加、重点突出、区域联动"为理念，着力推动构建富有云南特色的生态康养休闲、历史文化研学、民俗风情沉浸体验、沿边跨境体验和爱国主义教育5大旅游产品体系。加快发展特色生态旅游，坚持保护优先，推进亚洲象、香格里拉、高黎贡山等国家公园创建，通过"旅游+康养"发挥云南山美水美、空气清新的优势。加快智慧旅游发展，培育智慧旅游沉浸式体验新空间新场景。推动科技赋能旅游，进一步推进新技术在旅游场景广泛应用，更好发挥国家旅游科技示范园区作用，提升旅游产品和服务的科技含量。在旅游形象方面，开展"有一种叫云南的生活"赋能旅游更新行动，打造一批文化特色鲜明的国家级旅游休闲城市和街区，推动旅游度假区高质量发展。创新开展"旅居云南·美好生活"国内旅游宣传推广，让"有一种叫云南的生活"叫响世界。

二是建议加大培育旅游业态的力度。一方面，要促进旅游与文化、体育、农业、交通、工业等领域深度融合。深化对云南历史文化的研究，让"生命大爆发""古滇文明""爨文化"为云南省特色文旅品牌的塑造注入新的文化动能。多方利用云南红色文化、革命文化资源，打造一批红色旅游经典景区。建设国家文化产业和旅游产业融合发展示范区，打造新型旅游消费目的地。培育文体旅、文商旅等融合发展的新型业态，打造"跟着赛事去旅行""寻味美食去旅行"品牌项目。通过创新旅游产品业态、做强旅游基础产业，构建全龄友好型旅游目的地，实现由"门票经济""观光经济"向"综合消费经济"转变。另一方面，要丰富文旅场景，拓展多元化产品。策划并实施一批具有国际水准、共性文化的节庆活动，引导戏剧节、音乐节、艺术节、演唱会、文旅展会等业态健康发展，丰富"音乐+旅游""演出+旅游""展览+旅游""赛事+旅游"等业态，提高旅游消费者的参与度，把游客的时间留下来，扩大消费渠道，提高附加效益。

三是建议积极拓展跨境旅游合作新空间。锚定"打造区域性国际旅游和消费中心"建设目标，探索互为旅游客源地和目的地的跨境旅游合作路径。紧密围绕"一带一路"倡议和"乡村振兴""沿边开放"等区域重大战略，进一步推动跨境旅游合作、边境旅游走廊等项目建设。推进面向南亚东南亚跨区域旅游协作，与周边国家共建昆明－万象－曼谷、昆明－海防－胡志明市、昆明－曼德勒－仰光等跨境旅游走廊。培育打造滇越民间友好之旅、中老铁路休闲之旅、中缅胞波情谊之旅等跨境旅游精品线路。以勐腊、瑞丽、河口、麻栗坡等边境县（市）为重点，规划建设跨境旅游合作区和边境旅游走廊。

四是建议优化旅游市场综合监管机制。采用云计算、大数据、人工智能等新技术加强市场动态监测和数据科学治理，推广应用旅游电子合同。持续推进旅游行政审批"一网通办"。同时政府应加强舆情信息监管，强化旅游市场保障，引导支持旅游企业整合公共、行业、市场等多方信息，探索推出以信用为基础的便捷消费产品和服务，提升服务质量，优化消费体验。不断提高旅游市场治理的现代化水平，努力营造让游客放心、安心、舒心的出游环境。

五是建议提升旅游基础设施体系建设。支持各地根据旅游业发展需求，合理规划、有序建设旅游咨询中心、旅游集散中心、旅游厕所、旅游风景道、旅游交通标识标牌、智慧旅游公共服务平台等旅游公共设施。加快云南旅游大数据中心建设，优化"一部手机游云南"功能应用，推进重点旅游区域5G信号覆盖，推广虚拟现实（VR）技术、在线导览、数字化展示等数字化旅游体验。完善"快进慢游"的旅游综合交通服务体系，加快推进中西部支线机场建设，推动打造一批旅游公路、国内水路客运旅游精品航线，完善旅游航线网络、旅游列车线路、自驾车旅游服务体系。

二、提升边境国道建设促进旅游发展的建议[*]

习近平同志2024年4月23日在推动西部大开发座谈会上指出，要加强边境地区基础设施和公共服务设施建设，发展边境旅游等产业，努力实现边民富、边关美、边境稳、边防固。云南深入贯彻落实习近平同志2024年重要讲话精神，应着眼于增进中华民族的共同性、促进人与自然和谐共生，精心规划沿线旅游吸引物，积极推进云南边境国道建设，力促边境旅游高质量发展。

（一）G219国道云南段现状及存在问题

G219国道北起新疆喀纳斯，途经西藏、云南和广西，经过中越、中老和中缅边境线，与云南边境7个州市、22个边境县的边境国道相连，全长10065千米，不仅是串联"边境幸福村"建设的示范长廊，更是一条连接跨境民族聚居地、促进边疆繁荣稳定的"主动脉"，被公认为是平均海拔最高、里程最长、民族风情最浓郁，富集世界级景观的"国之大道"。西藏、广西、新疆和云南于2020年共同成立"中国G219旅游推广联盟"，采取打造网红打卡点、规划建设边关风景道等方式，推动G219国道建设与旅游融合发展。但G219国道云南段建设还存在发展定位不清、功能发挥不全、旅游吸引力不足等问题。

1. "国之大道G219"云南段建设对促进民族团结进步的作用凸显不够

云南边境国道沿线大多是少数民族聚居地，该区域具有地形地貌复杂、地域广阔、人口相对分散等特点，主干线建成后，世居少数民族对打通出行"微循环"的期望较为迫切，但一些配套的与县城连接路段、通村公路、入户道路硬化等民生工程和普惠性农村公交项目实施进度不平衡，群众的获得感还有待提高。国道沿线的服务区、停车点等设计理念、外观挖掘当地文化特色不够，展示各民族交往交流交融的生动故事不足，国道

---

[*] 本报告被云南省哲学社会科学《成果要报》2024年第17期采纳。

建设在促进民族团结进步示范方面的作用还未充分凸显。在铸牢中华民族共同体意识视域下，边境国道建设有机融合当地少数民族优秀传统文化、站在新的时代起点上创新传承还有较大提升空间。

2. "国之大道 G219"云南段交通建设与文旅融合发展程度不深

云南边境国道大多数线路的主要功能集中体现为交通功能，对文旅融合发展的潜力挖掘不足，与成为资源路、产业路和旅游路的目标还有一定差距。目前，怒江的"美丽公路"段是"国之大道"G219 云南段最具特色的世界级峡谷旅行公路，泸水小沙坝服务区是集服务区、景区、酒店功能于一体的 G219 沿线最美公路服务区之一。但是，G219 云南段尚未实现全线畅通，境内剩余路段约 1300 千米仍在建设中，沿线自驾车营地、旅游厕所、充电桩、停车场等相关配套设施和基础服务设施建设不足。沿线旅游景观分散，文旅产业链短小，纵向延伸不充分、横向联动不到位，未形成以点串线、以线带面的旅游发展态势，缺乏具有竞争力的文旅融合精品。

（二）提升 G219 国道云南段建设的对策建议

1. 突出"民族团结进步示范长廊"定位，将其建设为铸牢中华民族共同体意识的重要载体

一是积极推进民族团结进步示范区建设。深入挖掘边境多元民族文化在融入中华民族大一统进程中的鲜活元素，在新建、改扩建工程中充分融入民族文化元素，打造民族文化长廊等示范点。要充分发挥与周边国家不同民族地缘相近、人缘相亲、商缘相通、文缘相融优势，将 G219 云南段培育成为展现云南省各民族交往交流交融、铸牢中华民族共同体意识的示范带。二是以文化聚人气。科学统筹沿边口岸和边境幸福村建设，在沿线重要节点设置外观辨识度高、文化内涵丰富的公共活动空间。通过丰富多彩的文化展陈公共空间和互动性较强的线上线下民俗、传统节日活动，吸引境内外人流集聚。三是以商机促合作。探索深度融入共建"一带一路"，要稳步扩大制度型开放。在沿边口岸常态化通关的基础上，进一步优化营商环境，探索实施一系列"小而美"的惠企便民措施，循序渐进搭建线上线下交易平台，积极培育商机，促进跨境商贸、旅游长期稳定发展。

2. 加强公共服务设施建设，着力提升游客体验感

一是编制《边境国道旅游发展规划》，切实筑牢国家生态安全屏障，加强生态环境分区管控，构建与沿边高速公路、铁路相结合的"快进慢游"旅游综合服务体系，设置便利性、通达性、体验性兼具的边境旅游线路产品。二是加快建设进度，将 G219 云南段定位为世界级边境景观大道，持续推进"一地一景、景随车移、路景交融"的绿美公路项目建设，对建设进度滞后和配套设施薄弱的线路给予重点支持，消除断头路、瓶颈路和非铺装路面，打通进乡入村的"微循环"。三是加强边境国道标识标牌、导览系统、公共卫生间、通信等公共服务设施建设，推进自驾车营地、停车场、充电桩等旅游基础配套设施建设。在沿线重要节点建设休息点，增设观景台，培育标志性打卡点和文化体验区，吸引游客主动停留打卡体验，带动旅游消费增长。

3. 建设世界级边境景观大道，更好发挥交通建设促进文旅融合发展功能

一是积极参与共建"一带一路"，将 G219 国道云南段建设打造为云南省与陆海内外联动、东西双向互济开放格局的重要组成部分。管控边境安全风险，强化边境旅游管理服务，统一受理协调解决边境旅游中跨境人流、物流便捷通关等实际问题。二是盘活各类旅游资源，构建以"国道为骨架、机场高铁为节点、省道为辅助、服务为支撑、文化为吸引"的边境旅游发展新空间。因地制宜打造更多像"腊娜瓦底"乡村振兴示范园这样融合当地传统文化、发挥资源优势、联农助农发展的项目，将"绿水青山"变成"金山银山"，促进沿线乡村振兴。三是协同开展联合营销推广，依托 G219 旅游推广联盟，筹划推出一系列深度游产品。比如，与广西联合开发陆海联运的出境游产品、与西藏联合开发圣境高原壮美边疆主题自驾游产品等，多措并举扩大合作空间。

三、破解重点国有景区转型升级难题的建议

云南省的重点国有景区为云南旅游业发展作出了巨大贡献。在疫情影响下，云南旅游业面临疫后恢复及高质量转型升级诉求，以国有 5A 级、4A 级为核心的旅游景区面临创新不足、机制固化、商业僵化、低效竞争、

多头管理、体验不够六大方面的现实困境。云南旅游管理创新智库专家、云南大学王桀副教授研究团队，分析了当前云南省重点国有景区转型升级亟须破解的六大难题，并提出了国有景区转型升级的对策建议。

（一）云南省重点国有景区发展现状

就总体数量来看，截至2023年，云南省A级旅游景区总数为246处，4A级国有景区60余处，5A级国有景区9处，其中昆明、丽江各2处，大理、西双版纳、迪庆香格里拉、保山、文山各1处；就空间分布来看，国有景区整体密度呈现出"滇西聚集、滇中较多、滇东滇北较少"的特点；就经济贡献来看，在众多景区的强势吸引与支持下，2022年云南省接待游客8.4亿人次，并给云南省创造了可观的经济效益，如带来景区内部及周边的旅游消费活动、提供管理运维岗位的就业机会、发挥相关产业链的联动效应、促进景区所在区域的投资增收等。可以说，云南省旅游景区承载了游客对云南生活的美好想象，对云南旅游业及区域经济发展作出重要贡献。

（二）国有景区面临的六大难题

1. 产品模式单一，新兴业态创新不足

云南省国有景区旅游发展动能的转换需要过渡，过去长期依赖于自然资源和历史文化资源，"躺着"就可以赚钱，使云南国有景区出现产品模式相对单一，出现缺乏新颖产品和创新业态的困境，难以吸引更多追求品质化产品和新消费需求的游客。同时随着云南景区门票价格下降，二次消费又没有跟上，非景区业务收入点难以培育，导致国有景区吸引力和竞争力降低。

2. 价格机制固化，门票经济难以为继

长期以来，云南省实行以政府定价和指导定价为主的国有景区门票定价机制。然而在2018年国有景区门票降价措施出台后，云南重点国有景区的门票均价明显低于周边四川、贵州等省区。国有景区门票收入下降对景区的运营和维护产生影响，并限制了新产品的开放和投入，如大理旅投集团管理的蝴蝶泉、崇圣寺三塔景区面临产品老化、新项目投入不足的问题。

3. 商业气息浓重，文化内涵挖掘不足

伴随着长期外来商业资本的入驻，过度商业化的营利导向使得云南省众多国有景区自身的文化内涵被忽视，历史文化遗产和民族传统习俗没有得到充分的保护和展示，商业泛化现象突出。如丽江古城景区商业氛围浓厚，过多依赖商业设施和商品销售，大量的商业店铺和娱乐表演使得当地独有的民族习俗文化失色。

4. 资源整合乏力，客源争夺低效竞争

云南省各景区之间缺乏有效的协作机制，各行政区缺少跨景区跨行政区的合作与联动，客源争夺的混乱无序，导致资源利用效率不高，各景区之间对于共同开发和共享资源的合作机制较为薄弱，限制了云南各行政区旅游产业的协同发展和经济效益的最大化。

5. 管理机制僵化，部门交叉重叠管理

云南省重点国有景区大部分是历史文化遗产、风景名胜区、自然保护区、重点文物保护单位等，涉及的资源产权归属划分复杂、相关管理部门职责重叠交叉，故使得国有景区在开发管理过程中存在诸多难题，出现景区行政管理成本高、景区项目建设审批难等现实困境。

6. 服务质量不高，旅游体验提升不够

云南省 A 级国有景区的管理与服务还较为粗放，与游客多样化、个性化的消费需求仍有不少差距。部分景区的服务流程不够通畅、人员素质参差不齐，导致游客满意度不高。服务人员对游客需求的敏感性和个性化服务的提供不足，"传统"服务内容和标准化的"硬性"服务方式缺乏创新和亮点，对"有一种生活叫云南"的旅游体验提升和口碑传播产生影响。

（三）云南省重点国有景区转型升级对策建议

1. 产品开发从政府主导向市场主导转变

一是促进市场主导。针对古城类景区，招商引资部门可以鼓励各类本地创业者、文化创意团队参与自身旅游产品开发，推出创新式的民族文化旅游体验项目，如基于虚拟现实技术和互动展示的古城历史文化游览，鼓励小型手工艺品店铺向游客提供个性化定制服务，满足游客对独特产品的需求。二是提供投资支持。针对自然生态类景区，可鼓励生态环保类企业投入资金支持，帮助景区开发独特的生态旅游产品。发挥环保产品落地与新颖生态旅游项目的双重功能，并且可以针对特定游客群体提供定制化服务，如生态摄影旅游体验等。三是加强市场调研与信息共享。针对传统的老牌国有景区，政府部门可以牵头石林、普达措等景区，加大对当前游客需求的市场调研，了解游客对自然景观、科普教育、户外活动等新旅游形式的偏好。同时，根据调研结果建立游客信息共享平台，推动多方旅游企业的跨界合作，推动各国有景区开发基于市场大数据分析的个性化推荐系统，为游客提供量身定制的旅游体验建议。

2. 建立景区门票价格动态调整机制

一是调整门票定价机制。在促进门票经济改革的过程中，有必要结合各景区实际经营现状，将景区门票定价从"指导价"转变为"备案制"，即允许景区管理方根据市场需求、经营成本等自主确定门票价格，并向相关政府部门提前备案，且定价经营过程严格受政府和市场监管。比如对季节性较强和当前推动二消产品困难的国有景区，政府部门可允许管理方根据景区季节性、观光区域特点、到访游客数量、产品投入成本等根据供需情况灵活调整门票价格，以提高景区当前的竞争力和经营效益。二是完善落地补偿机制。对部分或投入较大、短期效益较弱、出现暂时性周转制约的老牌景区，政府部门有必要建立健全落地补偿机制，通过税收优惠、财政补贴、低息贷款等方式，确保景区在门票价格调整和改革升级资金投入后仍能正常经营、维护和发展。

3. 扩大景区自身文化内涵和地方特征

一是挖掘呈现文化内涵。深入挖掘并扩大景区所在地的历史文化资源，以景区文化展览、传统技艺展示等形式将丰富的文化内涵与景区宣传建设相融合，避免自然景观与人文资源相分离。此外，在文化呈现过程中要注重保护传统民族习俗、语言和服饰等民族特色，避免商业化气息过重带来的负向影响。二是开发地方特色产品。鼓励景区周边居民和当地手工艺者、非遗传承者等参与地方特色旅游产品开发，推广传统手工艺品、特色农产品等，并建立合理的销售渠道，提高地方特色产品的知名度和市场竞争力，将旅游景区二次消费产品的开发与地方特色的保护相结合。

4. 创建跨行政区旅游景区协同营销模式

以促进信息共享、资源整合和合作开发为导向建立云南省跨行政区的国有景区合作联盟或协会。可参照广西、云南、西藏、新疆四省共建"中国 G219 旅游推广联盟"和"澜湄旅游城市合作联盟"等形式，在丽江、大理、昆明等地设立云南国有景区联合发展组织，由各行政区旅游部门、规划部门、相关企事业单位等共同参与，并制定跨行政区的旅游规划、协调各景区的开发方向和项目推进、推动资源的有序配置和整合利用等的统一规划和协调机制，有效避免过度竞争和资源浪费，实现云南国有景区的共同发展和经济效益的最大化。此外，合作组织通过定期举办旅游资源合作交流会议、推出联合宣传活动等方式，促进景区之间的合作与交流，共同开发旅游产品和项目、共享资源整合宣传、推出跨景区联票等，为游客有效提供更多元化、丰富的旅游体验。

5. 推行"三权分立"混合所有制改革试点

云南省国有景区有必要加快推进以"三权分立"为导向的混改，基本实现所有权、管理权、经营权分离，建立所有权归国家所有、行政管理权由景区管委会负责、经营权由企业承担的管理运作模式。具体来看，以促进国有景区的快速发展和优化管理为导向，即通过引入具备专业知识和经验的企业承担经营权，提升景区的经营能力和竞争力，且国有景区可以借鉴私营企业的管理理念和运营模式，提升服务质量，推动旅游业的良性发展；以景区管委会作为国家所有制保持者，更加专注资源保护、规划管理等核心职责，充分利用专业技术和专家智慧，推动景区的综合发展。目前，这种混改模式已在山东省、浙江省等地的国有景区体制机制改革中取得了制度化、政策性的突破，为云南省旅游产业快速健康发展和国有景区管理机制优化提供了有价值的范本和经验。

6. 探索景区园区化建设发展新模式

根据云南省目前 5A 级、4A 级旅游景区拥有区域最好的旅游资源的情况，可以考虑将封闭式景区转变为开放式园区，将旅游景区的资源和空间打造成一个大平台。即通过强化旅游公共服务平台建设和提供，吸引各类旅游相关企业入驻，将"云南生活"在实际旅游资源中真实展现，变"独家经营"为"大家共享"，大大提升各国有景区创新活力和发展动力。

在考虑这一模式时，在参考杭州西湖、苏州金鸡湖的前期案例基础上，可选择丘北普者黑、元阳哈尼梯田等景区作为先行地，拆除景区围墙、免除景区门票。虽然这一举措会减少当前的门票收入，但一大批品牌餐饮、住宿、休闲、娱乐、文创、商业等优秀企业围绕景区布局，功能区的新业态新产品常变常新。有效做到不断增加景区自身的魅力和活力，甚至持续吸引中外游客前来游玩和重游，实现以代表性景区品牌提升地区美誉度，进而促进旅游综合收入的持续增长。

四、创新跨境自驾游推进高水平开放的建议

大湄公河次区域经济合作第八次领导人会议宣言（2024年11月7日，云南昆明）发布的《聚焦创新发展共建美好家园》强调，大湄公河次区域各国在推进公路、铁路、港口等领域的"硬联通"的同时，应采取安全重开边境、放开签证以及重建跨境交通等方式，加强跨境旅游合作的"软联通"。GMS旅游工作组核可的新《GMS旅游战略2030》战略框架，将跨境旅游合作和可持续目的地建设列为工作重点。需要指出的是，发展跨境自驾游是推进大湄公河次区域合作的重要抓手。

（一）跨境自驾游对推动大湄公河次区域合作的作用及意义

1. 有利于边境口岸建设并创新跨境旅游合作模式

国内自驾游市场客源丰富，且客源数量在长期内将稳定持续增长，主要群体覆盖范围日益扩大，自驾游成为新时期流行的出行方式。而东南亚国家城市有着低廉的消费和丰富的旅游资源，未来将发展成为国内自驾游市场的新晋爆发点。边境口岸是物流、人流、资金、信息的集散地，具备为游客提供信息服务、中转服务等的能力，将成为旅游集散地。比如，泰国的清孔口岸是从泰国前往老挝的主要中转地，经老挝会晒入境泰国清孔、经清莱、再到清迈已经成为热门旅游线路，清孔口岸已成为旅游集散地。一方面，陆路边境口岸是自驾旅游区跨境通行的基础保障，大湄公河次区域的陆路边境口岸具有两个特点：一是口岸数量众多、分布广泛，共涉及6个国家、9条跨国路径；二是口岸与重点公路点线连通，9条跨国路径中都存在与重点公路相连的口岸，使边境陆路口岸实现高可达性和强

扩散性。另一方面，边境口岸城市的发展提供了区域合作的创新模式。大湄公河次区域许多口岸城市出现了边境经济合作的创新发展模式，如边境贸易区、边境经济合作区等新的合作区合作模式，为边境口岸城市的发展带来持续动力，也为边界两侧国家交流合作提供新的借鉴。包括泰国清孔－老挝会晒跨境经济合作区、泰国廊开－老挝万象跨境经济区、泰国穆达汉－老挝沙湾拿吉跨境经济区、泰国沙缴－柬埔寨马德望跨境经济区等，各国政府间通过合作区建设，进行对话合作、政策沟通、协调推进，实现区域一体化发展。

2. 有利于世界遗产的保护利用和民间文化交流的强化

大湄公河次区域遍布自然文化遗产，囊括了东南亚古今历史和自然遗珍。区域内有世界文化遗产 27 处、世界自然遗产 12 处。世界文化遗产在人类历史长河中具有标志性文化特征，从蒲甘王朝到占巴塞文化，从高棉帝国到胡朝城堡，从长城到布达拉宫，展示着人类非凡的艺术成就和文化传统；世界自然遗产汇集了东南亚的神秘风光，它们有的栖息着百余类动物族群，有的涵盖了东亚几乎所有的森林类型，有的是举世罕见的地貌奇观，有的保护着世上仅存的濒危族群，是东南亚生态多样性的体现。国之交在于民相亲，旅游是最直接的民间外交手段，通过大湄公河次区域跨境旅游合作，能够强化六国民间交流。跨境自驾游能使游客体验到六国不同民族的文化，领略异域风情，融入当地与社区人民交流互动，形成不同的旅游体验和旅途感悟，将有助于大湄公河次区域各国文明互鉴，形成以旅游促进文化交流，以文化交流提升旅游品质的局面。

3. 海陆空河多种交通组合具备发展成为国际跨境自驾旅游目的地的潜力

大湄公河次区域的五条江河与各国公路交错，形成立体、多元丰富景观的同时，具备发展水陆联运的旅游线路条件。澜沧江湄公河航道连接不同国家和地域，沿线设置多个港口码头，六国对外开放的港口码头有思茅、景洪、勐罕、关累、孟莫、班昆、会晒、琅勃拉邦、万景、万崩、清盛、清孔、金边、胡志明市等。随着昆曼大通道、泛亚铁路、航空立体交通网等项目建设的推进，各国主要港口与多条公路、铁路相连，为构建澜沧江—湄公河水陆联运出境大通道，进一步提升区域合作和地方一体化打下坚实基础，水陆联运立体交通网络进一步形成，在实现多向流通、陆海集聚、通关效能一体化发展的基础上，为大湄公河次区域提供水上国际旅游服务。随着近些年的发展，大湄公河次区域拥有的现代化国际机场数量有所上升，国际机场的现代化和优质低成本的航空服务也迅速扩展，国际机场具备提供较为理想的自驾游租车换乘条件。

（二）跨境自驾游促进大湄公河次区域合作的对策建议

1. 突出"大湄公河次区域跨境自驾旅游目的地"建设目标，将其建设为大湄公河次区域合作的重要载体

一是推进以"大湄公河次区域跨境自驾游"为建设内容的澜湄旅游城市联盟建设。大湄公河次区域跨境自驾旅游区的建立需要依托包含管理决策、资金保障、推广运营、"一站式"服务的澜湄旅游城市联盟。澜湄旅游城市联盟由澜湄六国共同建立形成"协同中心"，负责统一决策管理，并进行证照标准、服务标准、行驶标准等标准制定。二是依托GMS、MRC、LMC等合作机制，进一步推进互联互通，化解城市间合作障碍，开发区域特色旅游资源，打造无障碍的自驾旅游区，创新发展模式和科学布局，形成生态持续、文化繁荣、经济发展、政治稳定的国际著名跨境自驾旅游目的地。

2. 依托大湄公河次区域高等级公路，联合相关国家共同开发和建设"两横三纵"的五条跨境自驾旅游线路

一是依托已建成的昆曼国际公路，联合老挝、泰国，建设"昆曼国际自驾旅游线路"。昆曼公路跨越中、老、泰三国，途经云南省的昆明市、玉溪市、普洱市和西双版纳州4州市，老挝的琅南塔省和波乔省2省，泰国的清莱府、清迈府、南邦府、素可泰府、甘烹碧府、北榄坡府、信武里府、红统府、大城府、巴吞他尼府和曼谷市11府市，公路沿线文化和自然资源丰富。二是依托中国213国道、老挝13号公路、柬埔寨7号国家公路、越南30号国家公路，开发"大湄公河次区域自驾旅游线路"。这条线路沿澜沧江—湄公河顺流而下，并与著名的"胡志明小道"相连。三是依托中越沿边公路（广西S325省道）、越南18号和1A号国路，开发"中越沿海跨境自驾旅游线路"。广西S325省道是一条中国与越南边境线上有着特殊意义的公路，全长725千米，道路为三级公路，既是一条国防公路，也是一条自驾旅游公路，被誉为"陆地上的千里漓江"。越南1A号国路纵贯本国南北，是一条长达1725千米的沿海公路，沿该公路自驾可以经过越南大部分著名景点。四是依托缅甸8号公路、泰国4号和24号公路、柬埔寨、柬埔寨64号公路和越南19号国路，开发"世界遗产跨境自驾旅游线路"。该线路途经泰国世界文化遗产大城府、柬埔寨世界文化遗产柏威夏寺，最后到达越南归仁。五是依托缅甸8号公路、泰国12号公路、老挝9E公路和越南AH16公路，开发"穿越五国跨境自驾旅游线路"。该线路全长大致1530千米，横跨缅甸、泰国、老挝、越南四国，泰国的12号公路在泰国人民的心中以原生态自然景观著称，可体验自然之美、生态之美。

3. 依托中老铁路、国际机场、航运港口，形成大湄公河次区域旅游集散中心

一是探索建立"一站式"跨境自驾服务平台。联动当地景区、酒店、营地、山庄、民宿客栈、乡村、房车露营地等，通过建立一个服务平台机构，将所有的行业组织连接起来，最终形成"一站式"跨境自驾服务平台。大湄公河次区域国家共同商定驾照互认、行车许可证样式等，明确车辆通行证件。入境后按照规定线路及对方国家的交通规则行驶。同时，探索自驾车边境口岸"一站式"通关模式。积极落实通关便利化改革措施，整合优化作业流程，尽量减少现场查验工作量，通过优质高效服务，增强跨境自驾旅游区的吸引力。在陆路边境口岸，实现一次提交数据、所有单位共享，避免多头备案和重复申报。考虑在口岸联检大楼内设立旅游自驾车独立申报窗口，"一站式"集中审批旅游自驾车申报手续，即到即办理。探索开设旅游自驾车"绿色通道"，实行海关、检验检疫、边防检查"三检合一"，加快通关速度。

二是推动建立公共服务标准体系。制定出台《大湄公河次区域旅游区基础设施和公共服务导则》《大湄公河次区域旅游区自驾车营地建设与服务规范》《大湄公河次区域旅游区自驾游管理服务规范》等公共服务标准，既要包括基础设施等硬件，也要包括政策、信息、营销等软件，引导各国完善自驾游设施和服务体系，支持旅游区建设完善自驾游服务中心、加油站、维修站、停车场、旅游厕所、观景平台等服务体系，各国政府、相关部门通过公共职能介入或公共资源投入为自驾游活动提供相关服务，

如咨询、救援、公共信息等，重点打造和评选一批建设经营和管理服务水平高的标准示范地。

4. 大湄公河次区域跨境自驾品牌共建

一是建议围绕大湄公河次区域旅游资源，将中国云南、广西地区与流域内越南、老挝、缅甸、泰国、柬埔寨等国的旅游资源进行综合打造，作为跨境旅游目的地整体推向世界旅游市场，提高其在世界旅游市场上的知名度，增强大湄公河次区域的整体竞争力。通过创新发展模式和科学布局，形成生态持续、文化繁荣、经济发展、政治稳定的国际著名跨境旅游目的地。二是建议系统构建"大湄公河次区域跨境自驾旅游"目的地品牌，以构筑共同利益为基础，进一步深化各方跨境合作。从"大湄公河次区域命运共同体"高度进行顶层设计，确立品牌构建的共同责任、义务及承诺，促使不同国家、不同部门及不同利益主体的深度参与，避免单边行为和局部失衡。以整体利益和长远目标为导向，引导六国积极联合、优势互补、形成合力参与共建，拓展品牌的溢出效应和共享红利，形成共享激励机制。与此同时，消除大湄公河次区域单一旅游目的地区域内签证、资金、技术、环境、信息和标准的壁垒，为品牌共建清除跨境障碍。实现以品牌文化涵养旅游文化，以旅游文化丰富大湄公河次区域文化的共赢局面。

第三节　研究展望

一、有待探讨之处

本书在产业转型升级研究领域作出了许多探索性尝试的同时，仍有诸多惊奇发现和值得深入探讨之处。首先，采用熵权 TOPSIS 法对旅游产业发展系统进行评价是否具有典型性和代表性，这有待进一步验证；其次，本书提出了"阻变陷阱"假说，对阻变旅游产业发展的关系进行了分析，但缺乏对主要因素的验证；最后，在组态机制的实证研究方法上，本书主要采用社会网络法和空间经济计量方法进行测度和评价，针对每个阶段采用截面数据进行计算，未来可着重考虑引入其他研究方法加以验证。

二、未来研究方向

在深化已有研究成果的同时，旅游产业转型升级问题仍有许多值得深入探讨之处。本书着重探讨了云南旅游产业在重组阶段（旅游强省建设阶段）陷入升级困境的现实问题和理论问题，但对于阻变效应的正负反馈研究显得不足，如为何云南二十二条新规正反馈不高？与宏观经济发展形势是否有关联？同时，与三个定性锚点相比，是否存在其他关键定性锚点？阻变效应是否存在线性关系？深入分析"阻变陷阱"问题，有利于为建立产业发展政策找到依据。未来可从更宏观的视角切入，着重研究旅游产业发展与人力资源、技术资本、制度创新等经济发展要素的关系与过程。未来的研究还可进一步拓展应用领域，统筹研究主体，从更加综合的学科视角展开研究，为科学地认知和度量阻变效应对旅游产业发展影响进行积极探索。

后　　记

多年来，本书研究团队在中国旅游研究院边境旅游研究基地首席专家田里教授的带领下，承担了多项与云南旅游产业发展相关的研究任务，如文化和旅游部重点智库项目"跨境旅游合作与国家文化安全研究"（项目编号18ZK02，首席专家田卫民）、文化和旅游宏观决策课题"澜湄跨境自驾旅游区合作建设研究"（2020年，主持人王桀），这些课题为本书提供了学术基础。本书的研究始于云南省社科基金重大招标项目"疫情防控常态化背景下云南旅游业转型升级研究"（项目编号2022ZDZB007，首席专家王桀）。在项目立项及开展本课题研究期间，课题组获得多项与此课题研究领域相关的省部级课题立项，为课题的顺利开展提供了有力支撑。本书的相关研究也是云南省哲学社会科学规划青年项目"云南旅游产业升级路径锁定与突破机制研究"（项目编号QN2018008，主持人张鹏杨）的扩展和延伸。研究过程中，课题组成员在云南大理、丽江、西双版纳、红河、文山、昭通、德宏、怒江、临沧等地进行了大量的实地调研。

在30多年的旅游发展中，云南省在旅游资源保护、旅游景区开发、旅游产品研发、旅游企业培育、旅游市场开拓、旅游行业管理、旅游规划设计等方面大胆探索、不断创新，积累了丰富的旅游产业发展经验，率先探索或创新了国家公园、旅游小镇、庄园旅游、民宿旅游、跨境合作、边境旅游等新模式和旅游新业态，形成了完善的旅游产业体系和多元的旅游市场格局，较早在全国实现了建设旅游大省的目标，并成为国家旅游综合改革试点省。云南旅游业的探索与发展为西部地区乃至全国旅游业的发展提供了宝贵经验。旅游业已成为当今世界最具发展活力和潜力的国民经济大产业，许多国家纷纷提出或实施旅游发展国家战略，以旅游引领和带动经济发展，并制定相应的发展计划，采取加大促销力度、签证便利化等多项鼓励政策，加大国际市场拓展力度。国内许多省份特别是西部地区旅游业发展势头十分强劲，形成了产品、市场、投资、人才和品牌等全方位竞争的格局。全国已有 28 个省份把旅游业作为支柱产业，云南省周边的四川、贵州、广西等省份实施赶超战略，竞相推出高起点、大手笔的发展战略，加大旅游宣传促销和旅游资源开发的力度，国内省份间的旅游竞争已经白热化。在继续保持快速增长，进一步做大产业规模的同时，如何推进产业发展方式转变，提升发展质量、效益和水平，全面加快旅游产业优化结构、产业升级和提质增效，实现可持续发展，将是云南未来旅游产业发展的主线。

本书能够获得出版，要感谢云南大学"双一流"建设项目提供经费支持，感谢云南省哲学社会科学工作办公室提供平台支持，感谢云南大学工商管理与旅游管理学院提供保障支持！本书在撰写过程中，田里教授提出了研究思路和研究目标，张鹏杨副教授、陈茜博士、张朝晖硕士承担和参与了理论构建及部分内容写作，张洁硕士、廖美琪硕士、周苇硕士、吴柳林硕士、刘晓颖硕士以及本科生刘彩花同学参与了实地调研、实证研究及部分内容写作。课题组成员在云南大理、丽江、西双版纳、临沧、红河、怒江等地进行了实地调研，感谢当地各界人士的支持。本书是我们研究团队集体通力合作的研究成果，在此对大家为书稿的完成所付出的努力表示感谢。

本书在撰写过程中参考并引用了许多学者的观点和资料，对此我们一并表示谢意。如果所列参考文献不慎有遗漏，敬请谅解！由于作者水平与时间限制，书中难免有不妥乃至错误之处，敬请广大读者批评指正。

王 桀
2024 年 12 月于云南大学东陆园